TESSA SZYSZKOWITZ

ECHTE ENGLÄNDER

Gedruckt nach der Richtlinie des
Österreichischen Umweltzeichens
„Druckerzeugnisse",
Christian Theiss GmbH, Nr. 869

MIX
Papier aus verantwor-
tungsvollen Quellen
FSC® C012536

FSC
www.fsc.org

Informationen über das aktuelle Programm
des Picus Verlags und Veranstaltungen unter
www.picus.at

TESSA SZYSZKOWITZ

ECHTE ENGLÄNDER

BRITANNIEN UND DER BREXIT

PICUS VERLAG WIEN

INHALT

KAPITEL 1
SPLENDID ISOLATION

KEIN WITZ

Kennen Sie einen guten Brexit-Witz? Wenn ja, schicken Sie ihn mir bitte mit Direktnachricht auf Twitter? Das ist kein Scherz. Ich suche schon seit dem 24. Juni 2016 nach richtig guten Witzen über den britischen EU-Austritt, da ich der tiefen Überzeugung bin, dass es in schlimmen Lagen helfen kann, darüber zu lachen.

Bisher ist die Auswahl allerdings spärlich. Beim Edinburgh Festival Fringe 2017 hatte zum Beispiel der Kabarettist Leo Kearse dem britischen Wochenblatt *New European* folgenden Witz erzählt: »Brexit ist so, als ob Großbritannien im Suff unabsichtlich Europa auf Facebook entfreundet hätte.«

Den finden Sie nicht lustig? Moderat witzig, zugegeben. Den Briten scheint das Lachen im Hals stecken geblieben zu sein. Einige Comedians erzählen, dass ihre Witze über den EU-Austritt in London zwar ganz gut ankämen, aber im tieferen England hätten sie schlechte Erfahrungen gemacht: »Jeden Abend gehen Leute raus, wenn ich mit dem Europa-Teil beginne«, meint zum Beispiel Marcus Brigstocke. Er ist ein glühender Europäer und meint selbstkritisch: »Wut ist nicht gut für Comedy.«

Selbst das Kabarett ist in dieser Frage geteilt. Die meisten halten das Votum für den Austritt aus der EU für die größte freiwillige Selbstverletzung einer europäischen Nation seit dem Zweiten Weltkrieg, nur wenige sehen den Austritt aus der EU als Chance. Auf einem Craft of Comedy Festival in

Llandudno im April 2017 fragte ein *BBC*-Reporter einen Saal von über hundert Schreibern und Kabarettisten, wie viele für *Leave* gestimmt hatten. Nur eine Person hob die Hand. Der Komödienschreiber James Cary hat an Sitcoms wie dem Hit »Miranda« mitgewirkt, er ist außerdem bibeltreuer Christ: »Brexit wird mit Konservativismus und Nationalismus assoziiert«, meint er, »und gegen all das schreiben Kabarettisten normalerweise an.« Cary findet es gut, gegen diesen Strich zu bürsten. Er ist damit aber relativ allein.

Zum zweiten Jahrestag des EU-Referendums tweetete die ehemalige EU-Parlamentsabgeordnete der Labour Party Arlene McCarthy eine »Ergänzung zum Oxford Dictionary: Brexit – das Undefinierte verhandelt von den Unvorbereiteten, um den Uninformierten das Unklare zu geben«.

Vielleicht mangelt es auch an richtig guten Scherzen, weil die Humoristen auf der Bühne im Brexit-Drama schlicht von realen politischen Akteuren ausgestochen werden. Figuren wie Boris Johnson und Nigel Farage kann man nicht erfinden. Beide sind illustre, charismatische Persönlichkeiten, die ihr Talent zur öffentlichen Rede und ihre Beliebtheit in den Dienst der EU-Feindseligkeit gestellt haben.

SHAKESPEARSCHE HOFNARREN

Nigel Farage erzählt gerne von seinen Anfängen als EU-Feind. »Es war der Maastricht-Vertrag 1992, danach hatte ich einfach genug von der Europäischen Union«, erzählt er bei einem Treffen mit internationalen Journalisten. Der Maastricht-Vertrag stellte die Weichen für die Währungsunion und den Euro und für weitere politische Integration – das war mehr als Farage und, wie sich herausstellen sollte, viele Briten von Europa wollten.

Drei Jahre später wurde Farage für die europhobe Partei UKIP ins EU-Parlament gewählt. Der Anfang war hart, erzählt er: 1996 stand er im englischen Wiltshire in einem Veranstaltungsraum und blickte stumm um sich. Nicht ein einziger Zuhörer war erschienen, um seiner Brandrede zu lauschen.

Ab 2006 führte er die United Kingdom Independence Party, die eigens zu dem Zweck gegründet wurde, das Vereinigte Königreich aus der EU zu holen. Es schien ein lachhaftes Unterfangen zu sein.

Damals war mit Tony Blair der proeuropäischste Premierminister der britischen Geschichte im Amt. Labour-Chef Blair hatte in seiner Partei, in seinem Land und in der EU für die EU-Osterweiterung geworben. Blair hatte ein historisches Verständnis für die Bewältigung der europäischen Geschichte durch Einigung der Nationalstaaten. Doch mit Polens Aufnahme in die EU zogen auch viele polnische Arbeiter und Handwerker nach Großbritannien. Blair hatte auf Übergangsregelungen verzichtet. 2004 kam eine Million Polen auf die britischen Inseln. Dies stellte sich im Nachhinein als einer der großen politischen Fehler heraus, die Nigel Farage ungeahnte Popularität bescheren sollten.

In der Kampagne für das EU-Referendum im Frühling 2016 kam es zu dem Moment, bei dem Nigel Farage sein Talent als Showman und Agitator wie nie zuvor unter Beweis stellte. Er posierte vor einem Poster mit der Aufschrift »Breaking Point« – auf Deutsch etwa: »Die Belastungsgrenze (ist erreicht)«. Auf dem Foto war ein Strom syrischer Flüchtlinge abgebildet. Es spielte keine Rolle, dass sich an den britischen Grenzen keine Flüchtlingsmassen stauten. Die Briten sind nicht Mitglied der Schengenzone und Schutzsuchende sammelten sich während der Krise 2015–2016 in einem Lager in Calais. Es spielte auch keine Rolle, dass die britische Regierung im Gegensatz zu

Österreich und Deutschland kaum syrische Flüchtlinge aufgenommen hatte: insgesamt nur 20.000 über vier Jahre von 2016 bis 2020. Und es spielte auch keine Rolle mehr, dass es bei der Volksabstimmung über die EU-Mitgliedschaft nicht um Flüchtlinge ging, sondern um die Freizügigkeit für EU-Bürger.

»Die Brexit-Befürworter vermischten EU-Zuwanderer absichtlich mit Flüchtlingen«, kritisiert Ex-Premier Tony Blair. »Deshalb hat Nigel Farage sich vor dem Referendum vor einem syrischen Flüchtlingsstrom ablichten lassen und nicht vor europäischen Einwanderern.« Nigel Farage hat sich nie für sein irreführendes und xenophobes Plakat entschuldigt. Er hat damit ja genau das erreicht, was er immer wollte: Großbritannien aus der EU zu führen.

Die Entscheidung über den Austritt aus der EU wurde in einer Volksabstimmung am 23. Juni 2016 gefällt. Das Referendum selbst wurde nicht angesetzt, um das Volk zu befragen, sondern als politische Finte. David Cameron wollte seine rebellierenden EU-Skeptiker in der Tory-Partei unter Kontrolle bringen. Die Mehrheit, die dann gegen den Verbleib in der EU stimmte, war mit 51,9 Prozent zu 48,1 nicht groß. Und die Volksabstimmung war an sich nicht einmal bindend.

Nach dem Rücktritt des glücklosen David Cameron ergatterte Theresa May den Posten der Premierministerin, weil sich die aussichtsreichsten Kandidaten Michael Gove und Boris Johnson gegenseitig in den Rücken fielen wie Neidhammel in Panik. Um ihre Position zu festigen, konvertierte Theresa May am ersten Tag von einer moderaten Proeuropäerin zu einer harten EU-Feindin und verkündete: »Brexit heißt Brexit«.

Das gefiel Nigel Farage ausnehmend gut. Im Herbst nach dem Referendum traf ich ihn bei einer Buchpräsentation. Farage strahlte. Er war so glücklich, wie man es nur sein kann, wenn man sein Lebensziel erreicht hat: »Sie können sich nicht vorstellen, wie herrlich es ist, dass wir jetzt auf unseren Unabhängigkeitstag zusteuern!« Die Kameras waren ausgeschaltet, er war nicht mehr angriffig, eher der Typ leutseliger Trinkkumpan. Im Zuge der Unterhaltung sagte er auch so nebenbei: »Wir werden endlich aus der EU austreten und dann über die nächsten Jahre den Mist rauswerfen.« Meinte er damit EU-Regeln, die ihm nicht behagten? Oder Ausländer, die ihm nicht passten? Farage definiert die Dinge oft nicht ganz genau. Seine Fans verstehen ihn auch so ganz gut.

Farage ist die grobe Variante eines Populisten, des kleinen Engländers mit schlecht sitzendem Anzug, wüsten Farbkombinationen von Krawatte und Hemd und dem Charme eines ehemaligen City-Bankers, der gerne in englischen Pubs mit einem *pint of Lager* in der Hand gegen die EU-Bonzen wettert. Während er ganz gut von dem Gehalt lebt, das er als Abgeordneter im Europäischen Parlament erhält.

Der andere Gaukler und Blender, der Britanniens Politik auf den Kopf gestellt hat, ist Boris Johnson. Alexander Boris de Pfeffel Johnson ist ein Großbürgersohn, aber in gewisser Hinsicht ein verlorener – ein Rebell in einer Familie von politisch aufgeschlossenen Tories. Er ist jene Art von Engländer, dessen Hemd oft hinten aus der Hose hängt, als würde er signalisieren wollen, dass Formalitäten angesichts der gewaltigen geistigen Aufgaben nicht wichtig seien. Es erinnert ein wenig an die abgewetzten Sesselbezüge im altenglischen Gentlemen's Club »The Garrick« in Soho. Hier sind Frauen immer noch nicht zugelassen, es sei denn als Gast.

Leisten könnte sich der ehrwürdige Garrick Club neue Armsesselbezüge durchaus. Warum also das nachlässige Image? Unbewusst wird hier der Kontrast gesetzt zwischen den abgenutzten Fauteuils und der edlen Kunstsammlung, die seit

1831 von den Mitgliedern zusammengetragen wurde. Eine bebilderte Prioritätenliste gewissermaßen, ein Selbstbild, das sagen will: Wer hat schon Zeit für neue Sesselbezüge, wenn es um die große Kunst geht? Aus dieser zutiefst englischen Tradition kommt auch Boris Johnson, wobei sich bei ihm der elitäre Schlendrian mit dem Bedürfnis mischt, das ewige Enfant terrible spielen zu wollen. Dieser Mix aus Hofnarr und Machtpolitiker, der jenseits der unernsten Zoten in einem Shakespeare-Drama auftreten könnte, hat für ihn bisher gut funktioniert.

Der ehemalige Journalist wird seit Jahren als eine der Hoffnungen der Tory-Partei gehandelt. Eigentlich ist jetzt seine Stunde gekommen. Schon als Korrespondent für den *Daily Telegraph* in Brüssel präsentierte Johnson sich als EU-Skeptiker, der für eine Pointe auch gerne mal die Wahrheit opferte. Als Londoner Bürgermeister von 2008 bis 2016 gefiel er sich als aktionistischer Stadtvater, der auch noch dann Gefallen an öffentlicher Aufmerksamkeit fand, wenn er in eine zutiefst lächerliche Lage geraten war – etwa als er 2012 auf einem Londoner *zip wire* mitten in der Fahrt hängen blieb und die peinliche Panne damit zu überspielen suchte, dass er lustig britische Fähnchen schwenkte. Johnson ist daher für das Brexit-Drama die perfekte Besetzung.

Man sagt, er sei sich bis zu der Nacht vom 21. Februar 2016 nicht sicher gewesen, ob er sich für oder gegen den EU-Austritt aussprechen sollte. Er schrieb zwei Kolumnen für den *Daily Telegraph* zum Thema und schickte dann jene ab, die ihm besser erschien. Wer beide liest – sie sind in »All Out War«, einem erhellenden Buch von *Sunday-Times*-Journalist Tim Shipman abgedruckt –, merkt schnell: Boris Johnson kann die EU nicht ausstehen. Seiner *Remain*-Argumentation fehlt es an Leidenschaft, in der *Leave*-Kolumne dagegen kann man förmlich fühlen, wie ihm das Vergnügen aus der Feder spritzt: »Wir haben uns so an unsere Nanny in Brüssel gewöhnt, dass wir infantilisiert wurden, unfähig, uns eine unabhängige Zukunft vorzustellen. Wir haben das größte Empire der Welt regiert … sind wir jetzt wirklich nicht in der Lage, eigene Handelsabkommen zu schließen?« Gezögert hat er wohl nur, offen Farbe zu bekennen, weil ihm lange nicht klar war, welche politische Position für ihn profitabler sein würde.

Nachdem seine Mitstreiter David Cameron, George Osborne und die an sich eher EU-skeptische Theresa May sich für den Verbleib ausgesprochen hatten, war für ihn klar, dass er auf der *Remain*-Seite keine herausragende Position mehr einnehmen konnte. Der Austrittsflügel dagegen brauchte noch eine Galionsfigur.

Der britische Schriftsteller Tom McCarthy verweist in einem Artikel in der *Frankfurter Allgemeinen Zeitung* auf die Aktualität des »Hamlet« heute und seine Parallelen zu den politischen Führern der Gegenwart: »Dieses politischste aller Theaterstücke entwirft eine Situation, in der ein vormals reiches und mächtiges Land infolge eines von internen Machtkämpfen der politischen Klasse ausgelösten Coups mit seinen Nachbarn über genau jene Handels- und Grenzprivilegien verhandeln muss, die es gerade über Bord geworfen hat. Der Nutznießer des Coups, der alles an sich reißende Mörder Claudius, gibt sich große Mühe, seinen Griff nach der Macht als legitimen und demokratischen Vorgang darzustellen, indem er sein Publikum bei Hof rühmt: ›Haben auch hierin / Nicht eurer bessern Weisheit widerstrebt, / Die frei uns beigestimmt‹ – ganz so, wie die Strippenzieher des Brexits ihren Griff nach der Macht als Volkswillen darstellten.«

SCHUBUMKEHR?

Sagen die Briten den EU-Austritt vielleicht doch wieder ab? Diese Frage habe ich so oft in Wien gehört, obwohl in London das Ergebnis des EU-Referendums von Tag eins an als praktisch unumstößlich galt. Das lag nicht nur daran, dass es in Großbritannien selten Volksabstimmungen gibt und man deshalb den Willen des Volkes nicht infrage zu stellen wagte. Es war auch so: Die Briten sind in der EU-Frage ungefähr zur Hälfte in *Leavers* und *Remainers* gespalten. Die *Remainers* aber sind oft nicht so leidenschaftlich wie die *Leavers*. Eine Umkehrung des Votums ist von Anfang an kaum denkbar gewesen, dazu fehlte ein proeuropäisches Narrativ. Und eine starke politische Persönlichkeit, die dafür gekämpft hätte.

Auf ein zweites Referendum hoffen zwar viele, die mit zunehmender Verzweiflung zusehen, wie ihr Land in einen Brexit stolpert, der ihm schaden wird. Die Referendumsfrage hieß: »Wollen Sie in der EU bleiben oder wollen Sie austreten?« Sollte das Volk deshalb nicht doch die Chance haben, noch einmal über den Austrittsvertrag abzustimmen? Weder die konservative Regierung noch die oppositionelle Labour Party befürworten eine zweite Volksabstimmung. »Dabei wäre der Vorteil eines zweiten Referendums für alle, dass sie den Leuten die Entscheidung überlassen könnten«, meint Lord Andrew Adonis.

Adonis ist ein Labour-Zentrist, der die zögerliche Haltung von Jeremy Corbyn verabscheut. Adonis steht hinter einer Kampagne von jungen Briten für eine Schubumkehr: »Wir Jungen haben Jeremy Corbyn an die Macht gebracht. Er muss uns jetzt helfen, den Brexit wieder abzusagen!«, fordert Lara Spirit. Die junge Engländerin studiert in Cambridge und hat OFOC mitgegründet: Our Future Our Choice fordert ein zweites Referendum. »Wir müssen schließlich damit nicht nur ein paar Jahre leben«, sagt sie, »sondern für die nächsten Jahrzehnte!«

Trotz des energischen Einsatzes von Lara Spirit und Gleichgesinnten kommt Britannien dem EU-Austritt immer näher. Die spinnen, die Briten, heißt es dann meist aufseiten der ratlosen Europäer: Das wird die Briten doch nach den meisten Studien mehr kosten als es bringen kann. Wer dreht schon dem größten Handelsmarkt direkt vor der Haustür freiwillig den Rücken zu?

Großbritannien ist heute Mitglied des europäischen Binnenmarkts und der Zollunion, das Land hat aber abgelehnt, den Euro als Währung einzuführen und sich in die passfreie Schengenzone zu begeben. Eine zukünftige Beziehung zur EU wie sie entweder Norwegen als Mitglied des Binnenmarktes oder Kanada mit einem Freihandelsabkommen haben oder gar kein Abkommen – alle drei Modelle kosten mehr als die EU-Mitgliedschaft heute. Das wirtschaftlich am wenigsten schädliche Modell wäre ein Verbleib im Binnenmarkt und in der Zollunion gewesen. Dies hat Theresa May von Anfang an abgelehnt, weil ihr Land dann keine eigenen Handelsabkommen abschließen könnte. Mit Mühe schwor sie ihr zerstrittenes Kabinett im Juli 2018 darauf ein, sie in den Verhandlungen mit Brüssel für ein Freihandelsabkommen mit einem Common Rule Book zu unterstützen. Dies bedeutete einen Verbleib des Vereinigten Königreichs im Binnenmarkt nur für Güter und nicht für Personen, Kapital und Dienste. Die EU wird dies kaum akzeptieren. Die Verhandlungen im Herbst werden hart. In Brüssel und London ist die Angst vor einem Zusammenbruch der Verhandlungen gestiegen. Man spricht Ende Juli 2018 von vierzig Prozent Chancen auf ein No-Deal-Szenario.

Nach den Berechnungen von Mays eigenen Beamten wird

jeder Brexit kostspielig. Norwegen ist im Binnenmarkt, aber nicht in der Zollunion – selbst diese sehr enge Beziehung zur EU würde die britische Wirtschaft immer noch zwei Prozent des nationalen Einkommens oder vierzig Milliarden pro Jahr kosten. Wenn es ein Freihandelsabkommen zu spezifischen britischen Bedingungen gäbe, rechnet die jetzige Regierung mit Einbußen um die fünf Prozent. Ein Exit ohne Deal käme auf glatt acht Prozent des Bruttonationalprodukts. Nach einer Studie von Global Future sind alle von der Regierung angedachten Szenarien teurer als der Status quo.

Der wirtschaftliche Schaden ist die eine Sache. Die andere Sache aber ist der politische Preis, den die Briten für den Brexit zahlen werden. Sie werden nicht mehr mit am Tisch sitzen, wenn die EU sich neue Regeln, Aufgaben, Pflichten und Verantwortlichkeiten gibt – bisher hatten die Briten die Chance, die EU in ihrem Sinne zu beeinflussen.

Doch genau da liegt der Hund begraben: Vielen *Brexiters* ist es nicht so wichtig, dass ihnen ihre neu gefundene Souveränität ökonomische und politische Nachteile bringt. Als im Juni 2018 die entnervten Vertreter der britischen Industrie die Premierministerin eindringlich baten, doch endlich eine britische Verhandlungsposition zu präsentieren, die für die Geschäftswelt keinen allzu großen Schaden bedeuten würde, beschied sie Boris Johnson mit einem knappen Ausdruck, für dessen Grobheit man sich bei den Lesern schon vorher entschuldigen muss. Britanniens damaliger Außenminister sagte: »Fuck business.«

Das ist die Wahrheit über die europhobe Fraktion im Land: Egal was es sie kosten wird, sie wollen den Austritt aus der EU erzwingen. Sie wünschen sich in die Zeiten der Splendid Isolation zurück. Ende des 19. Jahrhunderts hatten die Briten nach dieser Maxime ganz gut gelebt: Keine zu engen Allianzen, die globale Handelsmacht wollte nur als Schiedsrichter in Konflikte eingreifen. Diese prächtige Isolation endete mit dem 20. Jahrhundert. Engere Allianzen wurden schon vor dem Ersten Weltkrieg wichtig. Mit dem Ende des Empires verloren die Briten zudem ihre lukrativen Kolonien und brauchten neue Wirtschaftspartner. Nach dem Zweiten Weltkrieg wurde aus den bilateralen Verbindungen ein multinationales Projekt, das schließlich als Europäische Union in die Geschichte eingegangen ist – das erfolgreichste Projekt zur Schaffung von Frieden und Stabilität in der Geschichte Europas.

Den Briten ist dies ob der geografischen Lage nicht so bewusst. Die knappe Mehrheit der Nation ist auf ihren Urinstinkt zurückgefallen: Sie verbeugen sich grundsätzlich nicht gerne vor einem ausländischen Souverän. Und unglücklicherweise hat sich im Kopf vieler Briten festgesetzt, dass Brüssel eine übergeordnete Stelle ist – und nicht die gesammelte Macht aller Mitgliedstaaten.

Hinzu kommt, dass der Brexit auch als Ohrfeige für die Eliten gesehen werden muss. Brüssel hat stellvertretend für London einen Schlag ins Gesicht bekommen. Das Austrittsvotum war auch der Aufstand der englischen Kleinbürger gegen das globalistische London und eine Regierung von wohlhabenden Tories, die dem Land einen Sparkurs verschrieben, während sie selbst mit dem Silberlöffelchen im Mund aufgewachsen waren. »Setze nie eine Volksabstimmung an, wenn die realen Löhne schrumpfen«, bringt es Frances O'Grady auf einen sehr einfachen Punkt.

O'Grady ist seit 2013 Chefin der Gewerkschaft Trade Union Congress, die erste Frau in dieser Position. Die Gewerkschaftschefin ist Labour-Mitglied und überzeugte Proeuropäerin. Mit großer Finesse vermittelt sie zwischen den Mitgliedern der Gewerkschaft, ihrer eigenen Parteiführung und der konservativen Regierung, um ihre Interessen zu wahren: mehr soziale Gerechtigkeit, keine weitere Privatisierung, den Erhalt des nationalen Gesundheitssystems NHS.

Ihr graut, wenn sie an die Folgen des EU-Austritts für ihre Klientel denkt. Allerdings gilt auch hier: Viele Gewerkschaftsmitglieder sind bereit, finanzielle Einbußen zu akzeptieren, solange der Austritt nur stattfindet. Die meisten verstecken sich auch zwei Jahre nach dem Votum immer noch hinter der defensiven Haltung, das Wichtigste sei für die Menschen in England die Befreiung von den Brüsseler Ketten.

Das Missverständnis gegenüber den EU-Strukturen ortet Tim Stanley, ein Kolumnist des europakritischen *Daily Telegraph*, in den lokalen Gebräuchen: »Britannien orientiert sich an Zöllen, die EU aber basiert auf Regeln«, meint er. Stanley selbst hat mit großer Lust für *Leave* gestimmt. Die Verhandlungen zwischen Briten und EU haben seine Meinung nur verfestigt: »Die Unterschiede zwischen uns werden doch immer deutlicher«, meint er: »Wir Briten denken uns heute: Ach, das mit den Grenzen wird schon irgendwie gehen. Hauptsache, wir sind Brüssel los.«

Stanley wurde 1982 geboren. Der junge Engländer aus Kent studierte in Oxford, ist Amerika-Experte und sprüht vor Energie und Witz. Er kann Donald Trump ungemein gut parodieren. Ursprünglich unterstützte Tim Labour, heute wählt er konservativ. Leute wie er sind das Rückgrat von Brexitannien. Auch wenn die Jungen im Allgemeinen viel proeuropäischer sind als die Alten – die Fünfundsechzigjährigen haben doppelt so oft wie die Fünfundzwanzigjährigen für *Leave* gestimmt – so gibt es eben auch richtig leidenschaftliche Brüsselfeinde unter den Jungen. Und sie haben einen langen Atem.

Sich in die Gemeinschaft der europäischen Nationen einzu-
ordnen, war für die Briten nie einfach. Das hat gute historische Gründe. Bis Großbritannien ein Vereinigtes Königreich
der Engländer, Schotten, Waliser und Nordiren geworden
ist, hatte es Jahrhunderte gedauert, in denen man sich untereinander verheiratet und bekriegt hatte. Die Dominanz
der Engländer war allerdings unbestritten. Nachdem der Versuch der Schotten, eine ähnliche Handelsorganisation wie die
englische East India Company zu gründen, gescheitert war,
ergaben sie sich 1707 dem großen Nachbarn. Die Waliser
waren bereits seit 1542 mit England geeint, das hatte noch
Henry VIII geschafft. Die Nordiren kamen erst später hinzu, Nordirland wurde 1921 von Irland abgespalten und mit
dem Karfreitagsabkommen von 1998 mit einem Sonderstatus
und einer *devolved legislature* – also autonomen Regionalregierung – ausgestattet.

Die Engländer sind im Vereinigten Königreich das größte
und dominierende Volk – von 66,4 Millionen sind etwa 53
Millionen Engländer, fünf Millionen sind Schotten; in der
schottischen Diaspora in Amerika, Kanada und Australien
leben ungefähr noch weitere zwölf Millionen Schotten, aber
die fallen im Kräfteverhältnis innerhalb des Königreichs nicht
ins Gewicht; sechs Millionen sind Waliser und knapp zwei
Millionen Nordiren. Obwohl die Engländer das größte britische Volk sind, verfügen sie als einzige über kein eigenes
Parlament.

Über die Jahrhunderte haben die vier Völker unter der Führung der Engländer ihre Interessen in der Balance gehalten.
Man kann schon an den Begriffsbezeichnungen erkennen,
dass diese Balance nicht immer einfach ist: Das Vereinigte

Königreich etwa bezeichnet Großbritannien und Nordirland. Denn Großbritannien ist eine geografische Bezeichnung, die nur Schottland, England und Wales umfasst. Dennoch sprechen wir alle oft von Großbritannien, meinen aber das Vereinigte Königreich.

Für die Engländer war vielleicht auch deshalb die Entstehung der EU in Brüssel gewissermaßen Kinderkram. Am institutionell strukturierten Kräfteausgleich einer Union verschiedener Nationen arbeiten sie schon seit dreihundert Jahren und nicht erst wie Europa seit dem Zweiten Weltkrieg.

Generell dringt in jeder Konversation mit EU-Skeptikern der Unwille durch, sich etwas von den Bürokraten in Brüssel sagen lassen zu müssen. Schließlich hatte das britische Empire seit Jahrhunderten eine weitreichende Bürokratie entwickelt, um das Handelsreich zu verwalten. Die britischen Beamten in den Kolonien wurden in den meisten Fällen von den dortigen Regierungen angestellt. Im Regierungsbezirk Whitehall arbeiteten in der Zwischenkriegszeit viertausend Beamte. Etwa vierundzwanzigtausend Angestellte saßen 1920 in Zollbüros in Häfen und an Grenzübergängen. Insgesamt gehen Experten im Britischen Nationalarchiv von einst vierzigtausend Beamten für das britische Empire aus.

Die EU zählt nicht wie Britannien damals dreißig, sondern fünfhundert Millionen Einwohner. Die EU-Kommission hat zweiunddreißigtausend Beamte, das EU-Parlament siebeneinhalbtausend, im EU-Rat sind dreieinhalbtausend Beamte angestellt. Hinzu kommen noch die EU-Vertretungen in den Mitgliedstaaten, insgesamt nicht viel mehr als fünfzigtausend Menschen. Im Vergleich zum britischen Empire also eine eher schlanke Verwaltung, wenn man bedenkt, dass sich dadurch 28 EU-Staaten eine gemeinsame Struktur gegeben haben. Grundsätzlich aber gilt: Wer regiert, muss verwalten.

Wen das im Empire nicht gestört hat, der sollte sich nicht über die EU-Bürokratie empören.

Dennoch sehen die Briten gerne ein bisschen auf die Brüsseler Beamten herab. Sie haben das Gefühl, die Erfahrung eines weitgespannten Beamtennetzes für eine multistaatliche Kooperation schon viel früher gehabt zu haben.

Genauso ist es bei der Demokratie. Die Briten waren einfach früher dran als die anderen europäischen Nationen. Mit der Magna Charta 1215 begann die Reise zum Parlamentarismus. Seit dem 13. Jahrhundert konnten die britischen Königinnen und Könige nicht mehr ohne die Zustimmung des Adels Steuern einheben. König Johann Ohneland hatte nicht unbedingt mit der Abschaffung der Krone zu kämpfen, musste aber dem Adel Partizipationsrechte zugestehen. Welche andere europäische Nation hat einen Sagenhelden, der sich schon im 12. Jahrhundert selbst aussuchte, wen er für den richtigen König hielt? Genau das soll der wahrscheinlich fiktive, dafür in der englischen Legende sehr lebendige Robin Hood getan haben, als er für den edlen Richard Löwenherz und gegen dessen verschlagenen Bruder John in den Wäldern von Nottingham Partei ergriff.

Es mag daran gelegen haben, dass das Vereinigte Königreich sich so früh entwickelt hat – doch die Modernisierung blieb irgendwann stecken. Die Verfassung wurde nie aufgeschrieben. Bis heute macht ein riesiger Haufen von Gesetzen und Prinzipien, das Common Law, das britische Gesetzeswerk aus. Die Monarchie wurde nie abgeschafft, die Königsfamilie ist bis heute steinreich, ihre reale Macht hat sich aber auf ein starres Ritual von Winken und Lächeln reduziert. Das Vereinigte Königreich hat heute einen altmodischen, konservativen Touch.

Das Brexit-Votum passt da ganz gut hinein. Eine Nation

zieht sich in eine Vergangenheit zurück, die sie in der Zukunft nicht mehr finden wird.

DER KAMPF FÜR ODER GEGEN
DIE SOUVERÄNITÄT

Es war eines der wichtigsten Argumente der *Leavers*, dass sie ihrem Parlament in Westminster die Souveränität zurückgeben wollten. Doch der Brexit-Schock führte zunächst zum Gegenteil. Um zu kaschieren, dass nicht einmal die Regierung einen Plan für den EU-Austritt hatte, und um ihre Verhandlungen nicht zu gefährden, wollte Theresa May das Parlament anfänglich aus dem weiteren Prozess heraushalten. Eingedenk der Tatsache, dass achtzig Prozent der Mandatare im Herbst 2016 noch gegen den EU-Austritt waren, kann man dies der umkämpften Regierungschefin nicht verdenken. Bedenklich war es dennoch, denn es machte aus der Souveränitätsbehauptung reinen Hohn.

Es war nicht etwa die demokratisch legitimierte Opposition von Labour-Chef Jeremy Corbyn, die am Ende die Regierungschefin zwang, dem Parlament ein *meaningful vote* über den endgültigen Deal zuzugestehen. Es war Gina Miller, eine Transparenzaktivistin mit Zivilcourage, die die Regierung verklagte und bis vor den Obersten Gerichtshof brachte. Die unabhängigen Richter gaben ihr recht und Theresa May musste versprechen, das Parlament bei der wichtigsten Entscheidung für Großbritannien seit dem Zweiten Weltkrieg mitentscheiden zu lassen.

Gina Miller sah sich in Folge einer der übelsten rassistischen Hetzkampagnen in der modernen Geschichte Englands ausgesetzt. Die Dreiundfünfzigjährige stammt aus einer indischen Familie in Britisch-Guyana und ist eine ganz besonders gepflegte Erscheinung. Den rassistischen Furor heizte dies noch zusätzlich an – man konnte der klugen und mutigen Frau weder inhaltlich noch persönlich beikommen. Miller bekam täglich Briefe mit wüstesten Beschimpfungen. Einmal pro Woche, schätzt sie, kam ein Paket mit allem Möglichen, von dem man oft nicht wusste, ob es giftig war. Ein Mann aus Knightsbridge wurde bereits dafür verurteilt, dass er auf Facebook dazu aufgerufen hatte, sie »für 5000 Pfund auf der Straße zu überfahren«. Gina Miller geht nicht mehr allein mit ihren Kindern aus dem Haus.

An einem dunklen Winterabend 2018 stand sie vor meiner Tür. Pünktlich wie immer, geschützt nur von ihrem geraden Rückgrat. Wir hatten uns mit ein paar Kollegen bei mir verabredet. »Sie sind mein Safe House«, meinte sie zur Begrüßung. Einen Moment lang blitzte hinter ihrer perfekten Fassade Verletzlichkeit auf. Sie hatte sich schnell wieder im Griff. »Wenn die Regierungschefin erneut versucht, sich ihren rechtlichen Verpflichtungen gegenüber dem Parlament zu entziehen«, meinte Gina Miller, sobald sie im Wohnzimmer Platz genommen hatte, »dann werden wir sie wieder klagen.«

Der Gegensatz zwischen Gina Miller und Theresa May springt ins Auge. Miller ist ein Produkt des globalisierten Britannien: Sie stammt aus einer Einwandererfamilie. Mit ungeheurer Kraft und Energie ist sie ihren Weg in der Londoner City als *Selfmade Woman* gegangen. Heute leitet sie eine Investmentfirma mit ihrem Mann und betreibt Transparenzkampagnen für die City. Wenn sie nicht gerade die Regierung zur Verantwortung zieht, weil diese das altehrwürdige Parlament übers Ohr hauen will. Den EU-Austritt hält Gina Miller für bedauerlich – inhaltlich wie wirtschaftlich.

Theresa May dagegen profitiert vom Brexit ganz direkt:

Die sozial scheue Pastorentochter wäre vermutlich in freien Wahlen nicht zur Regierungschefin gewählt worden – ihr Potenzial als Volkstribunin ist gering. Inhaltlich versucht sie, die vermeintlichen Interessen der kleinen Bürger wieder mehr ins Zentrum zu stellen – der kleine, englische Mittelstand, nicht die globalisierte Elite steht im Fokus ihrer Politik.

VERRAT

Gina Miller wurde übel mitgespielt, aber nicht allein ihr. Auch die Richter, die ihr recht gegeben hatten, fanden sich prompt mit Foto und Perücke auf den Coverseiten der europafeindlichen Boulevardblätter als »Staatsfeinde« wieder. Konservative Rebellen im Parlament, die Gina Miller unterstützten, wurden auf den Titelseiten als »Verräter« bezeichnet. »Wenn man der Nation etwas verspricht, das nicht zu halten ist«, meint der irische Autor Fintan O'Toole, »dann kommt es in der Folge zu dem Gefühl des Verrats. Dies ist in Sachen Brexit unausweichlich, weil den Leuten viel zu viel versprochen wurde.«

Der Begriff des Verrats ist den Briten nicht neu. Schon die Schwestern Elizabeth I und Maria Stuart und ihre Verschwörer machten sich im 16. Jahrhundert gegenseitig den Thron streitig. Bei Shakespeare ist es gang und gäbe, dass die Herrschenden einander die Krone stehlen. Bei Hamlet ist es sogar der eigene Onkel, der ganz perfide mit der Mutter den Mord am Vater plant.

Der Begriff des Verrats aber verschwand für lange Zeit aus dem britischen Denken. 1688 war das letzte Mal, dass ein ausländischer Herrscher Britannien erfolgreich erobert hat. Die Glorious Revolution, als der holländische Prinz von Oranien gemeinsame Sache mit englischen Parlamentariern machte und James II vom Thron stürzte, war die Letzte ihrer Art. Der Holländer, ein Neffe von James II, setzte sich als William III auf den englischen Thron. Es gab danach keine Revolution mehr. Mit William III und Mary II wurde die konstitutionelle Monarchie eingeführt.

Anders als in Frankreich gab es keine blutige Revolutionswelle im 18. Jahrhundert und im Zweiten Weltkrieg kein Vichy-Regime. Die Kollaboration mit den Nazis liegt den Franzosen bis heute auf der Seele. Doch jetzt ist es mit dem EU-Referendum passiert: Der Begriff des Verrats ist zurück in der britischen Diskussion. Und er macht vor niemandem halt. Der *Daily Telegraph* bezichtigte auch schon Theresa May des Hochverrats.

Alles, was den Briten heilig ist, wird durch den EU-Austritt infrage gestellt. Demokratie, Parlament, Toleranz, selbst die sprichwörtliche Gelassenheit. Die alten Sicherheiten gelten nicht mehr. Das EU-Votum zeigte 2016, dass die Briten keine klaren Vorstellungen mehr haben, wer sie eigentlich sind. »Der Mythos des 19. Jahrhunderts, als Britannien der Workshop of the World war«, meint Mark Leonard vom EU-Thinktank European Council on Foreign Relations, »als die Engländer eine stolze protestantische Nation waren, umgeben von Katholiken, ausgestattet mit einem Empire, in dem die Sonne nie unterging – diese Erzählung ist nach dem Zweiten Weltkrieg zu ihrem Ende gekommen.«

JAMES BOND WIRD AUSGEBOOTET

Früher konnte man sich darauf verlassen, dass Großbritannien schon deshalb in Europa eine wichtige Rolle spielte, weil das Vereinigte Königreich eine schlagkräftige Armee hatte. Zu Zeiten des Empires entwickelt, hat die British Army mit Flotte, Luftwaffe und Geheimdiensten bis heute einen festen Platz am Firmament des Nationalstolzes. Doch welche Kriege werden damit noch geführt, welche Interessen durchgesetzt? Die Briten befreien heute nicht mehr Europa von den Nazis, dafür haben sie gemeinsam mit den Amerikanern einen Krieg im Irak geführt, der auf falschen Voraussetzungen basierte.

Sogar die Vorreiterrolle als potenteste Militärmacht Europas wird den Briten von den Franzosen schon heute streitig gemacht. Die Franzosen werden innerhalb der EU als Militärmacht und Nuklearmacht aufgewertet, wenn Großbritannien die Union verlässt. Die USA sind wegen Donald Trump kein verlässlicher Partner als Weltpolizist mehr. Und Britannien hat eine Entwicklung verschlafen, die Israel zu einer der bedeutendsten Cybermächte der Welt gemacht hat: Aus dem Sicherheitsapparat der Armee entwickelte sich in Tel Aviv eine Keimzelle für eine lukrative wie innovative Hightech-Nation. In Britannien, obwohl so viel größer und historisch bedeutender, ist davon weit weniger zu spüren.

Selbst James Bond, dem legendären Agenten der Königin, wird inzwischen von anderen Geheimdiensten der Schneid abgekauft. Als Elizabeth I an ihrem Tudor-Hof ihren Geheimdienst gründete, diente er vornehmlich zu ihrem eigenen Schutz. Überwacht wurden antiklerikale und antimonarchistische Rebellen. Elizabeth I war damit im 16. Jahrhundert eine der ersten Monarchinnen, die sich Spione hielt.

Die anderen Staaten haben längst nachgezogen. Heute spionieren einander alle Mächte mehr oder weniger offiziell aus. Das Leben der Agenten ist dabei längst nicht so schillernd wie jenes des fiktiven James Bond 007. Die meisten Informanten sitzen als Militärattachés in den Botschaften und schicken

Berichte nach Hause. Manche Geheimagenten leben gefährlich und sterben früh.

Zwei herausragende Beispiele waren 2006 der ehemalige russische FSB-Offizier Alexander Litwinenko, der vor aller Augen mitten in London von zwei Ex-Kollegen mit Polonium vergiftet wurde. 2018 überlebte der zwischen Großbritannien und Russland ausgetauschte Doppelspion Sergei Skripal einen Mordversuch nur knapp. Die russische Führung weist jede Verantwortung von sich. Die britische Regierung wirkte blamiert – weder konnte sie diese Anschläge auf ihrem Boden verhindern noch weiter zur Aufklärung beitragen.

So hat sich der Vorsprung Großbritanniens gegenüber den europäischen Konkurrenzmächten über die Jahre immer mehr verringert. Bei der Demokratie haben die Europäer ebenso aufgeholt wie bei der unabhängigen Justiz. Die Industrialisierung hatte frühe Erfolge erzielt. Die Deindustrialisierung aber hat in der zweiten Hälfte des 20. Jahrhunderts im Norden Englands tiefe Wunden hinterlassen, die nur schwer heilen. Das britische Empire – an seinem Höhepunkt 1913 kontrollierte es 412 Millionen Menschen oder 23 Prozent der Weltbevölkerung – war einst das größte der Welt. Mit der Übergabe Hongkongs an China endete das Empire 1997. Der Commonwealth of Nations, dem sich viele der ehemaligen Kolonien angeschlossen haben, ist nur noch ein blasser Schatten des früheren Reiches.

Einige Commonwealth-Staaten hatten nach ihrer Unabhängigkeit in den fünfziger und sechziger Jahren Gespräche über Handelsabkommen mit der EWG begonnen. Großbritannien lief damals Gefahr, in der Isolation zu landen. Die Hinwendung des ehemaligen Empires zur Europäischen Wirtschaftsgemeinschaft schien deshalb für die Briten in den sechziger Jahren fast unausweichlich die richtige Antwort auf die Herausforderungen der neuen Zeit zu sein. Die ersten Ansuchen 1963 und 1967 wurden allerdings von Frankreich abgelehnt. 1969 begannen dann endlich Verhandlungen über einen EWG-Beitritt. Als Großbritannien 1973 aufgenommen wurde, rebellierte die Labour Party und forderte Neuverhandlungen. Bei einem Referendum über die EWG-Mitgliedschaft gewann die proeuropäische Mehrheit mit 67 Prozent. Seit 1975 war Großbritannien Mitglied der Europäischen Gemeinschaft.

Knapp zwei Jahrzehnte ging das gut. Doch dann ging die EU ab den neunziger Jahren einen Weg, den viele Briten nicht mitgehen wollten: Der Maastricht-Vertrag 1992 führte sie auf den Weg zu einer Währungsunion und politischen Union, die den Briten zutiefst suspekt war. Dem Euro sind die Briten folgerichtig nie beigetreten, da ihnen ihr Pfund noch heiliger war als den Deutschen ihre Mark. Die politische Union haben sie gemeinsam mit anderen erfolgreich verhindert.

BREMSKLOTZ BRITANNIEN

Jetzt, wo die Briten die EU verlassen, können die verbleibenden 27 Mitglieder ohne den britischen Bremsklotz theoretisch einiges weiterbringen. Emmanuel Macron möchte eine Vertiefung der EU, vielleicht zieht ein innerer Kreis von EU-Staaten mit. Deutschland wird vielleicht nicht Motor sein, weil Angela Merkel nicht mehr mit der gleichen Kraft regiert wie zuvor, doch verhindern wird Deutschland eine tiefere Integration nicht. Innerhalb der CDU und der SPD gibt es eine klare proeuropäische Mehrheit.

Länder wie Polen oder Ungarn sind derzeit aber mindestens so unsichere Partner wie Italien. Auch Österreich zählt mit dem Koalitionspartner FPÖ zu jenen Regierungen, die die EU-Integration eher zurücknehmen als befördern wollen. Das EU-Rauchverbot in Restaurants wurde von der ÖVP-FPÖ-Koalition bereits gekippt. Und ganz oben auf der Agenda steht für eine neue Gruppe von Gleichgesinnten die Asylpolitik – die neu gewählte italienische Regierung mit der rechtsradikalen Lega, die weit rechts von Merkels CDU stehende CSU in Bayern und die österreichische Regierungskoalition, die die rechtsextreme FPÖ einschließt.

Vielleicht spielt deshalb die der Abgang der Briten gar keine so große Rolle. Einfach deshalb, weil sowieso keine großen Sprünge zu erwarten sind.

In diesen unsicheren Zeiten wird die innereuopäische Balance mit dem Austritt der Briten gehörig getestet. Dabei geht es nicht allein darum, dass Deutschlands Gewicht relativ gesehen noch viel größer wird, weil das zweitgrößte Mitglied aus der Union austritt. »Die Nicht-Euro-Länder verlieren nach dem britischen Austritt ihren größten Fürsprecher«, bemerkt Leopold Traugott vom Thinktank Open Europe. Schon heute gibt es nur neun Nicht-Euro-Staaten, die neben 19 Mitgliedern mit dem Euro als Währung oft Schwierigkeiten haben, ihren Interessen Gehör zu verschaffen.

Die Briten waren innerhalb der EU außerdem ein guter Partner für alle, die ein wirtschaftlich liberales Europa wollten. Großbritannien und Deutschland standen zwar im Europäischen Rat in Fragen der politischen Integration oft gegeneinander, sie haben aber beide die EU als eine ökonomisch gesehen liberale Union geprägt: Sie haben den Binnenmarkt gemeinsam erweitert und vertieft und dabei recht strikte Regeln gegen staatliche Interventionen verhängt. Einer der Architekten des Single Market war kein anderer als der von

Margaret Thatcher entsandte EU-Kommissar Lord Arthur Cockfield, der in den Worten des britischen EU-Spezialisten Ivan Rogers »wahrscheinlich der größte Produzent supranationaler Gesetzgebung in der menschlichen Geschichte« war. Frankreich war im Vergleich weniger aktiv.

Nach außen hin haben Großbritannien und Deutschland sichergestellt, dass die EU gegenüber globalem Handel und Investitionen offen war. Das CETA-Abkommen ist ein Beispiel dafür. Gemeinsam mit den liberalen Ländern – Irland gehört auch dazu – verfügten sie über eine Sperrminorität von 36,8 Prozent – man braucht 35 Prozent, um Entscheidungen zu blockieren. Ohne das Vereinigte Königreich fällt der Anteil der liberalen Gruppe auf 27,8 Prozent. Deutschland bleibt jetzt mit den kleineren liberalen Ländern allein – den Niederlanden und Skandinavien.

Finanziell wird Großbritannien der EU erst einmal ganz sicher fehlen. Das Vereinigte Königreich war Nettozahler ins EU-Budget. Zurzeit zahlen die Briten noch über zehn Milliarden Euro jährlich ein. Das Vereinigte Königreich ist die zweitgrößte Wirtschaft der EU, 16 Prozent ihres Bruttonationalprodukts gehen auf das Konto der Briten. Es ist damit ungefähr so groß wie die Wirtschaften der neunzehn kleinsten EU-Staaten zusammengenommen.

Großbritannien zeichnet außerdem für etwa ein Viertel der Verteidigungskapazität der EU verantwortlich. Neben Polen, Estland und Griechenland ist das Vereinigte Königreich der einzige EU-Staat, der mehr als zwei Prozent des BIP für seine Verteidigung ausgibt. Die Briten sitzen auf einem der zwei permanenten Sitze von EU-Staaten im UN-Sicherheitsrat. Und sie sind auch einer der wichtigsten Geldgeber in der EU, was die Entwicklungshilfe betrifft.

Wie weit wird die EU den Briten fehlen? Immer deutlicher

wird, wie essenziell viele EU-Institutionen und EU-Regulierungen für die Sicherheit aller Beteiligten sind. Das betrifft den Europäischen Haftbefehl genauso wie die Beteiligung an Europol. Viele europäische Initiativen haben Großbritannien als Standort attraktiver gemacht – zum Beispiel wurden EU-weit die Regeln für Rechtsstreitigkeiten harmonisiert. Wenn britische Richter nicht mehr daran gebunden sein sollten, könnten internationale Konzerne ihre Streitigkeiten nicht mehr vor Londoner Gerichten austragen wollen. Schon jetzt richten Handelsgerichte in Frankreich, Deutschland und Holland englischsprachige Schiedsgerichtsabteilungen ein, um dieses Service in EU-internen und auch internationalen Streitfällen anbieten zu können.

Unter Umständen wird es für die Briten und ihr nationales Empfinden besser sein, außerhalb der EU zu landen. Gewisse Einfuhrbeschränkungen der EU könnten die Briten in neuen Handelsabkommen mit Commonwealth-Ländern aussetzen. Der britische Handelsminister Liam Fox hat bereits angedeutet, dass eine Einfuhr von australischem Fleisch etwa den Preis für die Konsumenten senken würde. Wie wichtig am Ende die bisherigen Gesundheitsstandards der EU für die Briten sein werden, wissen sie derzeit selbst noch nicht.

Schon zu Zeiten der EU-Mitgliedschaft war es den Briten nicht ganz ernst damit. Sonst wäre kaum Pferdefleisch auf den Tiefkühlpizzen der Supermarktkette Tesco gelandet. Nicht deklariertes Pferdefleisch wurde auch in Fertigprodukten anderer EU-Staaten festgestellt, aber nirgendwo in dem Ausmaß wie im Vereinigten Königreich: In 27 britischen Hamburgern der Supermarktkette Tesco – in denen offiziell Rindfleisch verarbeitet worden war – fanden sich bei einem Test im Jahre 2013 in 37 Prozent Pferdefleisch und in 85 Prozent Schweinefleisch.

Alles zusammengenommen ist die Geschichte der Briten in Europa jetzt zu einem Abschnitt gekommen, der geografisch für sie richtiger gewichtet scheint. Die britische Regierung will in Zukunft näher an Europa sein als die Kanadier, aber weiter weg als die Schweiz und ebenso entfernter als Norwegen. Das ist das Ergebnis der Verhandlungen von Theresa May innerhalb ihres Kabinetts.

Der luxemburgische Premierminister Xavier Bettel brachte es im März 2018 auf den Punkt: »Großbritannien war bisher in der EU mit vielen Opt-Outs und möchte jetzt außerhalb der EU stehen mit vielen Opt-Ins.« Das Vereinigte Königreich stand bisher am äußersten Rand innerhalb der EU und scheint künftig ganz nahe am Zaun außerhalb der EU stehen zu wollen.

Der Brexit hätte vielleicht vermieden werden können, hätte Tory-Premier David Cameron das Referendum nicht auf die Tagesordnung gesetzt. Doch alle meine Reisen und Gespräche außerhalb von London haben in mir die Ansicht gefestigt, dass Großbritannien wirklich eine Sonderrolle in der europäischen Gegenwart spielen will. Seit dem Maastricht-Vertrag ist die Schere zwischen den Kontinentaleuropäern und den Inselbewohnern immer weiter aufgegangen.

Was bedeutet die Vision der *Brexiters* für Britannien in der nächsten Zukunft? Welche Chancen bietet *Global Britain*, die Rückbesinnung auf das Empire und eine Stärkung des Commonwealth? Welche Möglichkeiten ergeben sich aus der neuen wirtschaftlichen Ausrichtung – weg vom europäischen Handelsblock hin zu Freihandelsabkommen mit Ländern wie Australien und Amerika und hin zu den aufstrebenden Mächten China und Indien? In den nächsten Kapiteln werden diese Optionen diskutiert.

Gezeigt wird auch, wie sich das Verhältnis zur EU verändern könnte. Ein Entweder-oder wird für Britannien kaum möglich sein. Schon Winston Churchill hatte dies für seine Nation nach dem Zweiten Weltkrieg erkannt. »Churchill sah Britannien als Teil eines Quadrats«, meint der irische Publizist Fintan O'Toole: »Auf den anderen drei Seiten stand die Special Relationship mit den Vereinigten Staaten, der Commonwealth und – ein geeintes Europa. Britannien sollte dort in Churchills Augen eine führende Rolle spielen und gemeinsam mit den anderen Zollmauern und Passbarrieren abbauen.«

Erinnern Sie sich noch an die Schlagzeile in der *Times*: »Dense Fog in the Channel: Continent Isolated for Three Days«? Wenn ja, dann trügt Sie Ihr Gedächtnis. Denn es gab diese Schlagzeile nie: »Dichter Nebel über dem Kanal: Der Kontinent drei Tage lang abgeschnitten.« Das Archiv der *Times* kennt den Titel nicht, weder 1933 noch 1957, wie immer wieder behauptet wird.

Die Schlagzeile war ein Witz der Engländer über die Engländer. Man machte sich lustig über sich selbst, über das Insularische im Britischen, das Kindliche im Volksgemüt, das annimmt, der Nabel der Welt zu sein. Und die britischen Inseln seien nicht dem Kontinent vorgelagert, sondern umgekehrt. Britannien nach dem EU-Austritt wird sich mit sich selbst beschäftigen müssen, eine Nabelschau, die durchaus schmerzhaft sein könnte.

Der Brexit hat nicht nur die britische Politik verzerrt, sondern auch das Spiegelbild dieser Nation. Dafür könnten die Briten in der neuen Ära der Splendid Isolation ihren Sinn für Humor wieder ankurbeln. Denn wie die obige Schlagzeile zeigt, gab es einmal eine Zeit, als ihr Sinn für Selbstironie richtig gut ausgeprägt war.

KAPITEL 2
EMPIRE 2.0 – KOLONIALISMUS REVISITED

EMPIRE 1.0

128 Meter über der Themse sieht es so aus, als wäre die britische Welt noch in Ordnung. Von der Ting Lounge des Shangri-La Hotels im Shard, dem höchsten Wolkenkratzer Westeuropas, blickt man auf die City of London. In den Fenstern der Hochhäuser spiegeln sich die grauen Regenwolken. Links davon die Kathedrale St Paul's und rechts davon der Tower of London, daneben die berühmte Brücke. Tausend Jahre Geschichte liegen da ausgebreitet. Im Tower wohnten die englischen Monarchen. Manche lebten nicht nur hier, sie starben auch in dem alten Gemäuer. Henry VIII ließ seine Frau Anne Boleyn gleich vor Ort köpfen.

Im Hochhaus unweit davon, das wegen seiner Form Walkie-Talkie genannt wird, sitzen die Fürsten von heute, Banker und Versicherungsagenten. Sie und nicht die Könige herrschen heute über die Welt. Die Macht ist nicht mehr gottgegeben, Geld regiert die Welt. Die City hat sich selbst die höheren Weihen gegeben, neben den hoch aufstrebenden Wolkenkratzern wirkt der Tower wie Legospielzeug. Auf dem Fluss davor liegt die »HMS Belfast«, ein Kriegsschiff aus dem Zweiten Weltkrieg. Fest vertäut am Ufer erzählt sie die Geschichte eines untergegangenen Empires, das noch vor siebzig Jahren Europa vor dem Dritten Reich gerettet hat. Seit ihrer Pensionierung dient die alte Fregatte als Museumsschiff.

In der Ting Lounge des Shangri-La Hotels, das über die

Stockwerke 32 bis 45 im Shard verteilt ist, blickt Gideon Rachman auf dieses prachtvolle Panorama und denkt über sein Land nach. »Einer der großen Irrtümer der *Brexiters* war es zu glauben, dass Britannien eine große Handelsnation gewesen ist«, urteilt der außenpolitische Kommentator der *Financial Times* und widmet sich seinem doppelten Espresso. »Gehandelt wurde wohl, das stimmt, aber wenn es Probleme gab, dann schickte man die Schiffe der Navy und setzte die britischen Interessen mit Gewalt durch.« Und nicht nur das, seufzt Rachman: »Wie viel von unserem Reichtum basiert auf Sklavenhandel?«, fragt er. Viel.

Seit dem 16. Jahrhundert hatte sich das britische Empire am Handel mit Menschen beteiligt. Im 18. Jahrhundert war eine lukrative Dreiecksroute in vollem Schwung: Britische Güter wurden nach Afrika gebracht, damit Sklaven gekauft, die wurden auf die Karibischen Inseln transportiert und dort verkauft. Zurück nach England kamen die Schiffe voller Güter, die mit Sklavenarbeit hergestellt worden waren: Zucker, Tabak, Baumwolle. 1783 machte dieser Handel mit Sklaven und ihrer Arbeit achtzig Prozent des Auslandseinkommens Großbritanniens aus.

Es dauerte bis 1787, dann nahm William Wilberforce die Abschaffung der Sklaverei in Angriff. Wilberforce war ein unabhängiger englischer Politiker, ein enger Freund von Premierminister William Pitt dem Jüngeren. Dieser überredete Wilberforce, den Kampf gegen die Sklaverei aufzunehmen. Das war nicht schwer, denn Wilberforce war 1785 bibeltreuer Christ geworden und hatte darüber sein Gewissen entdeckt. 1807 wurde der Act for the Abolition of the Slave Trade verabschiedet, der den Sklavenhandel verbot. Im britischen Empire außerhalb Englands blieb die Sklaverei aber noch bis 1833 legal.

»Wirklich? Nur Wilberforce hat dabei eine Rolle gespielt?«, ruft der Rapper und Hip-Hop-Sänger Akala spöttisch in den großen Saal der Shoreditch Town Hall. Viele Schwarze und Weiße, viele gemischte Paare sind gekommen. Junge, Alte, Frauen und Männer, schrille und dezente Typen haben Karten zu Akalas Talk »Ist Britannien in einer Identitätskrise?« gekauft.

Akala aka Kingslee James Daley hält die »weiße« Geschichtsschreibung Großbritanniens für veraltet: »Meine Lehrerin hat mir als Siebenjährigem in der National Portrait Gallery ein Bild von Wilberforce gezeigt und genau das gesagt: Dieser Mann hat die Sklaverei abgeschafft. Ich dachte: Ganz allein?« Akala zählt eine ganze Reihe von Sklavenaufständen auf, um seine These zu untermauern, dass die Geschichte nicht allein von weißen Männern geschrieben wurde.

Ausgehend von seinen eigenen Erlebnissen als Kind eines jamaikanischen Vaters und einer schottischen Mutter bietet Akala in seinem Buch »Natives: Race and Class in the Ruins of Empire«, das im Frühling 2018 erschienen ist, eine alternative britische Geschichtsschreibung an. Akala ist ein Kind des britischen Empires, ein kritischer und humorvoller Zeuge der Geschichte des Vereinigten Königreichs: »Der institutionelle Rassismus ist immer noch ein Problem, aber das Land funktioniert wegen seiner geselligen Kultur gut. Britannien ist eines der erfolgreichsten Beispiele dafür, wie Menschen mit multikulturellem Hintergrund miteinander in Frieden leben können«, meint er. Und fügt mit einem Lächeln hinzu: »Wie in Jamaika.«

Akala konstatiert seinen Landsleuten »Post-Empire-Melancholie«. Den Begriff hat der Kulturhistoriker Paul Gilroy in seinem Werk »After Empire: Melancholia or Convivial Culture?« geprägt. Die Nation schwankt immer noch zwischen

Aufklärung und Nostalgie. Man könnte es auch postkoloniale Depression nennen, die jetzt in der Austrittsphase bei manchen in eine manische Phase der übersteigerten Hoffnung gekippt ist.

EMPIRE 2.0

Jetzt, wo die weite Welt handelsmäßig (zurück-)erobert werden muss, fahren die Minister von Theresa Mays Regierung voller Sendungsbewusstsein in der Weltgeschichte herum. Damit keine ungemütlichen Gefühle aufkommen, setzen die Diplomaten der Queen heute wieder auf Softpower.

Der britische Botschafter in Myanmar hatte sich für seinen hohen Besuch etwas Besonderes einfallen lassen. Der Diplomat Andrew Patrick führte den damaligen britischen Außenminister Boris Johnson quer durch die alte Hauptstadt Yangon zu einer Pagode, in der acht Haare von Buddha eingemauert liegen. Es ist das höchste Heiligtum im ehemaligen Burma, dem heutigen Myanmar. Die spektakuläre Architektur des Bauwerks, das hier seit über einem Jahrtausend in der Landschaft steht, verfehlte ihre Wirkung auf Johnson nicht.

Gut gelaunt schlug Johnson eine riesige Glocke an – auf Einladung der lokalen Honoratioren – und rezitierte dann ein Gedicht von Rudyard Kipling. Dies nicht auf Aufforderung der burmesischen Gastgeber. »The temple bells they say/ Come you back you English Soldier.« Der britische Botschafter, das kann man in einem Mitschnitt sehen und hören, versuchte seinen Minister zu stoppen. Myanmar, man kann es sich ohne große Mühe vorstellen, will wohl kaum englische Soldaten ins Land zurückholen. Die Kolonialgeschichte mag zwar bei Kipling und Johnson verklärt werden, aber kaum bei jenen, die Britanniens imperiale Ausbeutung auf ihrem Rücken tragen mussten. »Keine gute Idee?«, fragte der Außenminister. »Nein«, zischte Botschafter Patrick: »Unpassend.«

Als diese Szene im Herbst 2017 in der Dokumentation »Blonde Ambition« bekannt wurde – *Channel 4* hatte den ehrgeizigen Johnson porträtiert –, war niemand wirklich überrascht. Boris Johnson ist berühmt dafür, dass er mit Genuss und Präzision genau dort provoziert, wo es richtig peinlich werden kann.

Zufall war es auch nicht, dass er gerade jetzt in diesen Fettnapf gesprungen war. Das Vereinigte Königreich hat sich bisher kaum mit der eigenen Kolonialgeschichte auseinandergesetzt. Fast sechzig Prozent der Briten sind nach einer YouGov-Umfrage aus dem Jahre 2014 immer noch stolz auf ihr ehemaliges Empire. Fast die Hälfte glaubt, das Empire habe die Kolonien bereichert – und nicht umgekehrt.

Selbst die *BBC* zeigt heute noch rührselige Fernsehserien wie »Indian Summers«, in denen zwar der Rassismus nicht verschwiegen wird, aber immer noch die Sicht der Briten auf das Empire – durchaus kritisch sich selbst gegenüber, doch nostalgisch untermalt – gezeigt wird.

Es gibt kein Museum des Imperialismus – es gibt nur das Imperial War Museum. Dort werden anspruchsvolle Ausstellungen gezeigt. Doch in der Hauptstadt fehlt eine nationale Begegnungsstätte, die sich mit den tieferen Implikationen des Kolonialismus auseinandersetzt.

Das erste Museum des British Empire and Commonwealth wurde 2002 in Bristol eröffnet. Es musste 2008 wieder zusperren. Der Vorsitzende des Stiftungsrats, Neil Cossons, machte die »post-imperiale Angst« für die Schließung des Museums verantwortlich: »Ich denke, die Zeit ist noch nicht reif, um die Geschichte von Empire und Commonwealth richtig zu erzählen«, sagte er anlässlich der Schließung des Museums. Das Konzept war nicht ausgereift, die Finanzierung nicht ausreichend und die Besucher blieben aus. »Das Empire ist immer noch ein unmodernes Thema«, erklärte Cossons: »Die Wunden sind noch zu frisch.«

Wann aber sollten die Briten damit beginnen, sich mit ihrer imperialen Geschichte auseinanderzusetzen? Bisher passiert eher das Gegenteil. Die Beamten von Liam Fox haben seine Vision für die globale Handelsmacht einmal ironisch als Empire 2.0 bezeichnet. Der halb ernst gemeinte Titel erntete einen Sturm der Entrüstung vonseiten der sensibleren Seelen in Britannien, seitdem nimmt niemand mehr den Begriff in den Mund. Liam Fox war aber auch jener Tory-Politiker, der im März 2016 den folgenden Tweet losgelassen hatte: »Das Vereinigte Königreich ist eines der wenigen Länder der Europäischen Union, das seine Geschichte des 20. Jahrhunderts nicht verstecken muss.«

Empörte Leser tweeteten daraufhin Verbrechen der Briten in ihren Kolonien. Die Internierung der Boers, der Nachkommen holländischer Bauern, in Südafrika. Ein Drittel der Boers starb im Lager, ungefähr 30.000 Menschen. Das Massaker an indischen Demonstranten in Amritsar im Jahr 1919, bei dem Hunderte erschossen wurden. Bei einem Mittagessen zog der zuständige Cyril Radcliffe die neuen Grenzen von 1947 zwischen Indien und Pakistan entlang religiöser Grenzen – zehn Millionen Menschen verloren ihr Heim, mussten fliehen, manche Quellen sprechen von bis zu einer Million Opfern der Gewalt, die nach der Grenzziehung ausbrach. In Lagern in Mau-Mau starben Zehntausende Kenianer, die sich in den fünfziger Jahren gegen die Briten auflehnten. Die Liste der britischen Verbrechen ist lang.

Das erste Empire basierte auf der Idee, die Welt jenseits der britischen Inseln zu erobern, den unterentwickelten Völkern Zivilisation zu bringen, den Profit aus den Kolonien nach Hause zu bringen und gut davon zu leben. Ein etwas altmodisches Konzept, möchte man meinen. Die ausgebeuteten Nationen des britischen Empires wollen naturgemäß keine Neuauflage.

In wirtschaftlicher Hinsicht ist ein Wiederaufleben des Empires auch nicht gerade eine Wunderwaffe. Die EU bekommt heute 48 Prozent der britischen Exporte, der Commonwealth nur 9,5 Prozent. Im Handel zählt Geografie mehr als Geschichte.

Hinzu kommt, dass gerade Indien, das bevölkerungsreichste Land des Commonwealth, wirtschaftlich enorm aufgeholt hat. Indien wird 2018 das Vereinigte Königreich überholen und fünftgrößte Wirtschaft der Welt sein, heißt es in einem Bericht des Centre for Economics and Business Research.

Nach dem Austritt der Briten aus der EU wird der europäische Handelsblock geschwächt sein – China wird die EU nach bisherigen Schätzungen innerhalb der nächsten zehn Jahre an Wirtschaftskraft überholt haben. Dann sieht die Welt Mitte des Jahrhunderts ungefähr wieder so aus wie vor der industriellen Revolution: China, USA, Indien und Japan, gefolgt von Deutschland, respektive der EU. Großbritannien folgt danach.

Indien hätte nichts gegen ein Handelsabkommen mit den Briten einzuwenden. Schon bisher sind es aber die Briten, die innerhalb der EU ein Handelsabkommen zwischen EU und Indien behindert haben. Denn Indien schlägt erstens hohe Zölle auf schottischen Whisky vor. Viel bedeutender aber ist, dass es den Indern vor allem darum geht, leichter Visa in den Westen für die schnell wachsende Bevölkerung zu bekommen. Die Briten zeigten sich da bisher sehr reserviert. Die

Visafrage könnte auch bei einem Freihandelsabkommen zwischen Großbritannien und Indien zum Stolperstein werden. Dem ehemaligen Kolonialherrn wird das boomende Indien jedenfalls keinen einfachen Deal anbieten.

Mit Australien könnte dies anders sein. Oz, wie das ferne Land von den Briten liebevoll genannt wird, legt großen Wert auf enge Beziehungen mit Großbritannien. Australien kämpfte zum Beispiel an der Seite Großbritanniens im Ersten Weltkrieg und im Zweiten gegen Nazideutschland und Japan. Die verfassungsrechtlichen Verbindungen mit Australien fielen erst 1986. Als ehemalige Kolonie der Briten sind die wirtschaftlichen Verbindungen auch enger als mit anderen Staaten. Oz ist *keen,* ein bilaterales Abkommen mit Britannien auszuhandeln. Schließlich gehören die Aussies zu den ernsthaft königinnentreuen Völkern.

Ein bilaterales Handelsabkommen mit den Australiern ist daher eines der wirklich realistischen Projekte der Zeit nach dem EU-Austritt. Man wird eventuell das eine oder andere hormonbehandelte Stück Fleisch auf die britischen Inseln lassen müssen. Doch ein Abkommen wird es geben. Selbst dann sollte man allerdings nicht vergessen, dass vonseiten der Australier das Handelsvolumen mit den Briten sehr viel kleiner ist als das mit den Chinesen, den Japanern, den USA, Korea, Singapur und Neuseeland. Und Deutschland kommt nach Großbritannien, das auf Platz sieben liegt, bereits auf Platz zehn.

DER BASAR DER DIEBE

In Hampstead, am Rande der gleichnamigen Heide in London, steht eine Buchhandlung. Bei Daunt's werden nur gute Bücher verkauft. Das ist tatsächlich so. Es gibt keine Billigschmöker, keine Sonderangebote. Die Neuerscheinungen liegen auf Tischen auf, die Stellagen sind voller gut sortierter Werke. Daunt's ist ein Paradies für Bücherwürmer.

Als mein Sohn Adam noch klein war, gingen wir sonntags oft dorthin und schmökerten in den Neuerscheinungen. Mein Kind fachsimpelte vertrauensvoll mit den Verkäufern über die neuen Serien, die er las, denn die wussten immer, wovon sie sprachen. Die Daunt's-Buchläden gehören zu einem traditionellen London, das ohne Zeitgeist auskommt und hoffentlich alle politischen Verwerfungen überleben wird. In diesem Universum der politischen Bücher, der Literatur aus aller Herren Länder und der Reisebücher über die ganze Welt vermeint man förmlich zu spüren, welche literarische Kraft das Empire diesem Volk der Händler und Eroberer gegeben hat.

Rudyard Kipling, der das Empire in seinen Werken verewigt hat, verbrachte das Ende seines Lebens im Burgh House in Hampstead. Dort lebte der Autor des »Dschungelbuchs« mit seiner Tochter Elsie und deren Mann. Einmal die Gasse hinunter ist Daunt's.

An einem der typisch englischen, kühlen Juniabende liest hier in der Buchhandlung Shashi Tharoor. Der indische Autor, einst Vize-UN-Generalsekretär für Information und heute Abgeordneter des indischen Nationalkongresses, hat das Empire-Buch zur neuen Ära geschrieben: »Inglorious Empire«, »Das unrühmliche Reich«.

Der elegante Tharoor spricht mit leiser Stimme und dem Englisch der gebildeten Elite des Commonwealth. Seine Worte sind vernichtend: »Indien hat die industrielle Revolution verpasst, weil Britannien uns unter die Räder geworfen hat.« Vor der industriellen Revolution dominierte Indien den Weltmarkt mit seinen Baumwollprodukten, die von hoher Qualität waren und wegen der billigen Arbeitskräfte im Vergleich wenig kosteten. Als in England die Dampfkraft erfunden wurde, reduzierte diese die Kosten britischer Baumwolle um 85 Prozent. Die Briten verdrängten die Inder vom Weltmarkt – das war eine technologische Entwicklung, die England begünstigte.

Gleichzeitig aber sagten die britischen Kolonialherren den indischen Bauern, was sie anbauen durften und was nicht. Nahrungsmittel waren ihnen nicht erlaubt, weil die Briten Rohmaterialien für ihre boomende Industrie brauchten. In der Folge kam es in Indien zu Hunger und Armut. Der indische Autor scheut keine Vergleiche: »Die Briten haben an den Indern einen kolonialen Holocaust verübt.« 35 Millionen Menschen sind über die Jahrzehnte an Hungersnöten gestorben. »In den Konzentrationslagern gaben die Briten den hungernden Indern, die den ganzen Tag arbeiten mussten, kleinere Essensrationen als die Nazis den Juden gaben, bevor sie sie ins Gas schickten.« Als 1943 vier Millionen Bengalen starben, bemerkte Winston Churchill, es sei ihre eigene Schuld, weil »sie sich wie Karnickel vermehrten«.

Im Buchladen in Hampstead geht ein leises Stöhnen durch den Raum. Die zumeist weißen, älteren Zuhörer in Tharoors Lesung machen ihrer Empörung über das ausbeuterische Regime ihrer eigenen Ahnen Luft. »Churchill zog es vor, die Leute auszuhungern statt sie zu erschießen«, sagt Tharoor fast genüsslich, des Effekts seiner Worte auf sein Publikum bewusst. »Er konnte uns einfach nicht als Menschen sehen.«

Die East India Company hatte zu Beginn des 19. Jahrhunderts eine Armee von 260.000 Soldaten zur Verfügung, die ihre Interessen durchsetzten. Die Briten waren auf ihre eigene industrielle Revolution enorm stolz. Sie hatten ihr eigenes Wachstum im Auge, nicht das Indiens. Unter britischer

Herrschaft sank Indiens Anteil an der weltweiten Industrieproduktion zwischen 1770 und 1900 von fünfundzwanzig auf zwei Prozent.

Der indische Autor formuliert sein Buch als eine wütende Anklage gegen das Empire, das er als »langes und schamloses Projekt der Raublust« beschreibt. Der Marquess von Salisbury, Staatssekretär für Indien in den siebziger Jahren des 19. Jahrhunderts, bemerkte einmal: »Indien muss bluten.« Am Ende des 19. Jahrhunderts war Indien die größte Einnahmequelle der Briten. Das Britische Museum ist heute voller Kunstwerke aus aller Welt, vieles davon auch aus Indien. Tharoor nennt es einen »Basar der Diebe«. Hat Großbritannien sich für all das Unrecht entschuldigt, das es den Indern angetan hat? Nein. Tharoor hat einen Vorschlag parat. Am 13. April 1919 jährt sich zum 100. Mal der Tag des britischen Massakers in Indien. »Das wäre doch eine gute Gelegenheit, endlich Sorry zu sagen.«

In Großbritannien gibt es bereits Stimmen, die sich dafür einsetzen, den ehemaligen Kolonien zumindest einen Teil der Reichtümer zurückzuerstatten. »Wenn unsere Beziehungen zum Commonwealth jetzt wichtiger werden, dann wird es von Vorteil sein, wenn wir diese Forderungen ernst nehmen«, meinte der Historiker David Olusoga auf dem Hay Festival Ende Mai 2018. »Wir könnten es auch nicht verstehen, wenn unser britischer Kunstschatz im Museum eines anderen Landes ausgestellt würde.« Olusoga, der als Kind aus Nigeria ins Vereinigte Königreich kam, hält dies sowohl für moralisch richtig als auch auf lange Sicht für finanziell lukrativ – schließlich kann der Beginn neuer Freundschaften Britannien nach dem EU-Austritt Vorteile bringen.

Tharoor dagegen glaubt nicht daran, dass sich die Haltung des offiziellen Britannien in näherer Zukunft ändern wird.

Ihn empört der nach wie vor blühende Rassismus und das für ihn verlogene Argument der Briten, sie hätten den Indern dafür die Zivilisation gebracht: »Es stimmt, ich verwende die englische Sprache auch selbst, wenn ich mit Ihnen spreche. Doch vergessen Sie nicht: Als Indien unabhängig wurde, waren immer noch nur 16 Prozent der Bevölkerung alphabetisiert.«

Seit der Unabhängigkeit hat sich Indien gut entwickelt. Lesen und schreiben können heute drei Viertel der Bevölkerung. Bevorzugte Behandlung habe Britannien deshalb von Indien sicher nicht zu erwarten, meint Tharoor: »Was Indien heute geben kann, sind Leute.« Die Studenten gehen aber lieber in die USA – im Jahr 2017 186.000 im Vergleich zu 16.000 ins Vereinigte Königreich. 2010 gab es hier noch 60.000 indische Studenten. 2017 gingen die Zahlen zwar ein wenig hinauf, doch insgesamt ist nach Angaben des UK Council for International Student Affairs die Zahl der indischen Studierenden in den vergangenen fünf Jahren um 44 Prozent gesunken. Wie sich der Brexit auf die Anzahl ausländischer Studierender auswirken wird, ist noch nicht abzusehen.

Die Verbindung zum ehemaligen Empire ist jedenfalls längst nicht so eng, wie es die Briten gerne hätten. Dafür gibt es einen klaren Grund, meint Tharoor: »Nach der Erfahrung von Empire 1.0 kann ich wirklich nicht verstehen, warum irgendjemand gedacht hat, dass Empire 2.0 eine gute Marketingstrategie sein könnte.«

Seine Zuhörer applaudieren betroffen. Dunkel liegt Hampstead Heath da, als wir den Buchladen verlassen. Den Briten steht die Bewältigung ihrer Vergangenheit erst bevor.

COMMONWEALTH: NEUERFINDUNG
ODER BEGRÄBNIS

Es ist ein tolles Bild, wenn alle 53 Nationen des Commonwealth zusammentreffen. Der *common wealth,* der gemeinsame Reichtum, zeigt sich dann in seiner ganzen Buntheit. Zum ersten Mal in zwanzig Jahren fand die Feier im April 2018 in London statt. Diesmal kamen nicht nur die Außenminister, sondern sogar 46 Regierungschefs nach London. Queen Elizabeth II lud alle in den Ballsaal des Buckingham Palace ein. 53 verschiedene Fahnen hingen dekorativ an den Wänden. »Ich hoffe, dass der Commonwealth sich dafür entscheiden wird, den Prinz von Wales jene Arbeit weiterführen zu lassen, die mein Vater 1949 begonnen hat«, sagte die alte Dame in ihrer Eröffnungsrede und da traute sich niemand zu widersprechen.

2019 ist der Commonwealth 70 Jahre alt. Die Queen wird dann 93 sein und kaum mehr in der Lage, weltweit zu ihren Untertanen zu reisen. Dass ihr Sohn Prinz Charles das Zepter auch im Commonwealth übernimmt, ist eigentlich ganz logisch. Das Problem ist bloß: Was macht er mit dem Zepter? Der Commonwealth hat längst Sinn und Zweck verloren. Die Liga der 53 Nationen vereint zwar mit 2,4 Milliarden Menschen etwa ein Drittel der Weltbevölkerung, ein Fünftel der Landmasse und etwa fünfzehn Prozent des Reichtums auf sich, aber was verbindet sie schon? Einige der Länder waren nicht Teil des Empires, andere warten noch auf eine Entschuldigung der Briten für Ausbeutung und Diskriminierung ihrer Nationen. Für die Zukunft wird man sich entscheiden müssen: Entweder der Commonwealth wird neu erfunden oder er erledigt sich irgendwann von selbst.

Besprochen wurden beim Treffen im Buckingham Palace

deshalb vor allem Themen wie die Vermeidung von Plastik-
müll im Meer und LGBT-Rechte, die Boris Johnson auf die
Tagesordnung gesetzt hatte. Theresa May sprach eindringlich
davon, dass man den Commonwealth »revitalisieren und sein
riesiges Potenzial nutzen« wolle. Doch dazu kam es zumindest bei diesem Treffen nicht mehr. Der Windrush-Skandal
brach aus und überschattete die Feiern.

WINDRUSH – EIN STURM

Statt über die Chancen des globalen Britannien diskutier-
ten plötzlich alle über die Opfer einer verfehlten Einwanderungspolitik in Großbritannien. Die »SS Empire Windrush«
war ein Schiff der Royal Navy, das 1948 492 Passagiere aus
Jamaika, Trinidad und Tobago nach England gebracht hatte. Sie sollten mithelfen, das Land nach dem Krieg wieder
aufzubauen. Die meisten waren junge Männer, die mit den
Briten im Zweiten Weltkrieg gekämpft hatten. Sie hatten
nicht vor, lange zu bleiben. Die britische Regierung hatte
auch nicht vor, sie einzugemeinden. Doch sie blieben und
über die Jahre kamen mehr Jamaikaner, es bildete sich eine
richtige Gemeinde. Daraus entstand später der Notting Hill
Carnival, der erstmals 1966 abgehalten wurde. Die tanzenden
Jamaikaner Ende August sind zu einem fixen Bestandteil des
Londoner Festkalenders geworden.

Die Windrush-Generation sah sich als Teil der britischen
Nation. Ein Irrtum. Um der explodierenden Immigrations-
zahlen Herr zu werden, erhielten die Kinder der Windrush-Ära
in den letzten Jahren plötzlich Ausweisungsbriefe. Dabei sind
sie jetzt über sechzig Jahre alt, haben fast ihr ganzes Leben
in Großbritannien verbracht und bereiteten sich gerade auf

den Ruhestand vor. Das Innenministerium konnte anfangs weder sagen, wie viele ein Ausweisungsschreiben erhalten hatten noch wie viele Nachkommen der ersten Generation es überhaupt gab.

Das hängt mit dem völlig überalteten System des Meldewesens in Großbritannien zusammen. Bis heute gibt es keine zentrale Registrierungsstelle für Einwanderer. Deshalb wissen die Behörden auch nicht genau, wie viele EU-Bürger im Land leben. Die Rede ist daher immer eher nebulös von drei bis vier Millionen. Aber auch viele andere Einwanderer und ihre Kinder wurden nie ordentlich registriert. Die Jamaikaner bekamen permanenten Aufenthaltsstatus. Ihre Kinder aber wurden oft nur in den Papieren der Eltern erwähnt. Sie haben nie eigene britische Pässe bekommen, weil sie nicht daran gedacht hatten, um sie anzusuchen, obwohl sie teilweise in Großbritannien geboren worden waren. Diese Praxis änderte sich erst mit dem Immigration Act von 1971.

Das britische Innenministerium hat außerdem keine Aufzeichnungen mehr von den Originalbescheiden für die ersten Windrush-Immigranten vor 1971. Diese wurden 2010 entsorgt. Noch streiten Labour und Tories darüber, wer dafür verantwortlich war – Theresa May sagt, der Beschluss wurde auf Beamtenebene im Jahr 2009, vor ihrem Antritt gefasst. Einige Beamte hatten davor gewarnt, dass man nicht einfach Originaldokumente wegwerfen könne, da es eventuell keine anderen Dokumente für die Kinder der Einwanderer gäbe. Offensichtlich umsonst.

Im Innenministerium wurde in diesen Jahren eine Taskforce mit dem Namen »Arbeitsgruppe Feindliche Umgebung« eingerichtet. Die zuständige Home Secretary war damals: Theresa May. Die heutige Premierministerin ist deshalb direkt in den Skandal involviert. »Sie war stolz darauf, eine feindliche Um-

gebung für die Einwanderer zu schaffen«, beschreibt Sarah
Teather, eine Politikerin der Liberal Democrats, die bis 2012
Staatssekretärin im Familienministerium war, im *Guardian*.
Die konservativen Ziele in der Einwanderungspolitik umzusetzen gipfelte 2013 in einer Kampagne, die sich direkt an illegale Einwanderer richtete: »Go home or face arrest!« – »Fahr
nach Hause oder werde verhaftet!«, stand auf Lastwagen, die
durch die Straßen des Landes geschickt wurden. Darauf stand
auch gleich die Telefonnummer, die man antexten konnte, um
die Deportation selbst zu befördern: »Text HOME to 78070«.

Was wie Satire klingt, war eine ernst gemeinte Regierungs-
initiative. Nur zwölf illegale Einwanderer sollen sich auf
diesen Aufruf hin gemeldet haben. Das Problem war nicht
nur die grundsätzliche Idee, Einwanderung dadurch zu ver-
mindern, indem man ein »feindliches Umfeld« schuf. Es war
auch die Art, wie die Kampagne organisiert wurde. Denkbar
schlecht, wie sich jetzt herausgestellt hat.

Die Windrush-Dokumente warf man im Innenministerium
einfach weg, ohne aber ein neues Registrierungssystem einzurichten. »Wir haben die feindliche Umgebung nicht mit einer
Managementstrategie begleitet, mit der wir die Leute hätten
identifizieren können«, meint Tony Smith, ein ehemaliger
Beamter der UK-Grenzpolizei in der *Guardian*-Serie zur Causa. »ID-Karten waren im Gespräch. Doch die biometrischen
Wohnbescheide haben wir erst für jene eingeführt, die 2008
und später gekommen sind. Für die davor wurde nichts getan.«

Einige Tausend Jamaikaner der zweiten Generation sitzen
deshalb jetzt ohne gültige Papiere da. Wer aber kein Recht
auf Arbeit hat, bekommt auch keine staatliche Unterstützung
und kann auch die Gesundheitsversorgung NHS nicht in Anspruch nehmen. Und der Deportationsbrief kann jeden Tag
eintreffen.

Viele haben darauf gar nicht erst gewartet. Basil Rowe ist 75 Jahre alt, er kam 1961 aus Jamaika nach England. »Es war hart damals, die Engländer waren sehr rassistisch«, meint er. Überall hingen Schilder in den Auslagen: »No Blacks!« Der Kunstlehrer ging deshalb 1968 nach Jamaika zurück und unterrichtete dort bis zu seiner Pension an der Hochschule Industriekunst. Am letzten Tag seines Londonbesuchs im April 2018 kam er mit seinem Enkel Nathan nach Brixton zum Windrush Square: »Schließlich hat das alles hier für uns eine spezielle Bedeutung.«

Für seinen Enkel Nathan Lewis ist die ganze Sache praktisch antike Geschichte: »Ich empfinde mich hier nicht als diskriminiert«, meint der Neunzehnjährige, der gerade ein *gap year* macht, bevor er an der Goldsmiths University Design studieren wird. Seine Mutter – Basils Tochter – zog vor zehn Jahren aus Jamaika nach Großbritannien, zurück zu ihren eigenen Wurzeln, schließlich war sie hier 1966 geboren worden.

Die Geschichte des Britischen Empires ist voller Familiengeschichten wie dieser. Viele sind eng verwoben mit Großbritannien, mit den ehemaligen Kolonien, die Familien leben oft hier wie dort. Für Monique Baptiste-Brown ist es geradezu unfassbar, dass niemand im Innenministerium überlegt hat, um welchen historischen Schatz es sich bei den Reisedokumenten der ersten Windrush-Generation gehandelt hatte: »Da geht es um Einzelschicksale und um die Geschichte des britischen Empires«, erklärt die Pressesprecherin der Black Cultural Archives, die hier am Windrush Square 2014 ihre Pforten geöffnet haben: »Wir sammeln jeden einzelnen Schuh und im Ministerium werfen die einfach das ganze Archiv weg!«

Die Empörung der Betroffenen war kaum zu besänftigen. »Das ist ein Tag der Schande der Nation!«, rief David Lammy, ein schwarzer Labour-Abgeordneter aus Tottenham: »Ich bin nicht deshalb hier, weil meine Familie zum britischen Empire gekommen ist, sondern weil das britische Empire zu uns gekommen ist und meine Vorfahren versklavt hat. Wie der jamaikanische Kulturtheoretiker Stuart Hall gesagt hat: ›Ich bin der Zucker im Tee des britischen Empires‹.«

Mit dem Austritt aus der EU und der Umstellung auf »Mittelmacht allein zu Haus« ist die Regierung ohnehin schon überlastet. Doch im Zuge dieser Neuorientierung reißen unerwartet alle notdürftig versorgten Wunden der Vergangenheit auf. Gerade das Empire ist nicht nur eine Frage von hochfliegenden Träumen und verfehlter Nostalgie. Es gibt Opfer dieser Geschichte, die bis heute unter den Folgen leiden.

WECHSEL IM INNENMINISTERIUM

Der Skandal hat ein Schlaglicht auf die »britischen Subjekte« aus der Karibik geworfen, aber es gibt auch viele Tausend Afrikaner, deren Schicksal ähnlich ungeklärt ist.

Christiana Mossige kam vor 22 Jahren aus Nigeria, arbeitet in der Sozialhilfeorganisation Certitude und kümmert sich in einer betreuten Wohnung um vier Mädchen. Sie selbst hat Kinder und Enkel in Großbritannien. Mit 65 Jahren würde sie jetzt ganz gerne in Pension gehen, aber das kann sie vergessen: »Meine Kinder haben einen britischen Pass. Mir aber hat man den verwehrt. Ohne Grund, schließlich lebe und arbeite ich hier schon seit über zwei Jahrzehnten‹, erzählt Mossige. »Wenn ich nicht mehr arbeiten kann, dann werden sie mich ausweisen, das ist sicher.« Wie sie mit so einer Perspektive überhaupt leben kann? »Mein Anwalt sagt, er kann nichts tun.«

Innenministerin Amber Rudd musste am Höhepunkt der Windrush-Affäre Ende April 2018 zurückgetreten. Sie wurde durch Sajid Javid ersetzt. Er ist Sohn eines pakistanischen Busfahrers und der erste Brite mit asiatischer Abstammung, der je eines der fünf wichtigsten Ministerien in der britischen Regierung übernommen hat. Im Brexit-Kanon hat er erst halbherzig die *Remain*-Seite gestärkt, ist aber nach dem *Leave*-Votum umgeschwenkt. Nährt Javids Eintritt in die Regierung bei Christina Mossige die Hoffnung, dass der konservative Sohn von Einwanderern die Atmosphäre im Innenministerium ändert? »Er kann es gerne versuchen«, meint sie und lacht spöttisch: »Aber dann werden sie ihn feuern.«

Kaum hatte er sich eingearbeitet, gab Sajid Javid bekannt, dass die Politik der »feindlichen Umgebung« von ihm nicht weitergeführt werden wird.

UND WOHER KOMMEN SIE?

Im Europäischen Parlament machte man sich gleich Sorgen, dass EU-Bürgern dasselbe Schicksal bevorstehen könnte – unklare bürokratische Hürden für die Kinder und Kindeskinder von Einwanderern, die plötzlich nicht mehr so willkommen sein werden wie zu Beginn. Sie dürften keinesfalls in der britischen Bürokratiemühle zermahlen werden: »Wir wollen sichergehen, dass den EU-Bürgern in Britannien nicht Ähnliches widerfährt«, rief Guy Verhofstadt, Brexit-Koordinator des EU-Parlaments.

Ob die britische Regierung die Einwanderung jemals numerisch wirklich verringern kann und von netto 248.000 Immigranten – die Zahl stammt aus dem Jahr 2016 – pro Jahr auf hunderttausend kürzen kann, wie es im konservativen Parteiprogramm versprochen wurde, ist für alle Experten fraglich. Die EU-Bürger werden mit großer Wahrscheinlichkeit freiwillig weniger zahlreich ins Land strömen. Doch Immigranten aus dem Commonwealth haben jetzt sogar eher mehr Grund, ins Vereinigte Königreich zu kommen.

Ein Aspekt des Brexits, der in der Hitze der eurozentrischen Schlacht ein bisschen untergegangen ist: Viele Briten aus dem asiatischen oder nahöstlichen Raum haben sich am EU-Referendum nicht oder nur halbherzig beteiligt. Ihre Herkunftsländer Indien oder Pakistan sind ihnen oft näher als Frankreich und Deutschland. Die Integration von Neuankömmlingen läuft unter dem Label »British«. Es sind nicht die »europäischen Werte«, die dabei im Vordergrund stehen – so wie etwa in Österreich oder Deutschland. Michael Gove von der *Leave*-Kampagne hat außerdem insinuiert, dass die EU Großbritannien zwingt, eine rassistische Einwanderungspolitik zu verfolgen und weiße Bürger aus der EU jenen aus dem Commonwealth vorzuziehen. Die einen dürfen ohne Visum einfach kommen und arbeiten, die anderen unterliegen strikten Auflagen.

In Wähleranalysen ist man nach dem EU-Referendum auf Zehenspitzen um die Antwort auf die Frage herumgegangen, wie die asiatischen Einwanderergruppen gestimmt haben, um sich nicht dem Verdacht des Rassismus auszusetzen. Das *Leave*-Votum war gerade in Städten wie Luton oder in Londoner Stadtteilen wie Broadway und Green in Ealing, wo über 25 Prozent der Bevölkerung südasiatische Immigranten sind, hoch. »Der Anti-EU-Wähler ist also nicht nur der zurückgelassene, schlecht ausgebildete weiße Engländer aus dem Norden. Er könnte auch der wohlhabende, gut erzogene Wähler mit indischer Abstammung sein, der in einem der reichen Westlondoner Bezirke zu Hause ist«, schreibt Rakib Ehsan von der Royal Holloway University of London.

Es sind aber bei Weitem nicht alle Commonwealth-Einwanderer für den Austritt aus der EU gewesen. Gerade unter den öffentlichen Repräsentanten stechen jene heraus, die für den Verbleib in der EU geworben haben. Akala, britischer Hip-Hop-Künstler mit schottisch-jamaikanischen Eltern und Autor von »Natives«, kritisierte die EU zwar dafür, dass sie mit protektionistischen Zöllen den Süden des Erdballs in Armut hält, kam aber vor dem Referendum zu dem Schluss: »Britannien nach dem Brexit wird, fürchte ich, noch neoliberaler und nationalistischer werden, als es heute schon ist. Und deshalb bin ich für den Status quo und den Verbleib in der EU.«

Wenn Großbritannien das Empire – oder sagen wir: die Handelsbeziehungen des Empires – wiederbeleben möchte, dann wird das nur gehen, wenn die Briten ihre ehemaligen Kolonien und ihre Leute besser behandeln als früher. Nicht alle haben weiße Haut und nicht alle werden Kiplings Gedichte zitieren wollen, aber viele von den Briten aus Jamaika empfinden sich als mindestens so echte Engländer wie Boris Johnson. Akala ist einer von vielen, der Gleichberechtigung für selbstverständlich hält.

Indien ist längst zu einer selbstbewussten Nation herangewachsen, die nur auf Augenhöhe mit den Briten verhandeln wird. Es ist nicht anzunehmen, dass Länder wie Indien den ehemaligen Kolonialherren etwas schenken werden, solange die Briten die Seelenforschung nicht ernsthaft beginnen.

Bei den bereits im Land befindlichen Einwanderern und deren Kindern und Kindeskindern könnte die Regierung May damit schon einmal anfangen. Das scheint allerdings nicht so gut zu klappen. Prinz Charles, der, wie von seiner Mutter vorgeschlagen, als nächster Chef des Commonwealth abgesegnet wurde, muss noch üben, wie man sich respektvoll verhält. Anita Sethi, eine Teilnehmerin beim Commonwealth People's Forum, beschrieb im *Guardian*, wie Prinz Charles ihr nach einer Veranstaltung die Hand schüttelte und zu ihr sagte: »Und woher kommen Sie?« Die Autorin, deren Mutter aus Guyana nach England eingewandert ist, antwortete: »Aus Manchester.« Er antwortete mit einem Lachen: »Wirklich? Sie sehen gar nicht so aus!«

KAPITEL 3
SPECIAL RELATIONSHIP

GIFTGASALARM

105 Raketen wurden von amerikanischen, britischen und französischen Kriegsschiffen in der Nacht des 14. April 2018 auf Syrien abgeschossen. Sie trafen nach Aussagen der Alliierten rund dreißig Einrichtungen wie das Forschungs- und Entwicklungszentrum Barsah und das Lager für chemische Waffen Schien, in dem chemische Waffen produziert und eingelagert worden waren.

Der Militärschlag war als Strafe für den Chemiewaffeneinsatz in Duma am 7. April 2018 und als Abschreckung geplant gewesen. Mindestens vierzig Menschen starben nach dem vermutlichen Einsatz von Sarin, für den die westlichen Alliierten den syrischen Präsidenten verantwortlich gemacht hatten. »Den Kriegsverlauf wollten wir damit nicht verändern«, sagte Theresa May am Morgen danach. Die zielgerichteten Raketen seien »richtig und legal« gewesen.

Die britische Premierministerin konnte dies erst am Morgen des 15. April verkünden, da sie die Beteiligung Großbritanniens am amerikanischen Militärschlag ganz bewusst am Parlament und damit an der Öffentlichkeit vorbei beschlossen hatte.

Ihr Kontrahent Jeremy Corbyn, Pazifist durch und durch, fand all das ausgesprochen anstößig: »Lassen Sie mich daran erinnern, dass die Premierministerin diesem Parlament gegenüber verantwortlich ist und nicht den Launen des US-Präsidenten folgen sollte«, rief der Labour- und Oppositionschef an der Dispatch Box im House of Commons. Theresa May warf theatralisch den Blick an die Decke und schüttelte ermattet den Kopf.

Die britische Premierministerin ist der Vorwürfe offenbar müde, dass sie permanent ihr eigenes Parlament umgehe. Die Kritik ist allerdings gerechtfertigt. Die Tory-Chefin wollte auch über den EU-Deal nicht abstimmen lassen. Eine Abstimmung über eine militärische Intervention im Nahen Osten hätte nun wie im Jahr 2013 dazu führen können, dass der Regierungschefin die Hände gebunden worden wären: Auch David Cameron hat seinerzeit vom Parlament ein Verbot bekommen, sich beim US-geführten Militärschlag in Syrien zu beteiligen.

Mays Hauptmotiv lag auf der Hand: Die Britin mochte gerade in Zeiten des EU-Austritts die Special Relationship mit den Amerikanern nicht schwächen.

Wenn es um militärische Einsätze geht, ist den meisten Briten in Erinnerung geblieben, dass Tony Blair im Jahr 2003 behauptete, Saddam Hussein habe Massenvernichtungswaffen produziert und Britannien müsse daher an der Seite der USA in einen Krieg ziehen.

DER PUDEL

Der Irakkrieg 2003 hat die Briten traumatisiert. Und Tony Blairs Reputation nachhaltig ruiniert. Der Labour-Premier hatte gegen besseres Wissen von Massenvernichtungswaffen gesprochen, die es nicht gab, und hüpfte wie ein folgsamer Pudel hinter US-Präsident George W. Bush in einen Feldzug ohne Exitstrategie. Einer seiner heftigsten Kritiker, der 2003 im Parlament gegen die Irakintervention gestimmt hatte: Pazifist Jeremy Corbyn.

Das Debakel des Irakkriegs holt Blair bis heute immer wieder ein. Wer glaubt heute noch einer britischen Regierung, wenn sie behauptet, ein nahöstlicher Diktator sei eine Gefahr für die Welt oder ihre Zivilbevölkerung? Stand Baschar Al-Assad hinter dem Giftgasanschlag vom 7. April auf die Zivilisten in Duma? »Hat er wirklich Giftgas eingesetzt?«, rief der russische Botschafter Alexander Jakovenko in seiner Londoner Botschaft im April in einer Pressekonferenz: »Erinnern Sie sich an 2003? Und was dann daraus wurde?«

Jakovenko spielte Videoclips ab, in denen Tony Blair 2003 von Massenvernichtungswaffen im Irak spricht, dann einen, in dem er sich 2016 nach dem Chilcot-Untersuchungsbericht in die Kriegscausa zerknirscht für seine falschen Behauptungen entschuldigt – und dann noch einen, in dem er erneut dazu aufruft, Assad wegen des Einsatzes von Sarin-Gas zu bombardieren. Die britischen Journalisten rutschten unangenehm berührt auf ihren Sesseln herum. Touché.

Doch Tony Blair blieb bei seiner Haltung, im Irak wie in Syrien: »Wenn wir nicht eingreifen, dann hat unsere Nicht-Intervention Konsequenzen.« Seine proamerikanische Haltung hat sich trotz des Irak-Debakels nicht verändert, wie er auch im April 2018 erneut in Interviews sagte: »Wenn die Amerikaner einen Militärschlag beschließen, dann müssen wir ihnen zur Seite stehen.«

TEA PARTY

Die Briten haben eben zu den Amerikanern auf jeden Fall eine speziellere Beziehung als zu anderen Nationen. Das ist schon deshalb unbestritten, weil die ersten weißen Amerikaner ja aus dem Vereinigten Königreich kamen. Am 10. Mai

1773 zerstörten die Amerikaner eine ganze Ladung Tee, den die East India Company in die amerikanischen Kolonien geschickt hatte, um ihn dort zu verkaufen, ohne Steuern zu zahlen. Das war nach dem Tee-Gesetz von 1773 legal. Es erschwerte allerdings den lokalen Tee-Händlern ihr Geschäft. Der Tee fiel ins Wasser und der Protest ging als Boston Tea Party in die Geschichte ein. So begann die Amerikanische Revolution. Nach der Unabhängigkeitserklärung 1776 brach der Krieg aus. Die letzten britischen Truppen verließen New York City im November 1783.

Anders als die Australier oder Kanadier aber, die bis heute im Commonwealth sind und mit einer gewissen sentimentalen Freundlichkeit auf die Briten blicken, haben die Amerikaner einen klaren Schnitt gemacht und sich vollständig von ihrem Herkunftsland emanzipiert: Sie führten von Anbeginn eine Demokratie ein und entsagten der britischen Monarchie. Die Rebellion gegen Britannien war nicht nur ökonomischer Natur, sie war auch eine progressive politische Bewegung.

Die Briten haben sich von diesem Schock bis heute nicht erholt und laufen den Amerikanern immer noch wie eine Mutter hinterher, die sich nicht daran gewöhnen will, dass das Kind erwachsen geworden ist. Vielleicht suchen sie auch deshalb die Nähe, weil die Amerikaner viel mächtiger, innovativer und erfolgreicher geworden sind als ihre Ursprungsnation.

Als Winston Churchill den Begriff der Special Relationship prägte, war er bereits eine Privatperson, allerdings eine von besonderer Bedeutung. Als Verteidiger Europas vor der nationalsozialistischen Bedrohung hat sich der ehemalige Premierminister Großbritanniens einen festen Platz in den Geschichtsbüchern erobert. Im März 1946 sprach er am Westminster College in Fulton, Missouri über den Eisernen

Vorhang – ein zweiter Begriff, den er in dieser Rede prägte – und dann über die »anglo-amerikanische Einheit«.

Beide Länder hätten eine gemeinsame Geschichte, eine gemeinsame Sprache und eine gemeinsame Literatur. Und im 20. Jahrhundert seien sie zweimal auf der gleichen Seite gegen Tyrannei und Diktatur und für die Freiheit in den Krieg gezogen. Diese Special Relationship sei in Zeiten des Kalten Krieges, der sich damals ankündigte, von zentraler Bedeutung.

Von amerikanischer Seite wurde diese tiefe Beziehung nie so richtig erwidert. Die weltläufigeren Politiker unter den britischen Konservativen sprechen daher immer nur mit Vorbehalt darüber: »Es gibt immer wieder Meinungsverschiedenheiten«, sagte der ehemalige britische Außenminister William Hague in einer Rede vor amerikanischen Studenten in der Johns Hopkins University noch zu Zeiten von George W. Bush 2006: »Churchill und Roosevelt waren sich oft nicht einig, wie man im Zweiten Weltkrieg weiter vorgehen sollte. Margaret Thatcher beschwerte sich bekanntermaßen bei Ronald Reagan über die Invasion von Grenada. Washington und London haben fundamentale und sehr öffentliche Meinungsverschiedenheiten über die Suez-Krise gehabt. Und über die Balkankriege in den Neunzigern. Und über den Kyoto-Vertrag.« Eines aber war immer klar: »Die Meinungsverschiedenheiten haben selten die Beziehung gestört, die in London der Grundpfeiler des strategischen Denkens ist – und ich hoffe in Washington auch.«

Es gibt auf jeden Fall eine hochrangige Kooperation von Beamten in Sicherheits- und Verteidigungsfragen, die ihresgleichen sucht. Karin von Hippel, die als erste Frau und Amerikanerin als Leiterin des britischen Thinktanks Royal United Services Institute RUSI bestellt wurde, glaubt nicht, dass

Donalds Trumps Tweets diese lange getesteten Beziehungen zerstören können: »Auf der amerikanischen Seite rollen die Diplomaten genauso mit den Augen wie auf der britischen Seite.« Von Hippel arbeitete vor ihrem Umzug nach London im State Department in Washington. »Die verantwortungsvollen Erwachsenen, die mit Trump arbeiten, bemühen sich redlich, das internationale Standing Amerikas zu bewahren«, meint sie. Dazu gehören auch die engen diplomatischen Beziehungen zu Großbritannien.

Heute ist dies tatsächlich wohl mehr eine fromme Hoffnung. »Die USA haben Special Relationships mit vielen Staaten«, meint ein hoher Beamter im britischen Außenministerium vorsichtig: »Allen voran mit Israel. Wir sind nicht die engsten Freunde und wir sind es schon seit langer Zeit nicht mehr.« Es ist überdies sehr fraglich, ob Donald Trump die Grundpfeiler seines strategischen Denkens definieren könnte. Umso schwieriger ist es für Theresa May, die besondere Beziehung zwischen Briten und Amerikanern an irgendetwas festzumachen.

An sich war es zwischen den beiden gut losgegangen – kaum war der neue US-Präsident im Januar 2017 ins Weiße Haus eingezogen, da stand die Britin vor der Tür, um ihm ihre Aufwartung zu machen. Man sah die beiden sogar Hand in Hand zum West Wing schreiten. *The Sun* sprach von einem »intimen Moment«. Die Zeitung erwähnte aber auch, Trump habe May eventuell deshalb so fest an der Hand genommen, weil er nach unbestätigten Gerüchten an Bathophobie leide – der Angst vor Stufen.

Seit dem Antrittsbesuch läuft es zwischen den beiden Staatenlenkern nicht mehr so gut. Im November 2017 retweetete Donald Trump rassistische Videos der rechtsextremen Organisation Britain First. Die Empörung war groß. Brendan Cox,

Witwer der Labour-Abgeordneten Jo Cox, die im Juni 2016 von einem Mann ermordet worden war, der »Britain First!« gerufen hat, meinte kurz: »Es hat Folgen, wenn man Hass verbreitet. Der Präsident sollte sich schämen.« Theresa Mays Sprecher schloss sich Cox an, die Verbreitung dieser Videos sei falsch. Die Einladung zum Staatsbesuch aber blieb aufrecht.

Trump hat lange gezögert, den Besuch zu erwidern, weil in London riesige Proteste gegen ihn angekündigt worden waren. Sosehr die Briten sich den Amerikanern verbunden fühlen, so unbeliebt ist der amerikanische Präsident, dessen vulgäre und plumpe Protzsucht all das darstellt, was die Briten an den Amerikanern nicht leiden können.

Nachdem aber Emmanuel Macron im April 2018 einen Besuch im Weißen Haus mit viel Charme absolviert hatte und zum Abschied auf Twitter an Donald Trump schrieb, dass der Besuch eine Ehre für die Special Relationship zwischen Frankreich und den Vereinigten Staaten sei, brach in 10 Downing Street Panik aus. Proteste oder nicht – Theresa May erneuerte umgehend ihre Einladung.

Der Arbeitsbesuch fand dann am 12. und 13. Juli 2018 unter höchsten Sicherheitsvorkehrungen statt. Die Proteste waren von Empörung, aber auch Humor getragen. Ein sechs Meter hohes aufblasbares Trump-Baby, das in seinen kleinen Händen wütend ein Mobiltelefon hält, stieg über der Londoner Innenstadt in die Luft. Eine andere Gruppe organisierte einen Protestmarsch der Dragqueens. Während der Besuch aus Amerika bei der Queen zum Tee eingeladen war, gingen Zehntausende Demonstranten auf die Straße.

Der US-Präsident machte kein Hehl daraus, was er von seiner Gastgeberin dachte: »Theresa May hat den Brexit vermasselt«, sagte er in einem Interview mit *The Sun*. Ihr Vorschlag, eng an den EU-Binnenmarkt angebunden zu bleiben, mache ein Freihandelsabkommen mit Amerika »unwahrscheinlich«. Und: »Boris Johnson wäre ein guter Premierminister.« Auch Sadiq Khan, der Londoner Bürgermeister, wurde dafür gerügt, dass er den Trump-Baby-Ballon erlaubt hatte. Khan beantwortete dies in einem Radiointerview: »Wir Briten halten wie die Amerikaner die Meinungsfreiheit hoch. Und wir haben einen ausgeprägten Sinn für Humor. Wenn wir Zensur walten lassen, weil sich jemand beleidigt fühlen könnte, dann wird es gefährlich.«

Die Hoffnung, die EU zu ersetzen, indem man sich mit den Amerikanern enger vernetzt, scheint bereits im Vorfeld des Austritts an Trumps Vorstellungen von internationaler Handelspolitik zu zerschellen. »Früher hielten die Amerikaner die Briten innerhalb der EU gewissermaßen für ihr eigenes Trojanisches Pferd«, meint Gideon Rachman, außenpolitischer Kommentator in der *Financial Times*. »Das fällt jetzt einfach weg.« London wird durch den EU-Austritt uninteressanter für Washington.

Statt engerer politischer Beziehungen mit dem US-Präsidenten finden sich die Briten zudem immer öfter im Einklang mit den Europäern gegen die irrwitzigen Alleingänge des Amerikaners: Der aufgekündigte Iran-Deal, die Verlegung der US-Botschaft von Tel Aviv nach Jerusalem und der Ausstieg aus dem Kyoto-Klimaabkommen haben drastisch vor Augen geführt, dass die gemeinsamen Werte der Briten eher auf dem europäischen Kontinent zu finden sind als jenseits des Atlantiks.

Die gerühmten besonderen Beziehungen zwischen Briten und Amerikanern stecken in einer tiefen Krise. Persönlich und politisch ist das schon vor dem EU-Austritt deutlich geworden. Wirtschaftlich werden die anglo-amerikanischen Verhältnisse erst nach dem EU-Austritt so richtig auf die Probe gestellt.

CHLORHÜHNER FLIEGEN AUF BRITANNIEN

»Die Chlorhühner fliegen auf uns. Gemeinsam mit den amerikanischen Schweinen, die mit Hormonen vollgepumpt sind, und ihren Alliierten, den geklonten Schafen, werden sie eine Invasion starten wie wir sie seit Rattus Norwegicus nicht mehr gesehen haben«, schreibt Sean O'Grady am 8. April 2018 in *The Independent*. Die norwegische Ratte in dieser bilderreichen Parabel ist der norwegische König Harald Hardrada, der letzte große Wikinger-König, der 1066 Britannien kurzfristig eroberte – aber kurz darauf wieder vom englischen Thron gestoßen wurde.

Für Großbritannien wäre es symbolisch, praktisch, wirtschaftlich und politisch gesehen das Schönste, wenn die Amerikaner vor der EU mit den Briten ein Handelsabkommen vereinbarten. Was müsste dazu passieren?

Die Fakten sprechen nicht für die Briten: Die EU- und die US-Wirtschaften stellen zusammen etwa die Hälfte des gesamten Bruttoinlandsprodukts der Welt. Ein Drittel der Handelsflüsse der Erde geht zwischen ihnen hin und her. Von 2013 bis 2016 verhandelten die beiden Wirtschaftsblöcke über ein Abkommen über eine Transatlantic Trade and Investment Partnership. TTIP scheiterte bisher an vielerlei Einwänden beider Seiten. Seit Trumps Wahl liegen die Verhandlungen auf Eis. Der US-Präsident hat außerdem am 1. Juni 2018 Strafzölle auf Exporte von Stahl und Aluminium in die USA verhängt. Die Zukunft der transatlantischen Beziehungen sehen nicht rosig aus. Weder für die EU noch für Britannien.

Und das, obwohl die bilateralen Handelsbeziehungen lukrativ sind. 2016 exportierte das Vereinigte Königreich Waren im Wert von hundert Milliarden Pfund in die USA im Vergleich zu 234 Milliarden Pfund in die EU. Ein Freihandelsabkommen zwischen beiden Staaten, vorbei an der EU, wäre außerdem symbolisch von großer Bedeutung.

Die moderne Handelswelt aber ist ein enorm regulierter Basar. Datensicherheit – Ende Mai gerade mit der EU-Datenschutzgrundverordnung festgelegt – muss nach dem Ende der britischen Mitgliedschaft zwischen EU und UK neu festgelegt werden und dann noch einmal bilateral mit den USA. Wie kann sich die EU noch darauf verlassen, dass die Daten im Vereinigten Königreich sicher sind?

Auch hart erkämpfte Herkunftsbezeichnungen könnten fallen. Bisher werden sie innerhalb der EU abgestimmt und sie könnten sich mit dem amerikanischen System spießen. Großbritannien wird mit der EU außerdem ein Abkommen über Investoren-Staat-Schiedsgerichte aushandeln müssen – das Gleiche wird mit den USA nötig sein, will man ein Freihandelsabkommen bewerkstelligen. An den Schiedsgerichten sind schon die TTIP-Verhandlungen bisher gescheitert, weil Investoren vertragsmäßig geschützt werden sollten, was wiederum zu internationalen Streitfällen führen könnte, die staatliche Anbieter von Gesundheitsversorgung, wie das National Health Service NHS in Großbritannien, in Bedrängnis bringen könnten.

Billige Agrarprodukte wären durchaus attraktiv für britische Konsumenten. Britische Bauern müssten dann allerdings entweder billiger und zu schlechteren Bedingungen für Mensch und Tier produzieren. Oder sie verlieren ihre Jobs.

Schweinefleisch voller Hormone, in Chlor gewaschene Hühner – Tierschützer malen den Anflug der Chlorhühner an die Wand. Da die USA ihren Hühnerfarmern längst nicht so strikte Regulierungen auferlegt haben wie die EU, werden Hühner in den USA oft in engen Zellen gezüchtet, in denen sie sich weder bewegen noch ausreichend nach Luft schnappen können. Resultat: Salmonellen und andere Krankheiten. Um diese zu vermeiden, bekommen die Hühner nach der Schlachtung eine Chlordioxid-Dusche vor dem Export, um sie zu desinfizieren.

Für den Minister für Internationalen Handel Liam Fox sind die Chlorhühner aus Amerika deshalb »keine gesundheitliche Frage, es geht um Tierschutz«. Wenn es jemandem nicht so wichtig sei, unter welchen Bedingungen Hühner vor ihrer Schlachtung gehalten wurden, dann sei das eine legitime Haltung, meinte der Minister unter den drängenden Fragen einer *BBC*-Journalistin. Er klang, als würde er ein paar Standards in den bisherigen Regeln für Tierhaltung und Nahrungsmittelqualität durchaus opfern wollen, wenn als Preis dafür ein Handelsvertrag mit der großen Brudernation winkte.

Nicht wenn es nach der Bevölkerung geht. Nach einer Umfrage des Institute for Public Policy Research vom Frühling 2018 wollen satte drei Viertel der Briten keinesfalls die hohen Standards für Nahrungsmittel aufgeben, die innerhalb der EU Bauern und Produzenten auferlegt sind. Auch wenn es dafür kein Handelsabkommen mit den USA geben kann. Nur acht Prozent wollen lieber ein Handelsabkommen mit Amerika, auch wenn die Standards gesenkt werden müssen.

Die Chlorhühner stehen für ein generell größeres Problem. Die EU hat hohe Standards für Lebensmittel. Kaum ein Land kann mit der Europäischen Union mithalten – das erschwert Handelsabkommen erheblich. Gerade am Beispiel der Chlorhühner kann man erkennen: Obwohl Amerika recht hohe Ansprüche an Lebensmittelsicherheit stellt, sind diese immer noch nicht hoch genug, um ein Freihandelsabkommen mit der EU zu schließen.

Für Großbritannien heißt das im Klartext: Sich von der EU zu entfernen und den USA anzunähern ist an sich kein

Problem. Die Briten müssen nur ihre hohen Ansprüche an Lebensmittelsicherheit aufgeben.

All das hätte dann Auswirkungen auf die Beziehungen mit der EU. Je weiter sich Großbritannien von den EU-Standards entfernt, um so schwieriger wird der Handel mit Lebensmitteln zwischen dem Vereinigten Königreich und dem Handelsblock jenseits des Kanals.

ENDE DER WESTLICHEN HEGEMONIE

Man mag es beklagen, bekämpfen und bejammern, aber es ist Realität: Es gibt die internationale Staatengemeinschaft nicht mehr, wenn es um Kriegsinterventionen im Nahen Osten geht. Heute kämpft Russland im Alleingang um die Durchsetzung seiner Interessen – sei es in Syrien oder der Ukraine. Den anderen bleibt die Bezeichnung westliche Alliierte.

Auch der Westen ist nicht mehr so einfach zu bestimmen. Nach außen hin schon – Amerika in der Führungsposition, Kanada ist auch dabei, dann Großbritannien und die westeuropäischen Staaten. Sie sind geografisch klar definiert. Durch die NATO-Erweiterung kamen auch die ehemaligen sowjetischen Satelliten in die westliche Einflusssphäre – Polen zum Beispiel. Ein neutrales Land wie Österreich wurde in der Euphorie nach 1989 einfach dem Westen zugeschlagen.

Die politische Entwicklung der letzten Jahre hat die Befindlichkeit verändert und die Begrifflichkeit kompliziert. Ist Donald Trump der westliche Weltpolizist? Der US-Präsident scheint kein Verständnis dafür zu haben, was den Westen in den letzten Jahrzehnten ausgemacht hat: die Politik der Allianzen. Wie der Politologe Ivan Krastev nach dem NATO-Gipfel im Juli 2018 in der *New York Times* feststellte,

»kennt Trump nur Fans oder Feinde. Fans sind immer loyal und sie erwarten keine Reziprozität.« Das ist keine gute Nachricht für Großbritannien und seine Special Relationship mit Amerika.

Der US-Präsident scheint den russischen Präsidenten den traditionellen Alliierten vorzuziehen. Bevor er sich im Juli auf Europatournee begab, verkündete er salopp, sein Treffen mit Wladimir Putin könnte einfacher werden als jenes mit den NATO-Partnern und Theresa May. Hinter Trumps Putin-freundlichen Stellungnahmen könnte Verschiedenes stecken: Russische Erpressung, obwohl nicht klar ist, welcher Art diese sein könnte. Das Leben des US-Präsidenten ist voller Skandale, es ist daher kaum vorstellbar, dass der russische Geheimdienst etwas in der Hand hat, was die bekannten Praktiken noch übertrifft.

Eher ist es wohl seine Sympathie für autoritäre Herrscher und autoritäre Regierungsformen, die ihn ins Putin-Lager treibt. Das ist genau das Gegenteil von dem, was gemeinhin als westlich beschrieben wird. Es hat wenig mit den klassischen westlichen Werten zu tun: liberale Demokratie, Rechtsstaatlichkeit, Gleichheit vor dem Gesetz, Menschenrechte, Meinungsfreiheit und im weiteren Sinne auch Rationalismus und die Fähigkeit zur Selbstkritik.

Auch in Großbritannien kann das Votum für den Brexit zum Teil mit einer fast Trump'schen Lust am Irrationalen, an einer nationalistischen Utopie, die weit entfernt der Realität angesiedelt ist, erklärt werden.

Eine Special Relationship gibt es also schon – zumindest in der gemeinsamen Fehleinschätzung über das jeweils reale Gewicht der Briten und der Vereinigten Staaten in einer sich verändernden Welt.

KAPITEL 4
RASSE UND OHNMACHT

HOCHZEIT IN BIRMINGHAM

Die Saddam-Hussein-Moschee ist oft ein Ort großer Freude. Sonia Akhtar und Ibrahim Mohammed haben einander dort gerade das Jawort gegeben. Ihre Großfamilien sind vollzählig zur Hochzeit erschienen. Sie sind zwar beide Muslime, doch der Bräutigam ist indischer, die Braut pakistanischer Abstammung. »Mischehen sind hier bei uns ganz normal«, strahlt Anwar Sheikh, der Manager der Moschee. Die Brautleute sind 24 Jahre alt, Sunniten und besitzen die britische Staatsbürgerschaft.

Die Saddam-Hussein-Moschee wurde offiziell nach dem Sturz des irakischen Diktators umbenannt. Doch in der Gemeinde hat sie den Namen ihres ursprünglichen Sponsors beibehalten. Sie steht in Aston, einem Stadtteil von Birmingham. Aston ist bekannt für seinen Fußballclub Aston Villa. Und für seine hohe Kriminalitätsrate.

Birmingham, die zweitgrößte Stadt Großbritanniens, hat in den vergangenen Jahren eine radikale Veränderung seiner Bevölkerung erlebt. 2001 bezeichneten sich noch siebzig Prozent der Einheimischen als »Weiße«, 2010 waren es nur noch 57 Prozent. 2020 werden sie noch die größte Bevölkerungsgruppe sein, aber nicht mehr über eine absolute Mehrheit verfügen.

Von einer Million *Brummies,* wie die Bewohner genannt werden, sind ein knappes Drittel der Einwohner Asiaten, ein Zehntel Afrikaner in erster oder zweiter Generation. Nur mehr die Hälfte bezeichnet sich als Christen. Zwanzig Prozent der Birminghamer geben an, keiner Religion anzugehören und etwa fünfundzwanzig Prozent sind Muslime.

In der Moschee klammert sich Sonia an ihren blauen Brautschleier, der ihr ständig vom Kopf rutschen will. Sie ist Kopftücher nicht gewöhnt. Als Rezeptionistin in einem Hotel denkt sie nicht im Traum daran, sich zu verschleiern. Die traditionellen asiatischen Hochzeitsgewänder sind für Ibrahim und Sonia Verkleidungen, und eher so etwas wie der kulturelle Hintergrund für ihr modernes Leben in Birmingham. Mekka ist ihnen fern. »Unsere Hochzeitsreise geht nach Mexiko«, sagt Ibrahim. Nach der Zeremonie ziehen sich alle Hochzeitsgäste am Eingang der Moschee ihre Schuhe wieder an und gehen feiern.

ECHTE ENGLÄNDER

Wie lange dauert es, bis einer zu den Einheimischen gehört und wie muss er sprechen und aussehen? Großbritannien ist ein Einwanderungsland. Echte Engländer werden in der Hauptstadt London langsam zur Ausnahme. Das Straßenleben in der englischen Hauptstadt ist vielfältiger als sonst wo auf der Welt und vielleicht nur mit New York zu vergleichen.

Was aber ist überhaupt ein echter Engländer? Die pakistanische Britin Sonia Akhtar gehört genauso dazu wie Prinz Philip, dessen Familie aus Deutschland stammt. Seit den Anfängen der East India Company um 1600 ließen sich Inder als Matrosen und Kinderfrauen in England nieder. Die große Einwanderung der Inder und Pakistanis aber kam nach dem Zweiten Weltkrieg und mit dem Ende des britischen Empires in den fünfziger Jahren. Britische Inder stellen heute mit 1,4 Millionen die größte Minderheit. Mit 1,1 Millionen folgen die pakistanischen Briten. Das macht etwa 87 Prozent Weiße und sieben Prozent Asiaten. Dabei auch interessant: Nur noch sechzig Prozent der Bevölkerung sind Christen, 4,4 Prozent sind Muslime – aber ein Viertel der Briten ist konfessionslos. Die größte im Ausland geborene Gruppe von Einwanderern waren 2015 mit 831.000 Menschen die Polen.

»NO COLOUREDS«

Die andere Seite der Multikulturalität Britanniens ist der Rassismus. In den fünfziger Jahren tauchten in den Schaufenstern von Geschäften und Pensionen der Einwandererbezirke Londons Schilder auf, auf denen stand: »No Coloureds« oder »No West Indies« – Keine Schwarzen aus der Karibik.

Dann trat Enoch Powell auf den Plan. Powell war ein konservativer Politiker, später Vertreter der Ulster Unionist Party, der Gedichte schrieb, im Zweiten Weltkrieg als Brigadier und im Geheimdienst seinen Dienst tat und später Gesundheitsminister wurde. 1968 hielt er eine bis heute berüchtigte Rede, die als »Rivers of Blood Speech« in die britische Geschichte eingegangen ist. Powell kritisierte die Massenimmigration und sprach sich gegen den Race Relations Act aus. Denn mit diesem Gesetz sollte im selben Jahr die Diskriminierung gesetzlich verboten werden. Wohnungsbesitzer, Arbeitgeber und öffentliche Dienststellen durften Menschen nicht mehr aufgrund von Hautfarbe, Rasse, ethnischer oder nationaler Herkunft zurückweisen.

Powell sprach sich dagegen aus. Der konservative Politiker sagte in seiner Rede in Birmingham nie die Worte »rivers of blood«, bezog sich aber auf Vergils düsteres Epos »Aeneis«, das die Flucht des Aeneas aus dem brennenden Troja beschreibt: »Ich blicke in die Zukunft und ich bin erfüllt von dunklen Vorahnungen … Wie einst die Römer glaube ich zu sehen, wie der Fluss Tiber vor Blut schäumt.« Um die von ihm gefürchteten blutigen Krawalle zwischen »Eingeborenen« und Zuwanderern zu verhindern, sah Powell nur eine Möglichkeit: »Nichts anderes wird genügen als dass der totale Fluss der Einwanderung sofort auf vernachlässigbare Größe reduziert wird. Notwendige Gesetze müssen sofort initiiert werden.«

Edward Heath feuerte Powell nach seiner Rede aus dem Schattenkabinett. Doch viele Briten stimmten damals seiner düsteren, xenophoben Weltsicht zu. Als Heath die Wahlen 1970 überraschend gewann, schrieben viele Beobachter seinen Sieg Powells leidenschaftlichen Brandreden zum Immigrationsstopp zu. Powell hatte damit den intellektuellen Boden für die Hetze gegen Einwanderer aus dem Commonwealth und für rechtsextreme Schläger bereitet.

In Großbritannien ist die Debatte über den Rassismus gegen Schwarze ganz anders verlaufen als in Amerika, was verschiedene Gründe hat, die auf der Hand liegen. Die Briten hatten sich zwar lebhaft am Sklavenhandel beteiligt und von diesem enorm profitiert, sie unterhielten aber keine Sklavenplantagen in England. Das Elend der Versklavten und das Unrecht der eigenen Gesellschaft wurde so weitgehend aus dem Blickfeld der englischen Bevölkerung verbannt. Britische Subjekte aus der Karibik, die nach Großbritannien kamen, taten dies freiwillig.

Das Britische wurde ein praktischer Überbegriff für alle. Für Engländer, Schotten und Waliser sowieso. Aber auch für jene, die nicht zu den Inselvölkern gehörten, für die Zugereisten oder Hineingeborenen, die Einwanderer mit britischen Pässen und Kinder von indischen, pakistanischen und afrikanischen Immigranten – sie alle konnten sich gut unter dem Schirm der »Britischkeit« stellen. Denn in Großbritannien heißt Integration nicht unbedingt Assimilation, nicht unbedingt die Aufgabe der eigenen kulturellen Werte.

Die Bevölkerungsumwälzung hat die britischen Speisekarten sehr viel interessanter gemacht: Zu Fish & Chips haben sich Kebab und Currys gesellt. Chicken Tikka Masala – das indische Butterhuhn, das in Britannien noch mit Sauce angereichert wurde, um dem britischen Bedürfnis nach *gravy* zu genügen – ist regelmäßig in Umfragen das beliebteste Gericht im Vereinigten Königreich. Englisch ist in ganz Indien Amtssprache. Das erleichterte Einwanderern in Großbritannien die sprachliche Integration erheblich. Heute zählen die britischen Inder in ihrer Mehrheit längst zur britischen Mittelklasse.

Den Rassismus gegen Andersfarbige gibt es immer noch. Der Typ des britischen Rowdys, der als randalierender Fußballfan oder Aktivist der rechtsextremen British National Party durch die Straßen zieht, ist weithin bekannt. Die BNP spielt allerdings kaum eine Rolle und hat keine Vertretung im Parlament. Das liegt auch am britischen Wahlsystem, das die großen Parteien begünstigt.

Als Träger xenophober Ressentiments hat sich heute viel mehr Nigel Farage etabliert, der im Einwanderungsstopp aus der EU das Heil der Nation sieht. Rassistische Codes setzt der ehemalige Chef der United Kingdom Independence Party so präzise ein wie einst nur Enoch Powell. »Man hört ja im Zug auf dem Weg zur Arbeit kaum mehr Englisch« etwa. Die Kampagne von Nigel Farage, der jahrelang praktisch im Alleingang den Austritt aus der EU gefordert hatte, war erfolgreicher als Powell es sich je erträumt hätte. Wobei der im Brexit-Votum zum Vorschein getretene Ausländerhass weniger rassistisch als sozial motiviert ist und sich nicht nur gegen Menschen mit dunkler Hautfarbe, sondern auch gegen Weiße richtet.

SÜNDENBOCK EU

Ausländerfeindliche Delikte nahmen im Jahr nach dem EU-Votum um 29 Prozent zu. 80.400 Vorfälle registrierte die Polizei in England und Wales zwischen Frühling 2016 und Frühling 2017. Eine besonders intensive Phase von *hate crime* gab es in den Monaten vor und nach dem EU-Referendum.

Vor dem Referendum schien es mir, als wäre die EU-Feindlichkeit der Briten eine elegante Form des Rassismus. Man zeigte seine Abneigung nicht gegen Menschen, sondern gegen gesichtslose Institutionen. Seit den Zeiten von Enoch Powell hatte man sich von der Hetze gegen schwarze Einwanderer weiterentwickelt und rümpfte nun die Nase über die Beschlüsse der EU-Kommission. Es schien sich fast um eine zivilisatorische Errungenschaft zu handeln.

Leider schlug die EU-Skepsis nach dem Votum für den Austritt dann in Handgreiflichkeiten gegen EU-Einwanderer um. Im August 2016 kam es sogar zum Tod des polnischen Staatsbürgers Arkadiusz Jozwik in Harlow. Er wurde bei einer Schlägerei von einem Jugendlichen tödlich verletzt.

Die Osteuropäer sind in Britannien die neuen Sündenböcke geworden. Der Rassenhass ist in eine sozial bedingte Antipathie umgeschlagen. Bei der Osterweiterung 2004 hatte Premierminister Tony Blair darauf verzichtet, die Personenfreizügigkeit mit Zeitverschiebung einzurichten. Österreich und Deutschland etwa ließen erst nach einigen Jahren osteuropäische Arbeiter ohne Restriktionen ins Land. Blair aber, begeistert von der Osterweiterung, schätzte den Sog völlig falsch ein. Blair wollte eine EU, die möglichst viele Länder umfasste, dafür keine allzu tiefe Bindung der Länder untereinander bedeutete. Das schien ihm am ehesten geeignet, den Briten die EU schmackhaft zu machen. Leider ging genau das nach hinten los. Eine Million Polen kamen 2004 nach Großbritannien. Viele von ihnen sind heute gut integrierte Handwerker, die Firmen aufgebaut haben und nicht mehr aus dem britischen Alltag wegzudenken sind. Nach allen Statistiken sind die EU-Ausländer Nettozahler in die britische Staatskassa.

Eine Studie des Centre for Research and Analysis of Migration am University College London UCL hatte es mir im Jahr 2014 besonders angetan. Sie zeigte mit erschreckender Klarheit, wie eklatant antieuropäische Propaganda und Fakten auseinanderklafften. In den ersten Jahren ihrer Mitgliedschaft bis 2011 trugen die sogenannten A-10-Migranten aus den neuen osteuropäischen Mitgliedstaaten fünf Milliarden Pfund zum Staatsbudget bei. Jene Einwanderer aus den 15 »alten« EU-Staaten brachten in derselben Periode 15 Milliarden ein. Die EU-15 zahlten 64 Prozent mehr in Steuern als sie an Beihilfen bekamen und die A-10-Gruppe der Neuen aus Polen oder Lettland zahlten zwölf Prozent mehr ein als sie kosteten. Die heimische Bevölkerung dagegen kostete den Staat mehr als sie beitrug. Professor Christian Dustmann, der für die Studie verantwortlich zeichnete, resümierte: »Die Einwanderer aus Zentral- und Osteuropa sind für das Vereinigte Königreich ein fiskaler Gewinn.«

Doch viele Briten, die sich von der Entwicklung abgehängt fühlen, richteten ihren Ärger trotzdem gegen die Einwanderer aus Osteuropa. Der indische, in London lebende Autor Pankaj Mishra hat diese Wut in seinem internationalen Bestseller »Das Zeitalter des Zorns« analysiert. Schon im 19. Jahrhundert seien jene, die nicht Teil der Moderne waren, anfällig für Demagogen gewesen. Mishra konstatierte: »Großbritannien ist reif für die Psychoanalyse.« Dass die neuen EU-Mitbürger objektiv zum Wohlstand beitragen, war vielen wohl gar nicht klar. 2008 kam die internationale Finanzkrise, die auch in Großbritannien viele Jobs kostete und bei jenen, die ihre Arbeit behielten, zu tiefer Verunsicherung führte. Generell entstand so ein Unwillen gegenüber den Eliten, im Speziellen gegenüber globalen Eliten.

Es ist mir in Diskussionen schon Jahre vor dem Referendum oft passiert, dass zwei Erklärungsmodelle für die depressive Lage aufeinanderprallten. Auf der linken Seite argumentierten die Leute, die Finanzkrise habe das soziale Gefüge ruiniert: Finanzjongleure mit Höchsteinkommen hätten auf unverantwortliche Art und Weise erst die Wirtschaften destabilisiert, dann hätten die Regierungen nicht die Banken, sondern die Steuerzahler dafür zahlen lassen. Auf der rechten Seite richtete sich in Großbritannien der Ärger gegen die EU-Institutionen. Der Boden für eine feindselige Kampagne gegen Europa war damit bereitet. Gemeinsam mit der traditionellen EU-Skepsis des Inselvolks, die sich seit dem Vertrag von Maastricht 1993 über die Jahre immer mehr verstärkt hat, ließ sich die Wut gegen die arbeitswilligen und arbeitsfähigen Polen von Populisten wie UKIP-Chef Nigel Farage ganz ausgezeichnet instrumentalisieren.

Dabei wird sich erst später klären lassen, mit welchen Methoden genau die *Vote-Leave*-Kampagne gearbeitet hat. Im Sommer 2018 steht Benedict Cumberbatch für den Spielfilm »Brexit« vor der Kamera. Er spielt den Strategen Dominic Cummings, der die *Leave*-Kampagne geleitet hat und dem vorgeworfen wird, er habe dabei persönliche Online-Daten gekauft und ausgewertet. Dies habe zum gewünschten Resultat geführt. Erst wenn sich der Staub gelegt hat, wird es möglich sein, den Einfluss dieser Tricksereien auf das EU-Votum richtig zu benennen.

ÜBERLASTETER STAAT

In Kombination mit schwierigen Bedingungen führen die kulturellen Unterschiede zwischen den Bevölkerungsgruppen zu teils fürchterlichen Verfehlungen, denen die oft überlasteten staatlichen Kontrollstellen kaum Riegel vorschieben können. Einer der größten Skandale der letzten Jahre wurde 2014 in Rotherham aufgedeckt – und er ist bei Weitem nicht vollständig aufgeklärt.

1510 junge Mädchen – oft weiß und aus prekären sozialen Verhältnissen – sind nach Angaben der National Crime Agency von vornehmlich muslimisch-asiatischen Männern in den vergangenen sechzehn Jahren sexuell ausgenutzt und zur Prostitution gezwungen worden. Von den 110 verdächtigten Männern sind achtzig Prozent pakistanischer Herkunft. Unter dem Sammelbegriff »Operation Stovewood« gibt es derzeit noch 34 Untersuchungen, sechs Verfahren werden noch 2018 stattfinden. Die meisten sexuell missbrauchten Mädchen waren weiße Britinnen und zwischen zwölf und achtzehn Jahren. Paul Williamson von der Operation Stovewood hat in mehreren Interviews festgestellt, dass eine »giftige Mischung aus Gründen« es erlaubt hat, dass der Missbrauch jahrelang stattfinden konnte. Der Grooming Scandal ist nicht auf Rotherham beschränkt. Es sind Fälle auch in anderen Städten bekannt geworden.

Was also sind die Gründe? Lag es daran, dass die Polizei, die Medien und Sozialarbeiter keine Anschuldigungen gegen asiatische Männer vorbringen wollten, um nicht als Rassisten dazustehen? Williamson meint, die Polizei habe versagt und sich nicht sorgfältig um die ersten Fälle gekümmert, als sie gemeldet wurden. Man habe den Opfern nicht wirklich zugehört und die Vorwürfe nicht verfolgt. Weiße Mädchen aus instabilen Verhältnissen wurden von den zumeist weißen, männlichen Ordnungskräften abfällig behandelt, weil sie sich mit asiatischen Männern eingelassen hatten, hat Cathrin Kahlweit von der *Süddeutschen Zeitung* bei ihren Recherchen in Rotherham erfahren: »Daraufhin haben sich die Mädchen völlig ausgeliefert gefühlt.« Hinzu kommt, dass einige Polizisten verdächtigt werden, selbst Teil der Grooming Gangs gewesen zu sein. Die Mischung aus korrupten Polizisten, überlasteten staatlichen Strukturen und sozialem Stigma führte zu einer Missbrauchsepidemie.

Große Städte wie London oder Birmingham sind sowohl Schmelztiegel der Völker als auch Brutstätten radikaler Gruppen. »Wir sollten aufhören, von einer multikulturellen Gesellschaft zu sprechen«, fordert Rashad Ali. Er war einst radikaler Islamist, heute jedoch setzt er sich als Sozialarbeiter gegen Extremismus ein. Jahrelang arbeitete Ali als Lehrer, ehe er frustriert das Handtuch warf. »Die verschiedenen Kulturen leben nicht miteinander, sondern nebeneinander. Die Behörden sind komplett überfordert.«

GOOD HIJAB

»Heutzutage ist es doppelt schwer, ein Kind als Muslim zu erziehen«, sagt die vierunddreißigjährige Hausfrau Aisha. Ihre zwei kleinen Töchter schlecken Eis. Der Eissalon ist auf der Hauptstraße von Alum Rock, einem Stadtteil von Birmingham, in dem früher Iren und heute vornehmlich Einwanderer aus Pakistan und Somalia wohnen. Das Kleidergeschäft an der Ecke heißt »Good Hijab« und führt Schleier aller Art.

Ein paar Straßen weiter ist die Parkview Academy, der das Schulinspektorat Ofsted im Herbst 2014 ein denkbar schlechtes Zeugnis ausstellte: »Die Administration tut nicht genug, um das Bewusstsein der Schüler gegenüber den Risiken des Extremismus zu stärken.«

Die Inspektoren waren zur Aufklärung eines vermeintlichen islamistischen Komplotts in Birminghamer Erziehungsstätten gekommen. Angeblich hatten Islamisten den Plan gefasst, in einigen staatlichen Schulen die Scharia einzuführen. Die Medien bezeichneten den Skandal als »Trojanisches Pferd«, aber die Verschwörung stellte sich am Ende als dummer Scherz heraus.

Doch in einigen Schulen wird tatsächlich feuriger Islamismus gepredigt, mussten die Inspektoren feststellen. Administration wie Schulinspektoren sind ratlos, wie sie Jugendliche überhaupt noch erreichen, geschweige denn erziehen können. Hoffnung auf höhere Bildung oder einen sinnvollen Job können sich in Alum Rock nicht viele machen. Seit in Birmingham die Produktion des legendären Mini Minor eingestellt worden ist, fehlt ein großer Arbeitgeber.

Islamistische Prediger im Internet tun sich mit Verheißungen leichter. Eltern hätten ja immer Angst, sagt die junge Mutter Aisha, dass ihre Sprösslinge »auf Abwege geraten«. Doch jetzt herrsche zusätzlich die Panik, dass die Kinder den islamistischen Extremisten verfallen: »Wir halten unsere Augen offen. Denn was der IS im Namen des Islam macht, hat nichts mit unserer Religion zu tun.«

850 Kämpfer aus Großbritannien waren für die Terrormiliz des Islamischen Staates nach Syrien gezogen. In Cardiff, der walisischen Hauptstadt, interviewte ich im Herbst 2015 Scheich Abdo Zane. Der religiöse Mann wollte mich lieber nicht in seine Moschee einladen. In einem Pub konnten wir uns auch nicht treffen, schließlich herrscht im Islam Alkoholverbot. So kam es, dass der Scheich schließlich zu mir ins Hotelzimmer kam. Mit seinen zwei kleinen Kindern, weil er keinen Babysitter gefunden hatte. Bruder und Schwester setzten sich auf mein Bett und hörten zu, als ihr Vater erzählte, wie er als Seelenwärter von jungen Männern versuchte, sie davon abzuhalten, in den unheiligen Krieg des Islamischen Staates zu ziehen. »Man erkennt es zuerst an der Kleidung«, meinte der Enddreißiger: »Sie tragen dann plötzlich so eine Art Kampfuniform. Dann lassen sie sich die Bärte wachsen.«

Scheich Abdo Zane hatte versucht, in Gesprächen mit den Jünglingen und deren Eltern an die Vernunft zu appellieren, ein ziviles Leben als gläubiger Moslem als erstrebenswerteres Szenario zu entwerfen. Er hat den Kampf in den vergangenen Jahren allerdings ein paar Mal verloren. Mit furchtbaren Konsequenzen.

Einer seiner Zöglinge, Rayyed Khan, verschwand und tauchte 2014 erst in einem Video aus Syrien wieder auf, in dem er junge Briten dazu aufrief, ihm in den Märtyrertod zu folgen: »Blickt euch um in eurem Komfort, wollt ihr wirklich so sterben?« Khan wurde ein Jahr später von der britischen Regierung in Syrien per Drohneneinsatz von einer Rakete exekutiert. Die moderaten Moslems von Butetown unterstützten die drastische Maßnahme, die der britische Premierminister David Cameron in Auftrag gegeben hatte.

Einer seiner ehemaligen Freunde, Khalid Rahman, erzählte, dass Rayyed immer religiös gewesen war, wie viele in Butetown, einem armen Stadtteil von Cardiff, in dem sie aufgewachsen sind. »Manchmal hat er uns beim Fußballspielen unterbrochen und verlangt, dass wir uns die Hände waschen und beten.« Khalid hat einen anderen Weg gewählt, er hat an der Universität von Cardiff Informatik inskribiert. »Wer sich mit dem Feind einlässt, der hat sein Schicksal für sich entschieden«, meint Scheich Abdo.

Seit das Kalifat kollabiert ist, kehrte etwa die Hälfte der Kämpfer nach Großbritannien zurück. Wie viele dieser Rückkehrer könnten sich als lebende Bomben herausstellen? Die Briten haben einen sehr gut entwickelten Überwachungsstaat, der die jungen Leute genau im Auge zu behalten versucht. Es ist aber sehr schwierig, den Moment zu erwischen, in dem aus einem unauffälligen Kellner oder Studenten ein Attentäter wird.

Im Jahr 2017 kam es zu einer Serie von islamistisch motivierten Anschlägen in London und Manchester. Youssef Zaghba etwa, ein zweiundzwanzigjähriger in Marokko geborener Islamist, war 2016 in Bologna davon abgehalten worden, einen Flug nach Istanbul zu nehmen, um von dort nach Syrien zu gelangen. Danach zog er nach Ostlondon, arbeitete in einem pakistanischen Restaurant und ermordete gemeinsam mit zwei anderen Terroristen Anfang Juni 2017 acht Menschen. Erst überfuhren die drei islamistischen Fanatiker Spaziergänger auf der London Bridge, dann erstachen sie mehrere Besucher im Borough Market.

Aufgehalten wurden sie bei ihrem Massaker von Wayne Marques, einem Polizeioffizier der British Transport Police. Der achtunddreißigjährige Polizist schwang seinen Schlagstock gegen die mit Messern bewaffneten Angreifer: »Sie standen zusammen wie ein Rudel Wölfe, Schulter an Schulter.« Unbewaffnet wie er war, konnte er sie nicht stoppen, er wurde mehrfach durch Messerstiche verletzt. Die drei Angreifer wurden später überwältigt, Marques musste um sein linkes Augenlicht fürchten, erholte sich aber nach einigen Wochen vollständig von der Attacke.

Wayne Marques stammt aus Birmingham. Er ist schwarz. Auch das ist eine Geschichte des modernen England: Die Kinder der Einwanderer stehen auf beiden Seiten des Kampfes um Integration versus Explosion.

BRENNENDE FACKEL

»Dort oben im sechsten Stock war meine Wohnung«, sagte Ria und wir blickten auf den schwarzen, abgefackelten Grenfell Tower, aus dem noch die Flammen schlugen. Die ältere Frau aus Thailand stand neben mir auf der Straße und erzählte mir ihr Leben. Ich hatte sie vor dem brennenden Wohnturm angetroffen, als ich am 14. Juni 2017 frühmorgens auf dem Fahrrad hier eingetroffen war. Die Gegend war abgesperrt. Die Löschfahrzeuge blockierten die Zufahrtsstraßen. Das ganze Ausmaß der Katastrophe war noch nicht klar, aber alle Anwohner wussten, dass aus dem vierundzwanzigstöckigen Hochhaus über Nacht ein Massengrab geworden war.

In Nord-Kensington im Westen Londons war im vierten Stock des Wohnturms Grenfell Tower in der Nacht in einem Kühlschrank Feuer ausgebrochen. Es hatte sich so schnell ausgebreitet, dass viele Bewohner keine Zeit mehr hatten zu fliehen. Wie sich später herausstellen sollte, waren die Sozialwohnungen, gebaut 1972, schlecht und billig renoviert worden. Hoch brennbares Isoliermaterial war vor einigen Jahren an der Außenwand ohne Trennelemente installiert worden. Es verwandelte den Wohnblock innerhalb von Minuten in eine riesige Fackel, die zum Grab für 72 Bewohner wurde.

»Von zwei Wohnungen habe ich die Nachbarn noch nicht hier unten gesehen«, sagte Ria stockend. »Ich fürchte, dass viele Leute in den Etagen über uns nicht rechtzeitig informiert wurden. Eine Freundin aus dem Stock über mir, die habe ich bisher auch noch nicht gesehen. Ich kann sie nicht anrufen. Viele von uns haben die Telefone oben vergessen. Manche sind verbrannt.« Ria stockte. Dann fuhr sie fort: »Alle meine Sachen sind noch oben. Meine Brille auch. Ich kann ohne Brille nicht sehr gut sehen Ich habe sie vergessen, weil wir so schnell aus der Wohnung wegmussten. Aber die Brille ist nicht so wichtig wie das Leben.«

Der Brand im Grenfell Tower sollte zum Symbol für die explodierende Ungleichheit in der britischen Gesellschaft werden. Und eine verfehlte Wohnungspolitik in London, die es ermöglicht hat, dass Ärmere in teilweise lebensgefährlichen Wohnstätten hausen müssen, obwohl sie in einem der reichsten Wohnbezirke zu Hause sind. Die Londoner sind an sich stolz darauf, dass ihre Bezirke sozial durchmischt sind und nicht wie in Paris Gettos am Rande der Stadt existieren. Die gesetzlichen Regulierungen sind aber offenbar nicht gut genug durchdacht gewesen. Die Wohnungsgenossenschaften dürften gerade bei Renovierungen gespart und Sicherheitsvorkehrungen missachtet haben.

Ria ist Pensionistin, sie wollte mir ihren Nachnamen nicht verraten. Aber sie wusste, was kommen würde: »Wir brauchen eine Untersuchung!«

Ein Jahr später kam es dann zu einer öffentlichen Anhörung. Die Tragödie dieser Nacht soll, so haben es die Verantwortlichen versprochen, landesweit zu genaueren Kontrollen im Brandschutz führen. Zu besser konzipierten Renovierungen alter Wohnsubstanz. Der Labour-Abgeordnete David Lammy, einer der Fürsprecher der sozial Schwachen, fand es bedauerlich, dass Sir Marin Moore-Bick als Richter diese Untersuchung leitete: »Hätte man nicht einen Angehörigen einer ethnischen Minderheit finden können?«, meinte Lammy: »Jemand wie Moore-Bick aus der gehobenen weißen Mittelschicht hat sicher noch nie im zwanzigsten Stock in einem Sozialblock übernachtet.«

Von den 203 Haushalten, die es im Grenfell Tower gab, sind bisher nur knapp die Hälfte in permanenten neuen Wohnungen untergekommen. In London herrscht akute Wohnungsknappheit, das ist ein weiteres Problem, das die Regierung angehen muss. Der ausgebrannte Wohnturm wurde inzwischen mit weißem Plastik umwickelt, er wird wohl irgendwann abgerissen. Bei den Gedenkveranstaltungen ein Jahr nach dem Brand wurde 72 Sekunden lang schweigend der Toten gedacht. Regierungsgebäude wurden mit grünem Licht angestrahlt.

Vor dem Grenfell Tower lag ein Blumenberg, 72 Tauben flogen in den Himmel und es versammelten sich trauernde, aber auch sehr wütende Angehörige und Sympathisanten. Nicht nur David Lammy findet es empörend, dass in einem westlichen Wohlfahrtsstaat Arme mit nicht-weißer Haut immer noch überproportional öfter bei Wohnungsbränden sterben als Weiße.

Sehr pointiert brachte dies Sadiq Khan auf den Punkt. Der Bürgermeister von London nahm an den Gedenkfeiern vor dem Grenfell Tower teil. »Ich bin wirklich verärgert über die institutionelle Gleichgültigkeit dieser Regierung«, meinte er, nachdem er am Gedenkgottesdienst in der St Clement's Church teilgenommen hatte. Der Londoner Mayor hat weit weniger Kompetenzen als etwa der Wiener Bürgermeister. Die Verantwortung für die Brandkatastrophe liegt deshalb nicht bei Khan, sondern bei der zuständigen Gemeinde und letztlich wohl auch bei der Regierung.

Die Worte des Bürgermeisters waren parteipolitisch gefärbt – mit der Grenfell-Tragödie wäre wohl jeder überfordert gewesen. Khan war aus persönlichen Gründen einer der wenigen Spitzenpolitiker, die sich überhaupt zu den Trauernden gesellen konnten, ohne Krawalle befürchten zu müssen. Denn Khans Werdegang erzählt die Geschichte eines Einwandererkinds, das es aus eigener Kraft in die Elite des Landes geschafft hat, ohne seine Herkunft zu vergessen.

Sadiq Khan stammt aus einer pakistanischen Familie. Er ist praktizierender Muslim, der im Ramadan fastet. Und er ist Labour-Politiker. Als nach dem EU-Referendum eine Welle von Ausschreitungen über seine Stadt schwappte, rief er zur Ordnung: »Wenn Leute jetzt nach dem Brexit-Votum glauben, rassistische Bemerkungen seien okay, dann müssen wir ihnen sagen: Nein, das sind sie nicht.«

Das Austrittsvotum hat ihn persönlich getroffen. Khan selbst hat engagiert für den Verbleib in der EU gekämpft. Wie auch die Mehrheit der Londoner. Firmen aus aller Welt haben sich hier niedergelassen, weil die ehemalige Hauptstadt des britischen Empires seit langem ein multikulturelles Flair hat und man von der englischsprachigen Kapitale aus in der ganzen EU arbeiten konnte.

Der Bürgermeister wirbt dafür, London auch in Zukunft weltoffen und vielfältig zu halten. Khan steht für jene, die sich erfolgreich integriert haben und die britische Gesellschaft mitbestimmen. Islam, Demokratie und Weltoffenheit sind vereinbar und der Londoner Bürgermeister lebt dies vor.

Die demografische Realität verändert bereits die politischen Prioritäten. »Massaker am weißen mittelalterlichen Mann«, titelte die *Daily Mail* am 10. Januar 2018, nachdem Theresa May ein paar Juniorposten in ihrer Regierung neu besetzt hatte und nur acht Männer gegenüber zehn Frauen dazu bestimmt hatte, die Geschicke des Landes zu leiten. Die alarmistischen Schmuddelblätter bemühen sich redlich, die Volkswut hochzukochen.

Das ist aber erst der Anfang. Unter den Staatssekretären gibt es neun statt bisher vier Vertreter von Minderheiten, darunter die neu ernannte Ministerin Suella Braverman, deren Eltern aus Kenia und Mauritius stammen. Sie hat ein besonders heikles Portfolio bekommen: Sie soll Szenarien vorbereiten für den Fall, dass Großbritannien ohne einen Brexit-Deal im März 2019 aus der Europäischen Union ausscheidet.

Noch macht sich die weiße Elite auf den Regierungsbänken breit. Neben der Pastorentochter Theresa May sitzt eine Riege weißer Männer an den zentralen Schaltstellen der Macht. Seit dem Frühling 2018 gibt es eine Ausnahme: Sajid Javis, der neue Innenminister, ist ein ehemaliger Manager der Deutschen Bank, dessen Vater ähnlich wie Sadiq Khans noch als Busfahrer gearbeitet hat. Javis ist der erste nicht-weiße Mann, der je eines der fünf wichtigsten Ministerien in einer britischen Regierung übernommen hat.

BRIT(ISH)

Eine radikale Generation von Aktivistinnen und Autorinnen, die in Großbritannien immer mehr Gehör finden, kämpfen für ihre Anliegen an allen Fronten: Sie stammen oft aus muslimischen Familien und sind irritiert, dass manche nicht den Weg der Integration gehen, sondern sich sogar religiös radikalisieren. Sie sind oft Frauen, die gegen männliche Misogynie und eine gläserne Decke angehen, die trotz einer Frau in 10 Downing Street erst angeknackst und nicht durchbrochen ist. Sie haben keine weiße Haut und kämpfen gegen den Rassismus der Weißen, der offiziell längst nicht mehr existiert.

»Die Leute gehen auf Zehenspitzen um das Thema herum und sagen: Ich sehe Rasse nicht«, schreibt die Journalistin Afua Hirsch. In ihrem Buch »Brit(ish)« beschreibt sie ihre eigenen Erfahrungen als Britin jüdischer und afrikanischer Herkunft: »Die multiple Identität gehört zu mir, meine gemischte Herkunft ist Teil meines Erbes, ich will gar nicht, dass Leute sie nicht sehen. Ich möchte, dass sie sich mit Menschen wie mir befassen.«

In der Öffentlichkeit werden die immensen kulturellen Unterschiede meist nur subtil angedeutet. Britischer Rassismus entspricht in vielerlei Hinsicht dem Stereotyp des britischen Charakters: Man ist reserviert rassistisch, eher in Untertönen und mit steifer Oberlippe. Die Identitätspolitik der jungen Generation fordert genau diese Haltung heraus – das ist einerseits gut, weil die Diskussion das Verständnis für Unterschiede eventuell erweitert. Andererseits ist es auch anstrengend, weil der bequeme sichere Hafen der universellen, gleichen Rechte für alle in verschiedene Sektoren geteilt zu werden droht.

Langsam verändert sich der Diskurs. Was vorgedacht wird, hat Folgen: Frauen mit asiatischer oder afrikanischer Herkunft rücken weiter von den Hinterbänken auf die Vorderbänke im House of Commons vor. In den Chefetagen der großen Firmen tut sich immer noch nicht genug. Nur acht

Prozent Frauen im Vergleich zu sechs Prozent vor zehn Jahren haben nach einer Studie der Cranfield School of Management einflussreiche Positionen erreicht. Die Barclays Bank oder BP haben keine einzige Frau im Vorstand. Nicht-weiße Frauen haben es dabei noch schwerer, sich durchzusetzen. Dennoch: »Weiß« und »Mann« ist nicht mehr Bedingung und Voraussetzung für höhere Verantwortung.

Je mehr Britannien die Immigration einschränken will, umso stärker sollte man das im Land befindliche Potenzial nutzen. Das ist natürlich leichter gesagt als getan. Die Regierung kann das Bewusstsein dafür schärfen, dass Frauen oft bei Karrieresprüngen übergangen werden. Theresa May hat ihre Bereitschaft erklärt, Frauen besonders zu fördern. Sie hat dies auch in ihrer Regierung und im Parlament getan.

Dieser Fokus sollte schon bei der Schulbildung beginnen. Kinder aus sozial prekären Umständen werden nicht genug gefördert. Dieses Problem existiert überall, aber in Großbritannien ist das elitäre Schulsystem durch den hohen Anteil von Privatschulen viel stärker ausgeprägt als auf dem europäischen Kontinent. Außerdem hat die Ära der wirtschaftlichen Liberalisierung unter Margaret Thatcher die Gräben in der Gesellschaft vertieft. Die soziale Mobilität ist in den letzten Jahren stark gesunken.

Den schwarzen Feministinnen kann der Wandel in der Gesellschaft nicht schnell genug gehen. Die achtundzwanzigjährige Publizistin Reni Eddo-Lodge hat eine nigerianische Mutter, sie wuchs im Norden von London auf. Sie engagierte sich gegen Rassismus und konnte es irgendwann nicht mehr aushalten, schreibt sie, in den Augen der Gesprächspartner zu lesen, dass sie sich nicht für das Narrativ der Unterdrückten interessierten. Deshalb verfasste sie den Blog »Warum ich nicht mehr mit Weißen über Rasse rede«, der so erfolgreich wurde, dass er inzwischen auch in Buchform erschienen ist. »Why I'm No Longer Talking to White People About Race« ist das Pamphlet der jungen Generation geworden.

Ihrem Buchtitel gemäß hat sie auch mir ausrichten lassen, sie sehe sich außerstande, sich von mir interviewen zu lassen. Ich führte die Absage nicht auf meine Hautfarbe, sondern darauf zurück, dass Reni einfach Wichtigeres zu tun hat. Dank ihres Status als *public intellectual* mit erstklassiger Medienpräsenz auf Twitter kann man gut verfolgen, wie die radikale Rebellin die alten Engländer aufmischt.

Eddo-Lodge gehört zu einer Generation von Autorinnen, die nicht mehr höflich anfragt, ob sie vielleicht mit am Tisch sitzen darf. Sie fordert ihren Platz in der Gesellschaft einfach ein. Die streitbare Autorin ist dabei keineswegs optimistisch, sie ist bitter, oft verletzt, ihre Gesellschaftskritik ist scharf: »Macht und Vermögen sind in diesem Land immer noch konzentriert in den Händen sehr weniger, sehr weißer Hände, und Macht verabschiedet sich nie ohne Kampf.« Wie dieser ausgehen wird? »Ich nehme an, wir werden alle gespannt bis 2066 warten müssen – das ist das Jahr, in dem weiße Leute zum ersten Mal die demografische Minderheit stellen werden.«

KAPITEL 3

ELITE AUF VERLORENEM POSTEN 1: DER BANKROTT DER KONSERVATIVEN

BLUT UND TRÄNEN

»Ich habe euch nichts anzubieten als Blut, Mühe, Tränen und Schweiß«, rief Winston Churchill am 13. Mai 1940 im House of Commons: »Wir müssen in den Krieg ziehen gegen eine monströse Tyrannei, die schlimmer ist als alles, was es im düsteren und bedauerlichen Katalog der menschlichen Verbrechen je gegeben hat.« Churchill kämpfte an diesem Tag um das Vertrauen des Parlaments. Selbst in der eigenen Partei war der cholerische, gesundheitlich angegriffene Zigarrenraucher umstritten. Sein patriotischer Aufruf, alles zu geben, um der Nazi-Tyrannei zu widerstehen, aber ging den Abgeordneten unter die Haut. Das Parlament sprach Churchill einstimmig das Vertrauen aus.

Es ist kein Zufall, dass die Bank of England 2013 beschloss, Churchills Blut-und-Schweiß-Spruch auf die neue Fünfpfundnote unter sein Porträt zu drucken. Britischer Patriotismus ist auf den Inseln ganz eindeutig en vogue. Als der neue Geldschein im September 2016 erschien – aus Plastik übrigens, sehr haltbar –, kam er zur rechten Stunde: Knapp nach dem EU-Referendum, das die nationale Abgrenzung von der EU besiegelt hatte. Da hatten sich entscheidende Elemente in der konservativen Elite von Patrioten zu Nationalisten gewandelt.

Wie bei vielen anderen Themen ist es auch im Verhältnis der konservativen Eliten zu Europa erst jetzt dazu gekommen, dass Britannien sich anlässlich des Brexits selbst im Spiegel betrachtet: Das konservative England sah sich stets klar als Teil Europas. Die Aristokratie heiratete quer durch Europa, wie es immer schon die Regel war. Die Tories hielten sich für einen Teil der europäischen Elite, teils skeptisch wie Margaret Thatcher, aber nie vom Kontinent abgekehrt.

In Winston Churchill, wohl einem der visionärsten politischen Köpfe des letzten Jahrhunderts in Europa, personifizierte sich die komplexe Haltung gegenüber Europa. Einer seiner größten Bewunderer ist Boris Johnson, der in seinem Buch »The Churchill Factor« die Haltung seines Vorbilds nach dem Krieg analysiert: »Ja, er wollte ein vereintes Europa, und ja, er sah Britannien in einer wichtigen Rolle, diese glückliche Union zu etablieren – auf einem Kontinent, der so viel Elend erlebt hatte. Doch diese Rolle sollte die eines Sponsors sein, ein Zeuge eher als ein Vertragspartner.«

Sagen wir so: Churchill hatte in den dreißiger Jahren in Amerika gesehen, welche Vorteile es hatte, ohne Zollschranken Handel treiben zu können. Churchill hatte im Zweiten Weltkrieg erlebt, welche Zerstörung Kriege zwischen den europäischen Nationen auslösen. Eine wirtschaftliche und politische Einigung schien ihm daher logisch. Er hätte wohl mit hoher Wahrscheinlichkeit für den Beitritt zur Europäischen Gemeinschaft gestimmt. Wie die EU heute aussieht, hat er nicht mehr erlebt und es ist schwer zu sagen, ob er für den Austritt gestimmt hätte. Immerhin war in seinem politischen Denken die Idee sehr stark vertreten, dass man nur mitgestalten kann, wenn man am Tisch sitzt.

Wie aber kommt es, dass Großbritannien, das den Staatsmann und meisterhaften Redner Churchill so schätzt, heute von exzentrischen EU-Feinden in einen Brexit gestoßen wird, der sehr weit von Churchills Vision entfernt ist? Wie wurde gerade Boris Johnson, sein größter Bewunderer, ein Champion dieser EU-feindlichen Weltsicht?

DIE MITFORD-SCHWESTERN ODER
WER LIEBT HIER HITLER?

Wer über Englands konservative Elite nachdenkt, stößt schnell auf die Mitford Girls. Ihre Biografien bieten ein Panorama englischer Lebenswelt der Aristokratie im vorigen Jahrhundert. Die sechs Schwestern reflektierten in der einen oder anderen Art die großen Umwälzungen in der Ära totalitärer Regime und den fundamentalen Wandel der Gesellschaftsnormen. Unzählige Geschichten ranken sich um sie. Lange bevor Instagram erfunden wurde, waren die Mitford-Mädels so etwas wie die ersten It-Girls des 20. Jahrhunderts.

Geboren Anfang des 20. Jahrhunderts hat jede der sechs Töchter von David und Sydney Freeman-Mitford ein außergewöhnliches Leben geführt – auch im Kontrast zueinander. Nancy wurde Schriftstellerin in Frankreich; Pamela heiratete einen Jockey; Deborah ehelichte den Duke of Devonshire und schlug sich als schwer verschuldete Schlossbesitzerin durch. Die politischen Biografien aber waren äußerst divers: Jessica türmte mit einem Neffen von Winston Churchill nach Amerika und wurde Kommunistin. Diana dagegen heiratete den britischen Faschistenführer Oswald Mosley. Und die jüngste Schwester Unity war in Adolf Hitler verliebt und schoss sich in den Kopf, als Großbritannien dem Dritten Reich den Krieg erklärte.

Neben Unitys Historie war die von Diana Mitford speziell pikant. Ihr Mann Oswald Mosley galt als eines der großen politischen Talente im England der zwanziger Jahre, er kandidierte für die konservativen Tories, dann für die Liberalen und wurde zeitweise sogar als möglicher Premierministerkandidat für die Labour Party gehandelt. Schließlich gründete er seine eigene Partei, die sich 1932 mit der British Union of Fascists vereinigte. Doch der Faschismus war in England nicht mehrheitsfähig. Winston Churchill ließ Mosley einsperren. Von 1940 bis 1943 saß er im Gefängnis, die BUF war verboten. Diana folgte ihrem Mann in die Zelle. Nach dem Krieg blieb den Mosleys nur das Exil.

Das ist auch deshalb brisant, weil Winston Churchill und die Mitford Sisters entfernt verwandt waren. Die Schwester der Großmutter der Mitfords war die Schwiegermutter von Winston Churchill. Sein Neffe Esmond Romilly wurde Jessica Mitfords erster Ehemann. Er starb 1941 im Krieg. Jessica alias Decca verzieh ihrer älteren Schwester Diana nie, dass sie Faschistin wurde und Hitlers Krieg unterstützte.

Winston Churchill musste sich auch mit der jüngsten Mitford-Schwester Unity beschäftigen, die Adolf Hitler als Groupie in Europa hinterherlief. Sie schrieb Churchill sogar Briefe, um ihn vom Anschluss Österreichs an Nazideutschland zu überzeugen: »Lieber Cousin Winston, ich glaube, dass du und die meisten Engländer sehr falsch über die österreichischen Angelegenheiten informiert seid, die in der englischen Presse beharrlich verdreht dargestellt werden.« Winston, damals noch konservativer Abgeordneter, der erst 1940 Premierminister werden sollte, war schon 1938 kein Vertreter der Appeasement-Politik: »Es kann keinen Zweifel geben, dass eine faire Volksabstimmung gezeigt hätte, dass eine große Mehrheit des österreichischen Volkes es gehasst hätte, unter Naziherrschaft zu kommen«, schreibt Winston an seine Cousine Unity am 12. März 1938: »Gerade weil Herr Hitler diese freie Meinungsäußerung gefürchtet hat, müssen wir diese gegenwärtige heimtückische Gewalttat miterleben.«

Die jüngste Mitford-Tochter war eine »nationalsozialistische Schlachtenbummlerin«, wie der österreichische Autor Gerhard Jelinek schreibt. Das ist zwar nur bedingt wahr, Unity fuhr nie an die Front, aber sie suchte Hitlers Nähe in seinen gloriosen Stunden. Im eigenen Auto fuhr die damals Einundzwanzigjährige von München nach Wien und erlebte den »Anschluss« mit: »Ich habe in Deutschland keine so fanatischen Nationalsozialisten getroffen wie hier in Wien. Einige Male sprachen mich junge Männer an und wollten mir die Hand küssen, keineswegs in galanter Absicht. Sie wollten die Hand küssen, die den Führer berührt hat, weil sie ihn wirklich verehren, wie ein Christ, der ein Stück Holz küsst, das Jesus berührt hat.« Laut Jelinek soll sie sogar als einzige Frau auf dem Balkon der Hofburg gestanden sein, als Hitler am 15. März 1938 vor einer begeisterten Menge von zweihundertfünfzigtausend Menschen den »Eintritt meiner Heimat in das Deutsche Reich« verkündete.

Nicht Unitys, sondern Churchills Sicht auf Hitler setzte sich in Großbritannien durch, als er 1940 mit seiner Blut- und-Schweiß-Rede die Regierung antrat. Sein Vorgänger Neville Chamberlain unterstützte ihn zwar nur mit großen Zweifeln, aber Chamberlain und Außenminister Lord Halifax verloren den Richtungsstreit. Churchill führte Britannien in den Krieg gegen Hitler.

Im Januar 2018 zog der Durchhaltethriller »Darkest Hour« in die britischen Kinosäle ein. Auf riesigen Postern wurde dafür in der Londoner Tube geworben. Unter der Regie von Joe Wright zeigt Gary Oldman einen Churchill, der unter Einsatz aller schwindenden Körperkräfte die Nation in letzter Minute auf Konfrontation mit Hitler einschwört. In der Schlüsselszene nimmt Churchill eine U-Bahn ins Büro, um den Puls des Volkes zu fühlen. Der deutsche Vormarsch in Frankreich war nicht aufzuhalten, der Druck im eigenen Kabinett, über Benito Mussolini einen Friedensvertrag mit Hitler auszuhandeln, war immens groß. Doch die braven Londoner in der Tube überzeugten Churchill: Sie lehnten es ab, sich dem tyrannischen Deutschen zu unterwerfen.

Die Szene in der U-Bahn ist erfunden. Zumindest ist sie nicht historisch belegt. Doch Brexitannien braucht jetzt Legenden des heroischen Widerstands. Im Film wie in der populistischen Politik der britischen Gegenwart ist der eiserne Überlebenswille des Inselvolks eine Konstante geworden.

Wie knapp es war, dass Großbritannien als unabhängige Nation triumphieren konnte, das ist bekannt. Britannien wurde aber nicht nur von außen durch Adolf Hitler bedroht, der Faschismus hatte auch innerhalb des Vereinigten Königreichs mehr Anhänger, als den Briten lieb war. Seit der Ausstrahlung von »The Crown«, zweite Staffel, sechste Episode weiß auch jenseits der akademischen Kreise das Fernsehpublikum weltweit, dass selbst die Royals nicht frei von faschistischen Sympathien waren. Dialoge und Vorgänge sind teilweise erfunden. Dass die Sympathien mit Nazideutschland in Adel und Bürgertum weiter verbreitet waren als eingestanden, ist allerdings Gegenstand neuer Forschungen. Karina Urbach schreibt in ihrem Buch »Go-Betweens for Hitler«: »Die deutschen Cousins aus den Häusern Hessen, Coburg, Hannover, Hohenzollern und Waldeck-Pyrmont, viele von ihnen fasziniert von Hitler, hatten eine Agenda und diese war von Hitler geschrieben worden: eine Allianz mit Britannien.«

Offiziell dankte König Edward VIII 1936 ab, weil er seine geschiedene amerikanische Frau Wallis Simpson nicht aufgeben wollte. Dazu aber kam, dass die politische Führung Britanniens mit Unbehagen zusah, wie Simpson den verliebten Edward mit ihren Nazisympathien infiziert hatte. Durch den

Thronverzicht sollte die politische Ansteckungsgefahr vermieden werden. »Es verstärken sich die Hinweise darauf, dass Edwards Nazisymphatien von Churchill als wirkliche Bedrohung der Sicherheitslage Britanniens gesehen wurden«, meint die Historikerin Lauren Young, die ein Buch über Britannien in der Zwischenkriegszeit vorbereitet: »Deshalb wollte er den Herzog als Gouverneur auf den Bahamas installieren – möglichst weit weg vom Naziregime.«

Diese Episode hat dazu beigetragen, dass die Aristokratie sich nach dem Zweiten Weltkrieg ins politische Nirwana zurückgezogen hat. In den vergangenen Jahren seit dem Ende des Zweiten Weltkriegs hat sich daher auch die konservative Partei fundamental verändert. Die aktive Klientel der Tories – bis dahin adelige Monarchisten, Großgrundbesitzer vom Land – hat sich zum privilegierten Bürgertum verschoben.

KONSERVATIVE REVOLUTION I: MARGARET THATCHER

England hat im Vergleich zu Zentraleuropa ein bis heute stark ausgeprägtes soziales Klassensystem. Das Rückgrat der englischen Upper Class ist seit Jahrhunderten das Schulsystem. Man kann meistens schon an den Uniformen der Grundschüler erkennen, wo sie sozial stehen. Es gibt private Schulen und Internate, die als direkte *feeder*, als Zubringer, für die Eliteuniversitäten Cambridge und Oxford dienen. Diese wiederum sind die direkte Steigleiter in die Downing Street. Neunzehn Regierungschefs hat zum Beispiel allein die Boarding School Eton College hervorgebracht.

Im 19. und 20. Jahrhundert wurden englische Buben oft schon im Alter von acht Jahren ins Internat geschickt. Dies hatte teilweise mit dem Lebensstil der englischen Elite zu tun, die oft auf Gütern außerhalb der Städte wohnte. In England wurden die Adeligen nie drastisch enteignet wie es den Groß- grundbesitzern in Frankreich nach der Französischen Revo- lution 1789 oder in Österreich nach dem Ende des Ersten Weltkriegs passierte. So erhielt sich das soziale Klassensystem in Großbritannien viel länger.

Viele Familien wohnten im Empire verteilt fernab von guten englischen Schulen. Die Söhne wurden daher oft schon früh in die Heimat verschickt. Die privilegierten Buben wurden, so hieß es, durch die frühe Trennung härter, um später große Teile der Welt verwalten zu können. Aus heutiger Sicht würde man vielleicht warnen, sie seien früh psychisch verkrüppelt worden. Dies zumindest ist die Sicht von Alex Renton, einem *old boy* dreier Eliteinternate, darunter Eton. Renton hat in seinem Buch »Stiff Upper Lip« nicht nur seine eigenen Erleb- nisse verarbeitet und den sexuellen Missbrauch, den er selbst erlebt hat, dokumentiert. Er hat Hunderte Internatsschüler interviewt. Sein Buch erklärt, »wie eine gesamte Klasse, kurz- fristig die mächtigste der Welt, entschieden hat, dass Kinder leiden mussten, damit sie nützliche Bürger werden konnten«.

In den vierziger Jahren des 20. Jahrhunderts beendeten um die fünfzehntausend Buben und Mädchen pro Jahr Internate. Eine Epidemie von sexuellem und physischem Missbrauch in diesen Schulen, in denen Buben ab acht Jahren ihren Mit- schülern und Lehrern ausgeliefert waren, ist erst in jünge- rer Zeit bekannt geworden. Unter anderem durch Rentons Buch. Bei der Buchpräsentation im Frühling 2017 hatte er auch Rachel Johnson aufs Podium geladen, die Schwester von Boris Johnson. Ihr Vater Stanley, in den siebziger Jahren in Brüssel als Diplomat tätig, hatte beide Kinder nach Hause in die Eliteschule Ashdown House geschickt. Rachel war damals zehn Jahre alt. Sie war das erste und einzige Mädchen in einer Bubenschule. Der Direktor der Schule, erzählt die Journalistin, schaute sie an, drehte sich zu einem Lehrer und fragte: »Darf ich sie schlagen? Sie ist doch ein Mädchen!«

Seit dem Zweiten Weltkrieg ist das soziale System und damit das Schulsystem etwas durchlässiger geworden. Immer noch stellen die *posh boys* mit Oxbridge-Bildung einen hohen Prozentsatz der politischen Elite. Wobei mit dem Rücktritt von Boris Johnson im Juli 2018 erstmals kein *old boy* aus Eton mehr im Kabinett sitzt.

Heute hat sich wegen der exorbitanten Kosten für Internate und Universitäten die Klientel etwas verschoben: Die reichsten Kinder des Vereinigten Königreichs drücken gemeinsam mit den Sprösslingen betuchter arabischer Prinzen, russischer Oligarchen oder chinesischer Neomilliardäre die Schulbank.

Über Missbrauch und Kinderquälerei – auch unter den Schülern – wird heute nicht mehr geflissentlich geschwiegen. Die Verhältnisse haben sich verbessert. Zumindest als Snob-System funktionieren die Eliteinternate für Wohlhabende allerdings bis heute: Mit den hohen privaten Erziehungskosten kommen Jobs, Plätze an guten Universitäten und ein soziales Netzwerk. Die meisten britischen Premiers wurden nach einem Privatinternat entweder in Oxford – 29! – oder Cambridge erzogen.

Bis zu Benjamin Disraeli, der 1868 Regierungschef wurde, waren Premierminister immer Aristokraten gewesen. Disraeli, ein getaufter Jude und Sohn eines Literaturkritikers, war die große Ausnahme. In den zwanziger Jahren kam mit dem ersten Labour-Premier Ramsay MacDonald der Sohn eines Dienstmädchens in die Downing Street. Auf konservativer Seite dauerte es bis 1970, da wurde mit Edward Heath der Sohn eines Tischlers Regierungschef.

Mit Margaret Thatchers Einzug in die Downing Street veränderte sich das Land in jeder Hinsicht grundsätzlich. 1979 zog nicht nur die erste Frau in 10 Downing Street ein. Sie brachte den Stolz der Mittelschicht mit. Ihr Vater war ein Ladenbesitzer aus der Nähe von Nottingham. Thatcher kam, schrieb Hugo Young in seiner Biografie »One of Us«, aus »Mittelengland, das seinen Stolz aus seiner Lage zog: ein gewöhnlicher Ort, an dem unaufgeregt anständige Menschen beheimatet waren, die nur langsam auf den Wandel der Zeit weiter weg reagierten.« Mitten drin, mittel aufregend – das war das Charakteristikum von Thatchers Umfeld.

Sie selbst freilich war so klug und ambitioniert, dass ihr Vater und ihre Lehrer sie nach Oxford schickten. Sie studierte Chemie – für ein Mädchen praktisch *unheard of* – und debattierte mit den *posh boys* in der »Oxford Union« über Politik. Meistens gewann sie diese Debatten und machte so ihren politischen Weg bis in die Downing Street. Als Premierministerin war sie »eher für Kreuzzüge als für Kompromisse« zu haben, wie Tim Byle von der London School of Economics schreibt, »viel mehr eine Kämpferin als eine Heilerin.« Ihre Reformideen für England waren radikal: Sie privatisierte die vielen Staatsbetriebe, brach die Macht der Gewerkschaften, erlaubte Mietern den Kauf ihrer Sozialwohnungen. Die von ihr durchgeführte Amerikanisierung der Wirtschaft mit Deregulierung und niedrigen Steuern führte langfristig zu höherer Ungleichheit in der britischen Gesellschaft.

Für ihre Bewunderer ist sie jene, »die das Groß wieder vor Britannien gestellt hat«, schreibt David Cannadine in seiner Thatcher-Biografie »A Life and Legacy«, »ihren Kritikern galt sie als beschränkte, provinzielle und rachsüchtige Ideologin, die kein Mitleid für die weniger Privilegierten hatte und die nationale Solidarität und Bürgerstolz im Vereinigten Königreich zerstört hat«. Unter Thatcher wurden viele notwendige Reformen angegangen, teilweise allerdings so harsch, dass sie bis heute die wohl verhassteste Politikerin der jüngeren Geschichte Englands ist.

Sie war nicht nur in ihrer Innenpolitik umstritten. Ihre Europapolitik begeisterte und verstörte auch innerhalb ihrer Partei. Vielen ist vor allem ihr Einsatz für den britischen Rebate in Erinnerung. Nach einem vierjährigen Kampf um eine Reduktion der britischen EU-Zahlungen rief sie 1984 »I want my money back!«, klatschte ihre Handtasche auf den Tisch und gewann: Großbritannien bekommt seit 1985 als einziges Mitglied eine jährlich garantierte Rückzahlung von EU-Geldern. Das Vereinigte Königreich war damals das drittärmste Land der EU und profitierte aufgrund seiner landwirtschaftlichen Strukturen wenig von den Agrarsubventionen, die damals siebzig Prozent des EU-Budgets ausmachten. Die EU-Chefs gestanden ihr deshalb einen Sonderausgleich zu.

Thatchers Haltung zu Europa war aber keineswegs immer nur skeptisch. Für das Referendum über die EU-Mitgliedschaft 1975 hatte sie aktiv gekämpft. Auch für den Binnenmarkt hatte sie sich eingesetzt. »Zweifelsohne war die große Errungenschaft der britischen Präsidentschaft das Abkommen über eine Anzahl von Maßnahmen, um den Single Market zu implementieren. Das war die Art von solidem Fortschritt, den die Gemeinschaft brauchte, besser als aufmerksamkeitsheischende Initiativen, aus denen dann nichts wurde oder die nur böses Blut schafften«, schreibt die eiserne Lady in ihren Memoiren über ihren Einsatz für den Binnenmarkt der Europäischen Union.

Bestsellerautor Robert Harris stellte Anfang Mai 2018 auf Twitter fest: »Bizarr, dass eine Tory-Regierung so entschlossen sein sollte, den Binnenmarkt zu verlassen, den Margaret

Thatcher als eine der größten Errungenschaften ihrer zweiten Amtszeit beschrieben hat.«

Doch Thatchers Motivation für europäische Zusammenarbeit war immer wirtschaftlich bedingt gewesen. Ein politisches Argument für die europäische Integration ließ sie nicht gelten. Die immer stärkere wirtschaftliche Vernetzung zwischen den europäischen Nationen war sehr erfolgreich, sie zog aber die politische Einigung nach sich. Genau da wollte Margaret Thatcher nicht mehr mitmachen. In einer großen Europa-Rede in Brügge im September 1988 skizzierte sie ihre Vorstellung von Europa in klaren Worten: »Britannien träumt nicht von einer gemütlichen, isolierten Existenz am Rande der Europäischen Gemeinschaft. Unser Schicksal ist in Europa, als Teil der Gemeinschaft.« Sie zeigte aber sehr eindeutige Limits auf: »Wir haben nicht erfolgreich die Grenzen des Staates in Großbritannien aufgelöst, um sie in Europa wieder zu errichten unter der Führung eines europäischen Superstaates, der uns von Brüssel aus beherrscht.« Der Europäische Wechselkursmechanismus WKM testete bereits ihre Bereitschaft, das britische Pfund an andere Währungen zu binden. Sie stimmte dem Beitritt zum WKM zwar nach langen Diskussionen innerhalb der konservativen Partei 1990 zu, kompensierte diese Konzession aber kurze Zeit später mit einer flammenden europakritischen Rede gegen weitere Kompetenzen für das EU-Parlament, die Jacques Delors gefordert hatte. Ihre Rede im House of Commons gipfelte in einem dreifachen »No, no, no!«

So hart sie erst für den Binnenmarkt gekämpft hatte, so energisch lehnte sie es ab, die Folgen mitzutragen, als sich aus wirtschaftlichen Vorteilen politische Pflichten ergaben. An diesem Bruchpunkt mutierte sie von der Verfechterin einer Wirtschaftsunion zur Feindin des gesamten europäischen

Projekts. Thatcher ist in der Ablehnung der politischen Union nicht allein – für viele Briten kam dieser Punkt mit dem Maastricht-Vertrag 1992, der die Europäische Union als Verbund der Europäischen Nationen festlegte. Um ihren Nachfolger John Major zu ärgern, zettelte Baroness Thatcher im House of Lords eine Rebellion gegen den Maastricht-Vertrag an, der die konservative Regierung fast zu Fall brachte. 22 Tory-Rebellen stimmten gegen die eigene Regierung.

Thatcher war daher in gewissem Sinne die Vorreiterin der *Brexiters*. Mit vielen Engländern kreist die Diskussion immer wieder um Maastricht. Eine politische Union ist für sehr viele Briten einfach nicht vorstellbar. Das ist geografisch wie mental bedingt: »Margaret Thatcher war geistig im Jahr 1940 stecken geblieben«, meint etwa Timothy Garton Ash, Oxford-Professor für Europäische Studien im *Guardian*, »die Deutschen waren für sie schlecht, die Franzosen hatten aufgegeben, die Briten standen allein.«

Auch in Kontinentaleuropa gibt es viele EU-Skeptiker, doch die geografischen und geistigen Voraussetzungen sind andere. Aus der Europäischen Union tritt man nicht so leicht aus, wenn man mitten auf dem europäischen Kontinent zu Hause ist, wenn man Kriege, Besatzungen und Diktaturen ertragen hat. Da bietet es sich eher an, als Mitglied einen Reformprozess anzustrengen und mitzutragen. Wer jahrhundertelang Schlachtfeld war, hat eine größere Bereitschaft, mit den anderen Nationen einen Kompromiss über nationale Souveränität einzugehen als ein Inselvolk, das seine Küste seit tausend Jahren erfolgreich verteidigt hat.

KONSERVATIVE REVOLUTION II:
THERESA MAY

Als sie im Juli 2016 in die Downing Street einzog, brachte
Theresa May ihren eigenen Stil und Hofstaat mit. Ihr Chefideologe Nick Timothy hatte in einer Artikelserie für die
Plattform *ConservativeHome* im Frühling 2016 schon formuliert, was May als Regierungschefin propagieren sollte.
Provinzieller Konservatismus war das neue Credo. Vorbei
waren die Zeiten, als der auf der Eliteschule Eton College
erzogene *posh boy* David Cameron regierte. London stand
plötzlich nicht mehr im Zentrum, Großbritannien sollte
nicht mehr für den Finanzstandort City of London ausver-
kauft werden.

»Wenn jemand aus einer normalen Arbeiterfamilie stammt,
dann ist sein Leben viel härter als manche Leute in Westminster realisieren«, sagte sie bei ihrer Antrittsrede vor dem Re-
gierungssitz am 13. Juli 2016. Und auf dem Parteitag 2016 in
Birmingham meinte sie: »Wir sehen überall, wie unfair und
gespalten unsere Gesellschaft ist ... zwischen dem Reichtum
Londons und dem Rest des Landes.« Die Hinwendung zum
kleinen Mann an der Peripherie gipfelte in ihrem Ausruf:
»Wenn jemand glaubt, er sei ein Weltbürger, dann ist er in
Wirklichkeit nirgendwo zu Hause.«

Der Parteitagsrede im Herbst 2016 folgte ein Sturm der Empörung aufseiten des liberalen Establishments. Den überlebte
sie, weil das Land unter Brexit-Lähmung litt. Dann verspielte
Theresa May die Mehrheit der Tories mit unnötig vorgezogenen Neuwahlen im Frühling 2017. Sie hatte versucht, sich als
Premierministerin demokratisch legitimieren zu lassen, und
außerdem gehofft, die konservative Machtstellung im Un-
terhaus auszubauen. Stattdessen verloren die Konservativen

ihre Mehrheit und May musste ein Bündnis mit der nordirischen DUP eingehen. Seitdem ist die Premierministerin für jede Kleinigkeit auf die Zustimmung der rechtsreaktionären Partner in Belfast angewiesen.

Ihre eigenen politischen Positionen hat sie längst auf dem Altar des Regierungsamts geopfert. 2007 zum Beispiel hatte sie ein Pamphlet veröffentlicht, in dem sie parlamentarische Autorität über Regierungsverhandlungen mit der EU forderte. Heute versucht sie alles, um ihre Verhandlungspositionen für den Brexit nicht vom Parlament absegnen lassen zu müssen. Dass sie am Ende unter dem Druck von Rebellen aus allen Parteien einer »sinnvollen Abstimmung« im House of Commons zustimmen musste, ändert nichts daran, dass sie rücksichtslos versucht hatte, ihr eigenes Parlament in der wichtigsten Entscheidung seit dem Beitritt zur EU 1973 auszumanövrieren.

Von Mays Plänen für eine konservative Retro-Revolution ist nicht mehr viel zu erkennen. Kann der Brexit ihrer Klientel, dem niedrigen Mittelstand außerhalb Londons in den englischen Shires etwas bringen? Höchstens vielleicht die Illusion, in die gute alte Zeit zurückkehren zu können. In der Praxis hat sie die Anliegen der kleinen Engländer auf dem Land längst wieder der ureigenen Tory-Klientel geopfert: den britischen Industriellen. Diese wollen keinen harten Brexit, weil das für ihre Firmen zu kostspielig ist. Sie will in Brüssel einen weichen Brexit aushandeln.

Ob sie das am Ende schafft und in die Geschichte eingeht als jene, die die Brexitannia durch hohe See in ruhigere Gewässer steuern konnte? Am 29. März 2019 winkt, beflaggt mit Union Jacks, der EU-Austritt. Dem blicken nur noch die wirklich fanatischen Rechtsaußenpolitiker in der Tory-Partei so richtig fröhlich entgegen. Die einundsechzigjährige Regierungschefin selbst, von Monat zu Monat ausgezehrter, kämpft sich Schritt um Schritt voran. An beiden Beinen hängen ihre Kritiker von links wie rechts, die sie jeweils nach vorne oder zurück ziehen wollen. Schon das Zuschauen ist anstrengend.

OH LORD(S)!

Seit ihren Anfängen hatten sich die Tories als die Wächter der britischen Institutionen gesehen: der Monarchie, des Parlaments – bestehend aus dem House of Lords und dem House of Commons –, der Beamtenschaft. Diese Träger der britischen Gesellschaft waren über die Jahrhunderte entstanden und wurden von den konservativen Kräften in der Politik verteidigt.

Der Brexit hat auch hier die Gewissheiten erschüttert. Das mag ein Zeichen der Zeit sein – in Trumps Amerika ist ein ähnliches Phänomen zu beobachten: Die neuen Machthaber misstrauen den eigenen Institutionen und unterminieren sie in Aussagen und mit ihrer Politik. In England ist das in den Monaten nach dem Referendum ganz offensichtlich geworden. Besonders harsch ist der Bruch zwischen der Beamtenschaft und der Regierung, der sie dient. Im Januar 2018 hatte jemand aus dem Ministerium für den Austritt aus der EU eine interne Studie an das Internetmedium *BuzzFeed* weitergegeben, aus der hervorging, dass alle Brexit-Szenarien für Großbritannien teuer werden. Außer dem Verbleib im EU-Binnenmarkt. Steve Baker, der im Juli schließlich aus Protest gegen Mays Pläne als Brexit-Staatssekretär zurücktrat, beschuldigte daraufhin seine eigenen Civil Servants im Parlament, »noch nie eine korrekte Wirtschaftsprognose gegeben« zu haben. Nach Bakers ausfälligen Bemerkungen gegen die eigenen Beamten gab es einen Sturm der Entrüstung.

»Beamte dienen der Regierung, sie brauchen die Unterstützung der Regierung, egal wer die Regierung ist«, meinte Bob Kerslake im Interview mit dem *Guardian*. Das Narrativ der Austrittfans, höhere Beamte wie Oliver Robbins als »heimliche *Remainer*« zu verunglimpfen, erschwere deren Arbeit. Bob Kerslake wurde 2015 zum Peer ernannt, er sitzt nun lebenslang im House of Lords. Und zwar als unabhängiger Crossbencher. Es ist Lords wie ihm zuzuschreiben, dass aus dem staubigen Ausgedinge für adelige Opas und Omas in den letzten Jahren eine geradezu kämpferische obere Parlamentskammer geworden ist. Sie sind kämpferisch – aber haben die Gebissträger auch scharfe Zähne?

Anders als im House of Commons werden die Mitglieder des House of Lords nicht gewählt, sondern bestellt. Die obere Kammer des britischen Parlaments ist keine gesetzgebende Kammer, sie hat nur beratende Funktion. Von den heute 781 Lords erbten seit 1999 nur noch 92 ihren Titel und ihre Position – darunter sehr wenige Frauen, da der Erbtitel meist nur Söhnen vermacht wird. Die anderen Lords werden von der Queen auf Vorschlag der Parteichefs bestellt. Derzeit sind es 195 Konservative, 184 Labour Peers und 150 unabhängige Crossbencher.

Diese seltsame Truppe aus Privilegierten und Honoratioren ist eine nicht zu unterschätzende Kraft geworden. Die Lords haben der Regierung von Theresa May und der Labour-Party-Führung von Jeremy Corbyn bereits über ein Dutzend schwere Schläge verabreicht, indem sie für Abänderungen zum Rückzugsgesetz gestimmt haben, das den legislativen Prozess im Parlament zwar nicht fundamental verändern kann, aber doch verzögert hat. So stimmten die Lords Anfang Mai 2018 dafür, dass die Regierung die Option, im Binnenmarkt zu bleiben, auf dem Tisch lassen sollte.

Theresa May hat diese Option aber bereits sehr klar ausgeschlossen. Wer im Binnenmarkt ist, muss die Freizügigkeit der EU-Bürger akzeptieren. Die Beschränkung der EU-Immigration war einer der Hauptgründe des Brexit-Votums gewesen und ist es für viele bis heute. Als Labour seine Lords anwies, gegen den Abänderungsantrag der Liberaldemokraten zu stimmen, stellten sich 44 Prozent der Labour Peers gegen die eigene Führung. Diese Art von Rebellion ist für das sonst gesetzte obere Haus in den heiligen Hallen von Westminster Palace schon sehr, nun ja, unbritisch.

Das ist das Zeichen der Zeit: Selten waren die Briten so wenig britisch wie jetzt.

JACOB VS. NICKY

Die Haltung zur EU spaltet liberalkonservative Familien wie die Johnsons. 2015 konnte man noch gut miteinander in David Camerons Tory-Partei. Dieser verfolgte eine sozial progressive, businessfreundliche Politik. Heute sind Abendessen im Kreise der Familie Johnson vergleichsweise schwierig geworden: Der nun ehemalige Außenminister Boris Johnson profiliert sich als Schützer der nationalistischen Interessen der kleinen Engländer und britischen Imperialisten, während sich seine Schwester Rachel, sein Vater Stanley und sein Bruder Jo für den Verbleib in der EU ausgesprochen haben.

Über alldem steht mit Theresa May eine zutiefst ungeliebte Premierministerin der konservativen Partei und dem zerrissenen Land vor. Innerhalb der Partei profilieren sich neue Leute, weil sich die alten desavouiert haben. Die politische Debatte wird im Parlament viel stärker von den Hinterbänken geführt als früher – nicht nur weil dort seit seinem Rücktritt im Juli Boris Johnson sitzt. Wohl auch weil in EU-Fragen die Regierung und Oppositionsführung in sich uneins und unklar sind.

Jacob Rees-Mogg etwa hat seit dem Referendum eine Popularität unter Parteimitgliedern erreicht, die ihn selbst erstaunt. Bis 2016 galt der Tory-Abgeordnete als wunderliches Exemplar des altmodischen Engländers, der stets durch die Nase sprach, als hätten die feuchten Wände im familiären Landsitz in Somerset seine Schleimhäute nachhaltig gereizt. Dann kam der Brexit, das politische Chaos und plötzlich führte Rees-Mogg im September 2017 in Umfragen als möglicher nächster Tory-Chef. »Ich bin Hinterbänkler!«, wehrt er alle Fragen dazu mit einem Lachen ab: »Ich bin kein Kandidat für den Parteivorsitz.«

Als Jacob Rees-Mogg an einem Juninachmittag zu einem Gespräch in den Gängen des ehrwürdigen Westminster Palace erscheint, trägt er wie üblich einen Doppelreiher, dazu ein weißes Hemd mit breiten hellblauen Streifen und eine blaue Krawatte mit weißen Punkten. Ein berückend altmodisches englisches Original. Dabei sieht er sich selbst als Vorreiter einer neuen Moderne: »Europa ist die Vergangenheit! Ein rückwärtsgewandtes, protektionistisches Modell, das noch auf einem Wirtschaftsmodell aus dem 20. Jahrhundert beruht.«

Er sieht die Zukunft Britanniens in der Welt des freien Handels. In meiner unermüdlichen Suche nach positiven Folgen frage ich Britanniens härtesten *Brexiter*, welche Chancen er für sein Land sieht. »Wettbewerb wird uns stärker machen«, meint er: »Wir bieten gute Dienste im finanziellen wie im juristischen Sektor, auch Versicherungen, wir sind sehr gut in manchen Hightech-Bereichen, Biowissenschaften, medizinischen Neuheiten und in der Produktion.«

Am selben Tag noch verkündet Rolls-Royce, dass die Firma

4600 Angestellte entlassen wird, 3000 davon in den englischen Standorten, vor allem in Derby, zwei Zugstunden nördlich von London. Rolls-Royce ist ein gutes Beispiel für das, was auf Großbritannien zukommt. Die ehemals englische Automarke ist heute ein international verschränkter Hersteller von Triebwerken für Flugzeuge mit weltweit 55.000 Angestellten. Die 1904 in Manchester gegründete Firma produzierte ursprünglich die legendären Luxuskarossen von Rolls-Royce, ab 1911 mit der Kühlerfigur Spirit of Ecstasy als Markenzeichen. Seit 2000 werden die Rolls-Royce-Autos von einer Tochterfirma von BMW produziert. Rein englisch ist da gar nichts mehr.

Rees-Mogg ficht diese Nachricht nicht an. Er hat sich auf den Hinterbänken des Parlaments als mächtiger Rechtsaußen positioniert. Im Januar 2018 wurde er zum Vorsitzenden der European Research Group gewählt, einer einflussreichen, EU-feindlichen Gruppe innerhalb der konservativen Partei. Sie wurde 1993 gegründet, als sich die Euroskeptiker nach dem Maastricht-Vertrag gegen weitere Integrationspläne in der EU zu organisieren begannen.

Der ultrakonservative Engländer trägt den Scheitel immer noch tief sitzend genau dort, wo ihn einst seine Nanny gezogen hat. Die Kinderfrau spielt im Leben und in Interviews nach wie vor eine große Rolle: Auf Tauffotos von Sixtus, dem sechsten Kind der Rees-Moggs, aus dem Jahre 2017 steht Veronica Crook in der Mitte der Familie, den Täufling auf dem Arm. Sie hat bereits Jacob großgezogen. »Nannies wie sie«, hat Jacob einmal geschrieben, »sind Perlen großen Stolzes.« Er spricht sich mit Verve gegen Abtreibung auch im Falle von Vergewaltigung aus, die Schwulenehe ist für ihn des Teufels. Rees-Mogg ist Katholik, die kleine Minderheit zeichnet sich in England oft durch besonders konservative Haltungen im

Vergleich mit der anglikanischen Mehrheit aus, die in sozialen Fragen eher progressiv ist.

Weil in Zeiten des Brexits kaum ein Stein auf dem anderen bleibt, fordert nun ausgerechnet der erzkonservative Jacob Rees-Mogg die Reform der traditionellen oberen Kammer des Parlaments. Seit die Lords gegen die Regierung in Brexit-Fragen aufbegehren, überlegt der feurige EU-Feind, wie er sie in die Schranken weisen könnte: »Das House of Lords hat die Konventionen gebrochen und deshalb müssen diese jetzt formalisiert werden.« Die Lords seien schließlich nicht gewählt: »Eine Reform ist zu überlegen. Die Lords haben nur noch sehr wenig Unterstützung.«

Nicht einmal auf die Erzkonservativen kann sich verlassen, wer in Zeiten des Brexits auf den Erhalt der traditionellen britischen Strukturen gehofft hat. Dafür sind plötzlich die zentristischen Kräfte der konservativen Partei Fans der ehrwürdigen oberen Kammer.

»Es ist noch nie passiert, dass sich das House of Lords derart politisch profilierte«, freut sich Nicky Morgan über die aufmüpfigen Lords im Gespräch in kleiner Runde. Sie ist eine jener konservativen Politikerinnen, die sich in der EU-Frage gegen die eigene Regierung stellt. Ihre Rebellion im House of Commons ist von noch größerer Bedeutung als die Revolte der Lords. Nicky Morgan könnte das Zünglein an der Waage sein.

Nicky Morgan hat sich daran gewöhnen müssen, dass sie auf den Titelblättern der hetzerischen, antieuropäischen Boulevardpresse als »Verräterin« bezeichnet wird. Sie hat dafür gekämpft, dass das Parlament über den in Brüssel erreichten Deal abstimmen darf. Sie nimmt auch die ständigen Beschimpfungen von Parteimitgliedern via E-Mail relativ gelassen. Relativ. »Einen haben wir jetzt wegen Morddrohungen verklagt, der wird sich vor Gericht verantworten müssen.«

Ihre Energie scheint unerschöpflich. Die fünfundvierzigjährige Konservative sitzt seit 2010 als Abgeordnete für Loughborough im Norden Englands im Parlament, sie war unter David Cameron Frauenministerin, wurde aber von dessen Nachfolgerin Theresa May wieder auf die Hinterbänke geschickt – sie war zu proeuropäisch.

Morgan hat einen einflussreichen Job im Parlament. Sie sitzt dem Finanzausschuss vor. Sie kämpft im Westminster Palace um das, was Großbritannien bisher ausgemacht hat und was das Land Morgans Meinung nach wieder sein sollte: eine pragmatische, vernünftige Nation, die eher den Wahrheiten der Mitte zugeneigt ist. Sie sieht sich als klassische britische Konservative: businessfreundlich, aber sozial progressiv. Gemeinsam mit den Tory-Rebellinnen Anna Soubry und Sarah Wollaston könnte Morgan vor allem verstärkt dafür kämpfen, dass der Alte-Männer-Club nicht in den Händen der alten Engländer bleibt, sondern die neuen Engländerinnen verstärkt mit einbezieht.

Denn Nicky Morgan ist eigentlich keine Revolutionärin, sie ist bloß eine prinzipienfeste Parlamentarierin – das kommt in Zeiten der Krise für manche der Meuterei gleich. Nicky Morgan aber sagt klar, dass sie nicht prinzipiell den EU-Austritt verhindern will. Sie wird nicht gegen die eigene Regierung stimmen, wenn diese ein Abkommen in Brüssel aushandeln kann, das das Vereinigte Königreich möglichst nah an der EU hält.

Für die Zeit nach dem Brexit könnten die Tories die Reform des oberen Hauses vorantreiben und sich damit um die stärkere Demokratisierung ihrer Institutionen kümmern. Das ist eines der vielen Reformprojekte, die von den Konservativen betrieben werden sollten, wenn sie ihr Land auf einen neuen Kurs setzen wollen. Die Aufarbeitung der Geschichte des britischen Empires wird genauso wichtig sein wie ein Nachdenkprozess darüber, welche Position Großbritannien in Europa gerne haben möchte – bloße Ablehnung der EU wäre eine verschenkte Chance.

All diese Reformbestrebungen werden das soziale Klassensystem weiter aufweichen. Auch Jacob Rees-Moggs Kinder könnten davon profitieren zu erfahren, dass Privilegien nicht gottgegeben sind. Symbolisch für diese neue Zeit: Ende Juni 2018 wurde Sajid Javid, Sohn eines pakistanischen Busfahrers und selbst seit April 2018 Innenminister, erstmals von 22 Prozent der Befragten in einer Umfrage von der Plattform *ConservativeHome* als Wunschkandidat für die Nachfolge von Theresa May angegeben. Er verdrängte damit Jacob Rees-Mogg vom ersten Platz. Javid, Kind eines Einwanderers aus dem alten Empire, ist ein harter *Brexiter*. Sein Aufstieg ins Kabinett ist ihm aber so wichtig, dass er Theresa May Loyalität für ihren weichen Brexit geschworen hat.

Ein Zeichen dafür, dass es doch auch Momente der Einigkeit innerhalb der konservativen Partei gibt, kam allerdings auch im Juni während der Diskussion um die Withdrawal Bill im Parlament. Die politischen Opponenten Nicky Morgan und Jacob Rees-Mogg appellierten gemeinsam an die konservativen Abgeordneten, den internen Streit nicht über die Regierungschefin und ihr Bemühen um einen Deal zu stellen.

KAPITEL 6
ELITE AUF VERLORENEM POSTEN 2:
LABOUR HART LINKS

ROCKSTAR JEREMY CORBYN

»Wollen Sie vielleicht meine Pizza?«, fragte Jeremy Corbyn und legte seine Hand auf meine Schulter. Er war damals im September 2015 innerhalb von wenigen Wochen der Shooting Star der Labour Party geworden. Ein Friedensaktivist, stets um die Welt und ihre Nachhaltigkeit besorgt. Eine bestellte Pizza, die man aus Zeitgründen nicht mehr essen konnte, bot er selbstverständlich am Nebentisch an. Sein Team winkte und drängelte, aber Corbyn ließ sich Zeit, unterhielt sich noch ein wenig. »Ich muss in den Bus«, sagte er schließlich, »es geht weiter.«

In Chelmsford hatte er gerade eine elektrisierende Veranstaltung hinter sich gebracht. »Hinter sich gebracht« ist der falsche Ausdruck. Das Civic Theatre war zum Brechen voll gewesen. Viele alte Labour-Leute waren gekommen, um dem grauhaarigen Labour-Abgeordneten zuzuhören. Und erstaunlich viele junge Fans.

Chelmsford hat schon einiges erlebt und am Ende wenig davon gehabt. 1895 hatte hier, eine Stunde nordöstlich der Metropole London, Guglielmo Marconi das Radio erfunden. Die Firma Marconi stattete bald weit über England hinaus alles mit ihren Funksystemen aus. 1912 lief zum Beispiel die »Titanic« mit dem Radiofunk von Marconi zu ihrer ersten und letzten Fahrt aus. An diese Episode erinnert die offizielle Firmengeschichte nicht so gern. Doch gab es auch viele

Erfolgsgeschichten. 1922 half Marconi, die *BBC* zu gründen. Vor allem aber: Die Firma Marconi gab den Leuten lange Zeit verlässlich Arbeit. Bis 2008. Da sperrte die Fabrik zu.

Seitdem müssen die Chelmsforder eine Stunde nach London pendeln. Falls sie dort einen Job haben. Für viele ist das nicht der Fall. Allein deshalb sehen die Leute Corbyn als Hoffnung. Denn der neunundsechzigjährige Mann ist ein Politiker zum Anfassen. Er steigt nach seinen Auftritten gerne in den Saal, er genießt das Bad in der Menge. Mitten im Getümmel steht er dann, neigt seinen Kopf und hört zu.

So sieht die Hoffnung der europäischen Sozialdemokratie aus: Ein knapp siebzigjähriger Vintage-Sozialist mit Stoppelbart und einer Stimme, die stets Verständnis und Gelassenheit vermitteln will. Seit seiner Wahl zum Labour-Chef hat Corbyn die Mitgliederzahl seiner Partei von 200.000 auf 570.000 mehr als verdoppelt. Die Labour Party ist heute die größte Partei Westeuropas. Was fasziniert die Menschen an diesem älteren Herrn? »Jeremy Corbyn ist authentisch«, ruft seine Schattenaußenministerin Emily Thornberry bei einem Gespräch in kleiner Runde voller Enthusiasmus: »Und dadurch werden wir es auch.«

Im Zeitalter des Populismus hat die Authentizität neue Dringlichkeit bekommen. Das Anti-EU-Votum, ein Paradefall für populistische Falschinformation mit unvorhergesehen schwerwiegenden Folgen, hat das Bedürfnis verstärkt, sich zwischen Komplexität und Chaos zurechtzufinden. Corbyn erscheint vielen wie ein Fels in der Brandung. Sein Wahlkampfslogan »Für die vielen, nicht die wenigen« ist für jene, die fürchten, in einem neoliberalen Meer zu ertrinken, zu einem Rettungsanker geworden.

»For the many not the few« stammt aus dem Gedicht »Die Maske der Anarchie« von Percy Bysshe Shelley aus dem Jahr 1819. Seit Shelley diese Verse geschrieben hat, sind in England vom Marxismus bis zum Corbynismus viele verschiedene Varianten des Sozialismus erdacht und ausprobiert worden. Mit mehr oder weniger Erfolg.

England war das frühreife Kind in der Familie der Nationen. Der Kapitalismus wurde hier im 17. Jahrhundert entwickelt, die bürgerliche Revolution von 1642 bis 1651 setzte kurzfristig sogar die Monarchie außer Kraft, die Bürgerrechte wurden hier erfunden und mit der Bill of Rights 1689 eingesetzt. Das britische Empire verhalf der industriellen Revolution zwischen 1760 und 1840 zum Durchbruch und dies wiederum führte zur Entwicklung des städtischen Proletariats. Die rechtlosen Arbeiter brauchten eine Vertretung gegenüber den Arbeitgebern – so entstanden die Gewerkschaften. Der Aufstieg des Kapitalismus rief nach einer sozialistischen Antwort.

Kein Wunder, dass Karl Marx nach London kam, um hier seine politische Theorie zu entwickeln. Am 29. November 1847, auf Besuch in London, wurde Marx von der Kommunistischen Liga in einem Londoner Pub beauftragt, das »Kommunistische Manifest« zu schreiben. Im ersten Stock hatten Karl Marx und Friedrich Engels die treuen Kommunisten um sich versammelt. Der »Red Lion« in der Great Windmill Street in Soho ist heute eine Cocktailbar mit dem geheimnisvollen Namen »Be at One«.

An der Straßenecke davor steht Heiko Koo, ein deutsch-chinesischer Brite und Marxist, der eine Walking Tour durch Karl Marx' Soho anbietet. »Als das ›Kommunistische Manifest‹ am 24. Februar 1848 auf Deutsch in London publiziert wurde, breitete sich über ganz Europa gerade die Revolution aus«, erzählt der vierundfünfzigjährige Koo: »Das war Zufall.«

Der deutsche Denker kam 1849 nicht etwa deshalb hierher, weil die revolutionären Massen nach ihm gerufen hatten. Der radikale Theoretiker hatte keine Wahl, er durfte weder in Köln noch in Paris bleiben. Europa brodelte vor revolutionärer und reaktionärer Energie, den Störenfried Marx wollte man weder in Deutschland noch Frankreich haben. »In England aber herrschte das mächtigste kapitalistische Regime der Welt«, erklärt Koo, »die Engländer hatten keine Angst vor ihm.«

London war ein hartes Pflaster für den sozialistischen Denker. Marx' Englisch war anfangs zu schlecht, um mit Artikeln Geld zu verdienen. Die Familie Marx lebte in bitterer Armut. Unterstützt von Friedrich Engels, versuchte Marx die kommunistische Bewegung zusammenzuhalten, was ihm eher schlecht als recht gelang. Immerhin schrieb und publizierte er 1867 sein Hauptwerk »Das Kapital« in London. Das Echo war in England nicht besonders groß.

Vierzig Jahre seines Lebens war Marx in England tätig. »Obwohl ihm in Britannien nicht viele gefolgt sind«, schreibt der Historiker Eric Hobsbawm, »starb er nicht als Versager. Innerhalb von 25 Jahren bekamen seine politischen Erben im kontinentalen Europa 15 bis 47 Prozent bei demokratischen Wahlen.« In Russland erzwangen die Bolschewiken 1917 die Revolution. »Da er die Kapazität hatte, die sozialen Kräfte zu mobilisieren«, analysiert Hobsbawm, »ist der Marxismus eine zentrale, in manchen Perioden entscheidende Präsenz in der Geschichte des 20. Jahrhunderts geworden.«

Karl Marx hat zwar in Großbritannien recht wenig Erfolg, doch die Engländer halten die Erinnerung an den Gründer des Marxismus trotzdem in Ehren. Sein Grab am Highgate-

Friedhof, ein recht imposanter Marmorblock mit Büste, die ihn mit dem Rauschebart der späten Jahre zeigt, wurde 1956 enthüllt. »Proletarier aller Länder, vereinigt euch«, steht in goldenen Lettern darauf. Auf dem Grabstein liegen frische Blumen.

Doch nicht nur alte Marxisten aus aller Welt pilgern hierher. Heiko Koo erzählt, dass er bei den Schulklassen, die er führt, klare Unterschiede ausmachen kann: »Die weißen Jugendlichen interessiert eher die Geschichte der Arbeiterklasse, die Nicht-Weißen aber gehen an Marx über die Kritik am Imperialismus heran.« Heute wollen auch die größten Kapitalisten etwas von Marx wissen. Koo hat den Chef der Shanghaier Börse auf den Spuren von Karl Marx durch Soho geführt. Und die Banker von Goldman Sachs waren auch schon mal dabei. Demnächst organisiert Koo einen Polterabend à la Marx für einen Bräutigam, der im Parlament bei Labour arbeitet.

Marx zieht wieder. Nicht nur bei den Anhängern von Corbyn. Das neueste Theater von London, das Bridge Theatre am Südufer der Themse, wurde im Herbst 2017 mit der Komödie »Young Marx« eröffnet. Rory Kinnear übernahm die Titelrolle, er ist in England ein Bühnenstar erster Güte. Das Stück von Richard Bean und Clive Coleman versammelte das kreative Hitteam des derzeitigen Londoner Theaterlebens. Die neue Spielstätte ist ein Projekt zweier ehemaliger Direktoren des National Theatre. Marx würde sich wohl im Grab umdrehen, wenn er von seinem späten Erfolg wüsste: Das Bridge Theatre ist als kommerzielle Bühne konzipiert worden. Und »Young Marx« wurde die ökonomisch äußerst erfolgreiche Premiere.

Marx war für die Engländer wohl zu radikal. Nach der frühen bürgerlichen Revolution und kurzfristigen Absetzung der Monarchen bekannte sich Britannien stets zu einer demokratisch ausgeprägten Monarchie. Das Parlament hat seit dem 17. Jahrhundert echtes Gewicht. Es dauerte aber mehr als zwei Jahrhunderte, bis nicht mehr die Adeligen den Ton angaben und organisierte gewählte Vertreter, auch der Arbeiterklasse, ins House of Commons einzogen.

SUFFRAGETTEN BEKOMMEN EINEN PLATZ

Da es schon früh männliche Abgeordnete gab, war es für die Frauen besonders schwierig, überhaupt gehört zu werden. Den Männern schien das Frauenwahlrecht für den Klassenkampf nicht entscheidend. Erst der harte, existenzgefährdende, teils lebensgefährliche Kampf der englischen Suffragetten führte zum Erfolg. Der Representation of the People Act 1918 wurde am 6. Februar 1918 verabschiedet. Das Gesetz gestand allen Männer ab 21 und allen Frauen ab 30 Jahren das Wahlrecht zu.

Zum Andenken an diesen Meilenstein wurde zum hundertsten Gedenkjahr im April 2018 einer Suffragette ein Denkmal auf dem Parlamentsplatz vor dem Westminster Palace gesetzt. Genau genommen: einer Suffragistin. Millicent Fawcett gehörte zum moderaten Teil der Frauenbewegung. Die Suffragistinnen sprachen sich gegen Gewalt aus und bei ihnen waren im Unterschied zu den Suffragetten Männer erlaubt. In Bronze gegossen wurde Fawcett von der Künstlerin Gillian Wearing, die erste Frau, die einen Auftrag für eine Arbeit auf dem Parlamentsplatz vor dem Westminster Palace erhalten hat.

Die Statue der Millicent Fawcett hält ein Transparent in Händen, auf dem der Slogan »Courage calls to courage everywhere« (etwa: Courage zieht Courage nach sich) steht. Es sieht zwar ein bisschen aus wie ein Geschirrtuch und die Statue selbst wirkt neben jener des alles überschattenden Winston Churchill wie eine Miniatur. Fawcetts Transparent aber bringt Tragödie und Triumph der Suffragettenbewegung auf den Punkt. Den Slogan prägte Fawcett, nachdem die Suffragette Emily Davidson bei einem Derby vor das Pferd von König George V gesprungen und zu Tode getrampelt worden war.

Damit waren die Briten auch in der Frage der Entwicklung der Bürgerinnenrechte Vorreiter. In Deutschland bekamen Frauen im November 1918 das Wahlrecht. Etwas länger dauerte es in Frankreich – dort waren Frauen zwar kurzfristig während der Französischen Revolution gleichgestellt gewesen, dann aber schafften es die Gesetzgeber erst 1945, Frauen an die Wahlurnen zu lassen. Ganz zu schweigen vom Schweizer Kanton Appenzell Innerrhoden. Die Eidgenossen mussten 1990 vom Bundesgericht gezwungen werden, ihren Frauen endlich Wahlzettel in die Hand zu drücken. In Saudi-Arabien schleppt sich die Reformbewegung immer noch dahin. Frauen dürfen seit 2015 wählen – allerdings nur bei Wahlen auf Kommunalebene.

#stillmarching heißt deshalb die Losung der britischen Feministinnen um Emmeline Pankhursts Urenkelin Helen: »Die Suffragetten haben viel geschafft, aber es bleibt auf der ganzen Welt noch einiges zu tun«, meint die Autorin, deren Buch »Deeds not Words« (Taten, nicht Worte) die weltweite Geschichte des Feminismus nachzeichnet.

Im Vereinigten Königreich sitzt seit 64 Jahren mit Queen Elizabeth II eine Frau auf dem Thron. In 10 Downing Street residiert mit Theresa May eine konservative, feministische Frau. Gleichzeitig ist es möglich, wie die *Financial Times* Ende Januar 2018 aufdeckte, dass es seit 33 Jahren ein jährliches Charity-Dinner des Presidents Club gab, bei dem nur Männer als Gäste zugelassen waren, die knapp bekleidete Hostessen begrapschen durften: »Willkommen zu der politisch unkorrektesten Veranstaltung des Jahres«, habe der Moderator des Abends begeistert in den Ballsaal des feinen Dorchester Hotels gerufen. Nach dem Bericht in der *Financial Times* wurde der Wohltätigkeitsverein geschlossen.

In Großbritannien sind Rechte für Frauen zwar früh erkämpft worden, gleichzeitig haben sich konservative Traditionen wie jene der Männerclubs länger erhalten als anderswo. Dies ist eine Wahrheit über Britannien, die auch für den Brexit relevant ist: Die Zugeständnisse an die Moderne wurden nicht von allen getragen. Für Helen Pankhurst ist Feminismus 2018 deshalb eine selbstverständliche Notwendigkeit. »Nicht die ganze Gesellschaft bewegt sich immer zur gleichen Zeit in eine progressive Richtung.«

VON ATTLEE ZU CORBYN

Aus der sozialistischen Bewegung, die infolge der Industrialisierung im urbanen Proletariat entstanden war, kristallisierte sich 1906 die Labour Party heraus. Kommunistische und sozialistische Abspaltungen gab es immer wieder. Doch Labour ist bis heute die relevanteste Partei der Linken geblieben. Innerhalb der Partei sammelten sich Sozialisten und Sozialdemokraten, die instinktiv Labour als Sammelbecken linker Strömungen verstanden.

Clement Attlee, Labour-Premier von 1945 bis 1951 und Chef der Partei von 1935 bis 1955, setzte das enorme Projekt des NHS durch, des National Health Service. Sein Biograf John Bew beschreibt in »Citizen Clem«, wie Attlee nach dem

Zweiten Weltkrieg Winston Churchill geschlagen und soziale Gerechtigkeit ins Zentrum seiner Politik gestellt hatte. »In dieser Hinsicht sind sich Attlee und Corbyn ähnlich«, meint Bew: »Besteuern und ausgeben mit einem großen, großzügigen Sozialstaat – das sind alles Attlee-Konzepte aus dem Jahr 1945.« Attlee verstaatlichte ganze Industriezweige und glaubte fest an die Notwendigkeit von Regierungsintervention in der Wirtschaft. Wo Attlee und Corbyn sich unterscheiden, glaubt Bew, ist »der Patriotismus. Attlee hatte im Ersten Weltkrieg gekämpft, es war ein wichtiger Pfeiler seiner Identität.« Stolz auf eine militärische Karriere wäre bei Corbyn undenkbar.

Es gibt noch einen anderen gravierenden Unterschied. Die Labour Party war in den meisten Jahren ihrer Existenz eine, wie man in England sagt, *broad church*, eine große Kirche. Der Begriff stammt von den Anglikanern, deren Theologen sich im 17. Jahrhundert gegen eine puritanische Doktrin ausgesprochen hatten. Heute wird der Begriff gerne für säkulare Parteien verwendet und besonders gerne für die Labour Party. Unter Harold Wilson, der die moderate sozialdemokratische Politik der sechziger und siebziger Jahre prägte, gab es immer auch noch linkere Gruppen und Intellektuelle, die in der Partei mitunter gehörigen Einfluss hatten.

Da war Tony Benn, der legendäre und charismatische Linksaußen der Partei, der von 1950 bis 2001 im Parlament saß. Benn stammte aus einer liberalen Familie, er durchlief das private elitäre Bildungssystem mit Westminster School und Oxford. Unter Wilson und James Callaghan war Benn Minister. In den achtziger Jahren galt er als Vertreter des demokratischen Sozialismus. Im Laufe seines langen politischen Lebens begeisterte Tony Benn mehrere Generationen von jungen Linken für die Politik.

Einer davon war sein Sohn Hilary. Der heute vierundsechzigjährige Labour-Politiker ist im Vergleich zu seinem Vater ein moderater Mann. Kurzfristig saß er zwar als Außenminister in Jeremy Corbyns Schattenkabinett, brach aber bald mit ihm. Seit September 2016 leitet Benn den Parlamentsausschuss für den EU-Austritt. Hilary Benn hatte sich für den Verbleib in der Europäischen Union starkgemacht. Und sein Vater, was hätte der 2014 verstorbene Gentleman-Linke zum Brexit gesagt? »Oh, er hätte ihn unterstützt, keine Frage!«, meint Hilary Benn mit einem leichten Lächeln.

Ein anderer politischer Zögling Tony Benns ist Jon Lansman. Lansman, ein leidenschaftlicher politischer Denker und Aktivist, stammt aus einer ultraorthodoxen jüdischen Familie. Als Jugendlicher volontierte er in einem Kibbuz, dort gefiel ihm der radikal gelebte Sozialismus. Corbyn lernte er früh kennen, die beiden verbindet heute ein jahrzehntelanger gemeinsamer Kampf für die Rückkehr des Sozialismus in die politische Arena Großbritanniens. Die längste Zeit schien dieser Kampf völlig aussichtslos zu sein.

Denn in England fand der reale Sozialismus nur im Kopf Tony Benns statt. Jon Lansman leitete 1988 Benns Kampagne, als es um die Führung der Labour Party ging. Benn verlor gegen Neil Kinnock. Doch schon damals erkannten Mitstreiter, dass Lansman durchaus bereit war, die *broad church* Labour Party in eine kleine Kapelle zu verwandeln, sollte dies nötig sein, um die Partei nach links zu ziehen. Jon Lansman selbst bestreitet dies heftig. »Ich will eine breite Basis und die haben wir heute. Die Labour Party unter Jeremy Corbyn ist in gutem Einvernehmen mit den Gewerkschaften.« Die moderate Fraktion habe immer nur einen kleinen Teil der Linken repräsentiert.

Labour blieb jedenfalls auf Jahre fest im Griff der moderaten Fraktion. Auf Kinnock folgte Tony Blair. Der charismatische Vertreter des »Dritten Weges« nahm das Land im Sturm. Als jüngster Premierminister seit 200 Jahren gewann der dreiundvierzigjährige Blair 1997 für die Labour Party die Wahlen. Der energische Zentrist zeigte damals mit New Labour einen dritten Weg zwischen Sozialismus und Kapitalismus auf. Blair wurde zum internationalen Trendsetter für die westeuropäische Sozialdemokratie, die sich seit dem Fall der Berliner Mauer und dem Ende des Sowjetkommunismus neu orientieren und positionieren musste. Cool Britannia, ihre Musik, Kunst, Design, Mode und Politik wurden Kult. Auch auf dem europäischen Kontinent.

Einer von Blairs engen Verbündeten war Gerhard Schröder in Deutschland. Beide sahen die Zukunft ihrer Länder fest verankert in der Europäischen Union. Eine ähnliche Allianz gab es später nicht mehr. David Cameron und Angela Merkel standen einander politisch nicht so nahe, der Brite war um einiges ultrakapitalistischer und europaskeptischer als die deutsche Kanzlerin. Auch wenn Blair nicht alle europäischen Ideen mitgetragen hat – den Euro zum Beispiel lehnten die Briten ab –, so hätte es unter ihm kein Referendum über den Austritt gegeben.

ENDE DES DRITTEN WEGES

Die internationale Finanzkrise 2008, der Sieg der konservativen Tory-Partei 2010 und die darauffolgenden Jahre harter Sparpolitik beendeten den Dritten Weg. Sie bereiteten den Boden für die Polarisierung in der EU-Frage. Und für die jetzige hart linke Erfolgswelle, meint Labour-Abgeordneter Clive Lewis: »Jeremy Corbyn und die alte Linke präsentieren eine glaubwürdige Alternative, nicht nur zu den Tories. Auch zu den blairistischen Zombies.« Unter Corbyn-Loyalisten gilt der zentristische Kurs von New Labour unter Tony Blair von 1997 bis 2007 als das größte Vergehen der gesamten sozialistischen Geschichte. Unter Blair ist Thatchers Kurs der Liberalisierung des Finanzsektors nicht zurückgenommen worden.

Nach seinem Abtritt als Premierminister 2007 betrieb Blair außerdem eine lukrative Karriere als politischer Berater. Man fand den Ex-Premier in Büros im Schatten der US-Botschaft im edlen Mayfair. Doch jetzt hat es ihn ins trendige Fitzrovia gezogen. Dort reihen sich Fahrradshops an Boutiquebistros und auf der Straße gehen Menschen aller Hautfarben und Herkünfte ihrer Wege. Von hier aus will Tony Blair den Brexit verhindern, das politische Zentrum erneuern und mit einem Institute for Global Change dazu beitragen, dass »die Globalisierung nicht nur für wenige, sondern für viele ein Gewinn ist«.

Mit diesem Slogan sucht er Anschluss an seine alte Labour Party, die Jeremy Corbyn heute unter seinem Motto »Für die vielen, nicht die wenigen« in eine radikale, sozialistische Zukunft führen will.

Es ist dabei eine interessante Fußnote der Labour-Geschichte, dass Tony Blair den Slogan »Für die vielen, nicht die wenigen« auch selbst schon verwendet hatte. Allerdings in die umgekehrte Richtung, als er 1995 Clause IV der Labour-Party-Verfassung modernisierte. Blair ersetzte die Worte »öffentlicher Besitz der Produktionsmittel«, die seit 1918 das Bekenntnis zum Sozialismus ausgemacht hatten, durch die Formulierung »Macht, Vermögen und Möglichkeiten liegen … in den Händen von vielen, nicht wenigen«.

Die Corbynmania ist zwar aus einem historischen Irrtum heraus entstanden – ein paar Abgeordnete wollten Schwung in die Chefwahl bringen und nominierten den nach allgemeinem Ermessen völlig unwählbaren Kauz Jeremy Corbyn, um die Zentristen zu ärgern. Doch inzwischen hat Corbyn sich fest etabliert. Mit strategisch unbezahlbarer wichtiger Hilfe von seinem alten Kumpel Jon Lansman.

Dieser war jahrelang von der politischen Bühne verschwunden gewesen, als er mit Corbyns Wahl 2015 plötzlich wieder mit beiden Beinen auf die Bühne gesprungen kam. Er nützte das Potenzial der Begeisterung, das junge Leute für den Vintage-Sozialisten empfanden und gründete Momentum.

Heute ist der sechzigjährige Momentum-Chef in einer recht mächtigen Position. Trotz seines fortgeschrittenen Alters leitet Lansman das Sammelbecken der jungen Corbynistas, die vom neuen Parteichef hellauf begeistert sind und bei seinen Veranstaltungen aus voller Kehle »Oh, Jeremy Corbyn« singen. Bei Momentum heuerten viele junge Leute an, die Lansman vor Wahlen in Gruppen im Land herumschickte. Sie wahlkämpften dort, wo ein Labour-Kandidat gute Chancen hatte, einen Tory zu besiegen. Sie stützten jene, die selbst um ihren Sitz kämpfen mussten.

Bei den vorgezogenen Parlamentswahlen 2017 jagte Corbyn mit Momentums unerbittlicher Hilfe Theresa May sogar die sicher geglaubte absolute Mehrheit ab. Das lag zwar mindestens so sehr an der Tory-Chefin selbst, die nur mangelhaftes Talent zur Wahlkämpferin zeigte, aber dennoch: Corbyn zog. Wie ein Rockstar wurde der leidenschaftliche Wahlkämpfer begrüßt, wenn er durch die Lande zog.

»Hoffnung ist ein großartiger Energieträger«, erzählt Lansman über einem indischen Frühstück, das er in aller Ruhe und mit großem Genuss zu sich nimmt: »Wir haben Hunderttausende neue Mitglieder, die gehen zu den Menschen und sprechen mit ihnen über die Gartenzäune und auf ihren Arbeitsplätzen.« Der rundliche Mann mit dem weißen Bart, der sich eine breite Krawatte in wilden Farben umgebunden hat, wirkt wie ein gemütlicher Großvater und nicht wie das operative Hirn einer hart linken Revolutionsmaschine.

»Alle wollen wissen, was unser Trick ist«, meint er, »damit sie ihre Politik beibehalten können.« Das aber sei genau der Punkt: »Es gibt keinen Trick. Man muss die richtige Politik machen.« Die Labour Party ist viel weiter nach links gerückt, als das jemand im konservativen Großbritannien für möglich gehalten hatte.

Im Januar 2018 errang der Momentum-Chef einen Sitz im National Executive Committee, dem Zentralorgan der Labour Party. Gemeinsam mit zwei anderen Vertretern der harten Linken. Sofort tweetete Paul Mason, Journalist und inoffizieller Chefideologe der Corbynistas: »Lasst uns die Auswahl jedes einzelnen Abgeordneten verbindlich durchsetzen.« Im House of Commons sitzen immer noch viele Labour-Abgeordnete, die in innerparteilicher Opposition zu Corbyn stehen. Ihnen droht mit der neuen Zusammensetzung des NEC die Absetzung. »Das ist doch keine Säuberung, das ist Demokratie«, meint Schattenministerin Emily Thornberry bestimmt. Die Corbyn-Loyalistin hat kein Problem damit, die Zentristen möglichst schnell loszuwerden.

Inhaltlich sei Labour gar nicht besonders weit nach links gerückt, behauptet Thornberry: »Es ist Britannien, das nach rechts gerückt ist. Unser Programm ist nicht wesentlich radikaler als die durchschnittliche europäische Sozialdemokratie.« Die Steuersätze in Großbritannien sind in der Tat bisher eher gering: Die Körperschaftssteuer liegt bei zwanzig Prozent, die Einkommenssteuer für die Reichsten, die über hundertfünfzigtausend Pfund im Jahr verdienen, bei fünfundvierzig Prozent. Regiert Labour, sollen die fünf Prozent Topverdiener mehr Steuern zahlen – in Österreich, bis 2017 von einer sozialdemokratisch geführten Koalition regiert, liegt dieser Steuersatz bei fünfzig Prozent.

Die Renationalisierung der Bahn fände Thornberry ganz normal: »Warum soll die Deutsche Bahn unsere Züge besitzen?« In der Tat ist die Deutsche Bahn Eigentümerin mehrerer Regionalnetze in Großbritannien. Inhaltlich beschäftigt sich Corbyns Labour Party meist mit innerbritischen Belangen. Gesundheitssystem, soziale Absicherung, Immigration. Was eben so am Feierabend im Pub diskutiert wird.

Die Art und Weise, wie Corbyn und John McDonnell die Partei führen, hat einen restriktiven Beigeschmack. Die meisten Moderaten in der Partei sprechen seit Corbyns Bestätigung als Parteivorsitzender nicht mehr so gerne über die Zustände in der Partei. Sie zittern um ihre Sitze, weil die Momentum-Aktivisten gezielt die »Blair-Zombies« unterminieren. Die hart linken Corbyn-Fans besetzen von den Gemeinderäten bis ins Schattenkabinett mehr und mehr Positionen. Das ist nicht undemokratisch, aber engstirnig.

Ob er nicht manchmal Angst hat, dass die Revolution ihn am Ende frisst? Jon Lansman – mit 60 Jahren nicht der Älteste der Corbynistas, das ist Corbyn mit 69 Jahren selbst – gibt sich nachdenklich: »Ich scheine viele Feinde zu haben. Aber ich mache mir um mich selbst keine großen Sorgen. Ich glaube, das Wichtigste sind unsere Inhalte und die bleiben auf lange Zeit aktuell.« Und dann erklärt er, warum er wie ein Großvater wirkt: Weil er einer ist. Als seine Frau vor zwanzig Jahren an Krebs starb, hängte er seine politische Karriere erst einmal an den Nagel und zog seine Kinder groß. Auf seinem Telefon hat er als Lockscreen nicht das Konterfei von Jeremy Corbyn, sondern einen seiner kleinen Enkel.

BREXIT À LA CORBYNISTA

Später, wenn die Kinder fragen werden: »Opa, wo warst du eigentlich, als Britannien den Brexit wählte?«, da wird Jeremy Corbyn vermutlich schweigen. Selbst ein eingefleischter EU-Skeptiker, sieht er es nicht ungern, dass sein Land der EU den Rücken kehrt. Schon im ersten Referendum 1975 stimmte er dafür, die Europäische Wirtschaftsgemeinschaft EWG, wie die EU damals hieß, zu verlassen. Corbyn war auch 1993 gegen den Vertrag von Maastricht, der die EU begründete. Er stimmte in mehreren Abstimmungen gegen den Vertrag von Lissabon. Und 2011 stimmte er für ein Referendum über Britanniens EU-Mitgliedschaft.

Statt eindeutig proeuropäische Opposition gegen die Brexit-Politik der konservativen Regierung zu betreiben, versucht Corbyn das Thema zu umgehen, wann immer er kann. Corbyn und sein Schattenfinanzminister John McDonnell haben der Partei Brexit light verordnet. Offiziell fordert Labour, dass Großbritannien in der Zollunion bleiben soll. Ironischerweise um die britische Industrie und das Volk vor den Folgen des EU-Austritts zu schützen.

»Wir hatten ein Referendum. Wir müssen austreten. Aber nicht sehr weit weggehen«, meint dazu Corbyns loyale Schattenaußenministerin Emily Thornberry. »Wir werden die nächsten Wahlen gewinnen«, gibt sie sich überzeugt, »und dann bei der EU anklopfen und sagen: Wir kommen als Freunde und wir wollen eine neue Beziehung mit euch eingehen. Es muss etwas Eigenes sein, nicht das, was Norwegen vor zwanzig Jahren bekommen hat.«

Es scheint eine vergebene Chance zu sein, wenn die einzig ernst zu nehmende Opposition im Parlament die Regierung beim entscheidenden Thema dieser Legislaturperiode nicht herausfordert und im Prinzip die gleiche Politik wie die Regierung vertritt. Brexit-Schattenminister Keir Starmer meint vorsichtig: »Wir sind zwar in Opposition zur Regierung, aber es ist im Interesse des Landes, dass die Verhandlungen mit Brüssel für unser Land ein Erfolg werden.«

Vor allem die alten Abgehängten und die jungen Radikalen träumen lieber von einer sozialistischen Renaissance in England als sich mit einer kapitalistischen und bürokratischen EU abzufinden, die an Demokratiedefizit leidet. Als die Momentum-Bewegung sich im Frühling daranmachte, konservative Bastionen in London zu erobern, stellte sich der maue Brexit-Kurs bei den generell proeuropäischen Londonern allerdings als echtes Problem heraus.

»Good morning«, sagte Luke Francis, Labour-Kandidat für die Londoner Gemeinderatswahlen: »Ich wollte Sie gerne fragen, was Sie in Ihrem Bezirk verbessern möchten.« Vor ihm stand eine freundliche Dame, die ihn mit neugierigen Augen musterte. Die Tür blieb offen. »Verbessern? Oh, da gibt es viel«, sagte Susan Charlton, Hausbesitzerin im Süden der Royal Borough of Kensington and Chelsea, einer der reichsten Ecken Londons – und begann ein lebhaftes Gespräch mit Francis, der selbst im ärmlichen Norden des Bezirks wohnt.

»Ich habe an sich die Nase voll von allen Parteien«, gab Charlton, die schon lange am eleganten Selwood Place lebt, freimütig zu. Ein guter Anlass für Francis, über das Labour-Versprechen zu reden, die Gemeindeabgaben nicht zu erhöhen.

Am Ende des Gesprächs war Susan nahe dran, den Labour-Mann in das Pub an der Ecke einzuladen: »Es ist der beste Treffpunkt im Bezirk.« Tatsächlich war der Biergarten des »Anglesea Arms« an diesem warmen Aprilsamstag gut gefüllt mit Gästen. Doch Luke zog weiter. Für die Labour-Wahlkämpfer machte die Frühlingssonne den Job ein wenig einfacher, die Engländer aus ihren Häusern zu locken.

South Kensington ist tiefblau, also konservativ. North Kensington, wo im vergangenen Juni die Brandkatastrophe im Grenfell Tower 72 Bewohner das Leben gekostet hat, ist eindeutig ein rotes Viertel. Bei den Unterhauswahlen 2017 ist der gesamte Wahlkreis an Labour gefallen. Diesen Schwung wollte Momentum auch auf kommunaler Ebene nutzen.

»Seid ihr bereit, London zu erobern?«, fragte der Journalist Owen Jones, der Hauptagitator der Corbyn-Revolution, in den vollen Saal der Millbank Academy hinter dem Museum Tate Britain. In der Schule fand ein Wahlkampftraining der Momentum-Bewegung statt. Die zukünftigen Bezirksräte lernten hier, wie man richtig Wähler wirbt. »Am wichtigsten ist: Zuhören«, sagte eine weißhaarige Aktivistin, die den Nachwuchs trainiert. »Wir fordern soziale Gerechtigkeit«, rief Jones vorne ins Mikrofon. Der Saal tobte und der junge Mann sprang gleich darauf, nur sehr leicht bekleidet in Shorts und T-Shirt, mit einem Pulk von Gleichgesinnten die Straße hinunter, um das tief konservative Westminster von einer radikalen, sozialistischen Regierung zu überzeugen.

Nur kurz hielt er an, um sich mit mir über die weniger lustigen Themen zu unterhalten, die der Revolution in die Quere kommen könnten: den Brexit zum Beispiel. Bei Kommunalwahlen durften auch die hier residierenden EU-Bürger abstimmen – aber für wen? Für die harten EU-Feinde in der Tory-Regierung oder für Corbyn, der selbst EU-Kritiker ist? Die Labour Party ist in der EU-Frage zwischen den alten Skeptikern in der Führung und den jungen Proeuropäern gespalten. Owen Jones gab sich diplomatisch zugeknöpft: »Der EU-Austritt wird eigentlich nur von den EU-Bürgern thematisiert.«

Noch schwieriger für die Labour-Leute war im Londoner Wahlkampf eine Frage, die für moderne europäische Parteien eigentlich keine Rolle spielen dürfte: der Antisemitismus in den eigenen Reihen. Seit Corbyns Wahl und dem Ruck nach links macht Labour immer wieder mit antisemitischen Skandalen Schlagzeilen. Ob Londons Altbürgermeister Ken Livingstone behauptet, »auch Hitler ist Zionist gewesen« oder Momentum-Vizechefin Jackie Walker dazu aufruft, den »Holocaust-Erinnerungstag für alle zu öffnen, die einen Holocaust erlebt haben« – es kommt zu Suspendierungen und Ausschlüssen aus der Partei und Corbyn sagt dann: »Der Antisemitismus wird ausgemerzt.« Die antisemitischen Ausfälle nehmen aber eher zu als ab.

Inzwischen trifft es auch den Chef von Momentum: »Ich bin Jude und erlebe Antisemitismus oft genug selbst. Auch von Labour-Mitgliedern auf meinem Facebook-Feed.« Jon Lansman hält es für sinnlos zu glauben, dass man Rassismus »ausrotten« kann, wie es jetzt oft von der Labour-Spitze angekündigt wird: »Vorurteile wird es immer geben, wir können nur aufklären und um ein gewisses Bewusstsein kämpfen«, sagt er nachdenklich. »Es war mir nicht klar, wie weit verbreitet das Problem ist. Besonders im letzten Monat habe ich von beiden Seiten des politischen Spektrums viel abbekommen.« Unter den Londoner Wählern in Bezirken wie Highgate und Hampstead im Norden der Stadt, in denen viele Juden wohnen, hat man Jeremy Corbyn die saloppe Handhabung von antisemitischen Vorfällen so richtig übel genommen. Die

Eroberung der konservativen Bezirke misslang am 3. Mai. Brexit und Antisemitismus kleben wie Pech an Corbyn, wenn es um die aufgeklärte, urbane Klientel geht. Der Labour-Chef, selbst in Islington im Nordosten der Stadt beheimatet, könnte seinen Höhepunkt überschritten haben.

Bei einer Großdemonstration für eine zweite Abstimmung über den EU-Austritt am zweiten Jahrestag des ersten Referendums am 23. Juni 2018 kamen über hunderttausend Menschen aus dem proeuropäischen, linksliberalen Milieu zusammen. Auffällig wenige Vertreter der Labour-Spitze waren gekommen. Der Sprechchor »Oh, Jeremy Corbyn« wurde erstmals in »Where is Jeremy Corbyn?« umgedichtet.

ZURÜCK IN DIE ZUKUNFT?

»Britische Politik ist durch den Brexit völlig verzerrt worden«, meint Ex-Premier Tony Blair. Doch die Partei müsse jetzt klare Position beziehen: »Viele, die links gewählt haben, wären bestürzt, wenn Labour am Ende mit der Regierung für den Austrittsvertrag stimmt.«

Allein, Tony Blairs Chancen, in der eigenen Partei Gehör zu finden, sind gering. Blair ist vielen Corbynistas noch verhasster als die regierenden Tories. Die Gerüchte, Blair wolle eine neue Partei der Mitte gründen, verstummen deshalb nie ganz.

Auch die Labour-Abgeordneten um den Zentristen Chuka Umunna finden in der eigenen Partei kein Gehör. Umunna kämpft daher eher gemeinsam mit Tory-Rebellinnen wie Anna Soubry gegen einen harten Brexit. »Zwei Drittel der Labour-Wähler wollen im Binnenmarkt bleiben«, meint der businessfreundliche Politiker. Der knapp vierzigjährige

Sohn eines nigerianischen Vaters und einer irisch-englischen
Mutter war ein Shootingstar in der Partei, bevor Corbyn die
Macht ergriff. Er hält Corbyns Politik für einen verheerenden
Fehler gegenüber der eigenen Klientel: »Der Austritt aus der
EU ist die härteste Sparmaßnahme, die man dem Vereinigten
Königreich verordnen kann.«

Die sozialistische Utopie, die Corbyn und John McDonnell gerne skizzieren, ist eine radikale Umstellung, die der
Globalisierung einen Riegel vorschieben will. Das hat in den
Augen vieler Wähler tatsächlich höchste Dringlichkeit, gehen
doch Jobs und Existenzen verloren, weil die bisherige Politik
nicht rechtzeitig und nachhaltig auf die riesigen Umstellun-
gen reagiert, die auf Großbritannien und den Rest Europas
in den kommenden Jahren zukommen. Ob fahrerlose Autos
oder die steigende Relevanz Chinas für die Kräftebalance der
Wirtschaftsmächte – wie soll ein ehemaliges Handelsreich
mit schwächelnder Produktivität wie Großbritannien darauf
reagieren?

Der linke Vordenker Paul Mason will, dass sich die linke Bewegung mit der digitalen Revolution auseinandersetzt
und Antworten findet, damit die Sozialstrukturen auch in
Zukunft noch finanziert werden können. In seinem Buch
»PostCapitalism: A Guide to Our Future« skizziert er eine
radikale sozialistische Zukunft. Das Finanzsystem soll sozia-
lisiert werden, indem Banken reguliert werden und Offshore-
Steueroasen geschlossen werden. Arbeit soll in kollaborati-
ver und kooperativer Zusammenarbeit gedacht werden. Ein
Grundeinkommen für alle rundet sein Modell ab: »Weniger
arbeiten und das Leben mehr genießen.«

Das ist visionär gedacht. Großbritannien könnte ein guter
Ausgangspunkt für ein neues, radikales Modell sein. Mason
als Marx II gewissermaßen. Die Digitalisierung ist zumindest

im urbanen Raum weiter fortgeschritten als auf dem europäischen Kontinent. Symbolisch und symptomatisch für diese Entwicklung: House of Fraser, die alte englische Kaufhauskette, sperrt immer mehr Standorte zu. In die leeren Etagen ziehen neue Mieter – Trampolin-Hallen sind populär, weil man im Internet nicht springen kann. Schönheitssalons breiten sich aus, Nägel lackieren und Haare schneiden ist online auch nicht möglich. Das ist nur ein kleines Beispiel. Es gilt, jene Branchen zu identifizieren, wo Menschen Mehrwert bieten.

Fraglich ist allerdings, ob die verzagten Briten, die auf Jahre mit dem Brexit blockiert sind, bei innovativen Projekten mitmachen wollen und eine radikal linke Regierung wählen werden. Ein soziales Netzwerk für die Schwächeren der Gesellschaft innerhalb des Landes zu spannen, ist gewiss weiterhin eine zentrale Aufgabe für jede sozialdemokratische Partei. Internationale Solidarität und Empathie sind nicht nur historisch, sondern auch in Zukunft Eckpfeiler linken Denkens.

Es wäre allerdings sehr anzuraten, sich dafür intensiv nach Partnern umzusehen. Vor allem in der EU, die zwar bei manchen Corbynistas als neoliberales Projekt verschrien ist, deren Mitgliedstaaten im Vergleich zu großen Teilen des Erdballs aber sozialdemokratische Oasen darstellen.

Jeremy Corbyn verfolgt allerdings in gewisser Hinsicht lieber eine Politik der Splendid Isolation, er begibt sich lieber innerhalb als außerhalb Britanniens auf Reisen. Momentum-Chef Jon Lansman ist als Proeuropäer eine Ausnahme in der heutigen Labour Party, er ist viel auf dem Kontinent unterwegs: »Alle Parteien, die gegen Austeritätspolitik auftreten, sind unsere Partner – auch nach dem Austritt«, meint er bestimmt: »Europa wird unser größter Markt bleiben und wir brauchen eine europaweite Allianz gegen die Sparpolitik.« Deutschland ist ihm ein besonderes Anliegen, wobei er sowohl die SPD als auch Die Linke gerne trifft. In Frankreich ist Emmanuel Macron zu sehr Zentrist, Jean-Luc Mélenchon aber für Lansman akzeptabel. Aus Österreich hat er noch nicht viel Interesse verspürt.

Der eigentliche Internationalist mit Zukunftsvision ist Tony Blair mit seinem Institute for Global Change. »Ich kam gerade aus China zurück«, erzählt der Ex-Premier, »und ich bin fassungslos, was dort passiert«. Blair ist überzeugt, dass kein europäisches Land allein irgendeine Chance hat, gegen eine Wirtschaftsmacht wie China anzutreten. »Nicht einmal Deutschland.« Für ihn ist es unabdingbar, dass sich die europäischen Mächte zusammentun, um gemeinsam Lösungen zu finden, die soziale Gerechtigkeit und wirtschaftliche Kompatibilität für jedes einzelne Land sichern.

Es sieht allerdings nicht so aus, als würde Jeremy Corbyn je auch nur einen Fuß in die hypermodernen Büros von Tony Blair setzen wollen, um moderate wie radikale linke Visionen zu bündeln.

KAPITEL 7
LONDONGRAD UND SILICON ROUNDABOUT

HERKUNFTSGARANTIE

Lance Forman ist ein echter Londoner. Er ist Lachsräucherer in der vierten Generation im Osten der Stadt. Sein Lachs hat sogar eine Herkunftsgarantie der EU: London Cure Smoked Salmon. Der energische fünfundfünfzigjährige Forman führt Besucher gerne durch seine Selcherei, er bebt förmlich vor Stolz. Auch an normalen Arbeitstagen trägt Forman Anzug und Hemd mit Manschettenknöpfen. Darauf sind hüpfende Lachse abgebildet, das Familienlogo.

An einer Seite der Arbeitshalle werden die rosigen Fische von Arbeitern flott geköpft und entgrätet. Die Filetteile werden dann einen Tag lang in Salz eingelegt. Danach werden sie in die Rauchkammern gehängt, dort glosen Scheiter deutscher Eiche vor sich hin und räuchern den Fisch. Weiter hinten arbeiten Frauen aus Osteuropa daran, den Lachs verpackungsreif zu schneiden und in Plastik einzuschweißen. Der Lachs wird in edlen Häusern wie Harrods und Fortnum & Mason verkauft.

Formans Urgroßvater Aaron kam zur vorletzten Jahrhundertwende aus Odessa hierher. Seit 1905 machen die Formans im östlichen Einwandererbezirk Stratford ihr Geschäft. Nicht die Schotten hätten den Räucherlachs erfunden, das sei ein Gerücht. »Das ist eine jüdische Tradition, die wir nach England mitgebracht haben«, meint der Firmenchef. In Schottland räuchert man traditionell Hering und Schellfisch. »Wir hier in Ostlondon haben die beiden Traditionen kombiniert:

Wir nehmen schottischen Lachs und selchen ihn, wie wir es in Osteuropa gelernt haben.«

Formans Räucherlachs gibt es zwar schon seit mehr als hundert Jahren, doch das Fabriksgebäude steht hier erst seit 2007. Das alte Rauchhaus hundert Meter weiter verschwand unter dem olympischen Stadion. 350 Betriebe mit 12.000 Arbeitsplätzen wurden 2005 flugs enteignet, als London den Zuschlag für die Olympischen Spiele 2012 erhalten hatte. Es musste Platz für das olympische Dorf und den umliegenden Park geschaffen werden. Formans Selcherei lag genau dort, wo die Hundert-Meter-Laufbahn hin sollte.

Doch Forman ließ sich nicht einfach zur Seite schieben, er startete eine Protestinitiative und um ihn zum Schweigen zu bringen, bot man ihm hinter dem Kanal ein Stück Land an. Forman nahm es. Er ist der einzige Betrieb, der so einen Deal bekommen hat. Er eröffnete ein Restaurant mit Terrasse. Die olympischen Spiele wurden für ihn ein gutes Geschäft. Seit der Fußballclub West Ham United das Stadion gemietet hat, kommen die Fans vor und nach den Spielen auf Räucherlachs und Bier vorbei.

Es gibt viele Einwanderergeschichten in London. Die von Lance Forman ist vielleicht ein bisschen erfolgreicher und illustrer als andere. Das liegt an Lance selbst. Er ist eine Romanfigur. Mit geradezu väterlicher Zärtlichkeit hält er seine geselchten Lachse hoch und erzählt: »Den Rauch soll man nicht schmecken. Wenn du den König der Fische vor dir hast, warum würdest du wollen, dass er wie ein Aschenbecher schmeckt?« Das Räuchern versiegelt die Haut und hält den Lachs länger frisch.

Heutzutage erledigt das eigentlich auch luftdicht verschweißtes Plastik und ein Kühlschrank. Da das Geschäft nicht mehr so lukrativ wäre, hat Forman den Betrieb seiner Vorfahren zu einem richtig breit gefächerten Catering-Unternehmen ausgebaut. In den Fabrikshallen wird auf höchstem Niveau gekocht, auch Schweinepastete. Schweinepastete? Hat Forman nicht ein koscheres Zertifikat?

Forman lächelt: »Doch, haben wir.« Das Rabbinat hat ihm das Zertifikat gegeben, weil er jeden Freitagnachmittag offiziell per Vertrag seinem nicht-jüdischen Geschäftsführer den ganzen Laden überschreibt. Schließlich wird hier am Samstag ganz normal gearbeitet und das ginge nach den jüdischen Religionsgesetzen gar nicht. Nach Sonnenuntergang am Schabbat geht der Besitz wieder auf Forman über. Die nicht-koscheren Speisen werden außerdem getrennt von den koscheren – dem Lachs zum Beispiel – hergestellt. »Alles unter Kontrolle also«, freut sich Forman.

Es ist das merkwürdige Zusammenspiel mitgebrachter und lokaler Traditionen, die das reiche Londoner Leben ausmacht. Mit der spürbar freundlichen und generell toleranten Haltung der Engländer gegenüber Einwanderern hat sich ein ganz spezielles Londoner Flair entwickelt.

Heute ist dieses Lebensgefühl in der multikulturellen Metropole von Xenophobie bedroht. Oft ist nicht ganz nachzuvollziehen, wieso gerade die Europäer, die doch ein integraler Bestandteil der Stadt geworden sind, so abgelehnt werden. Lance Forman, der sich als Freund von Boris Johnson bezeichnet, hat auch für den Brexit gekämpft: »Ihr auf dem Kontinent seid es gewöhnt, EU-Regulierungen zu haben, jeder macht damit, was er will. Wir Engländer aber sind anders. Wir haben uns an alles akribisch gehalten. Wir wollen diese aufgezwungenen Regeln nicht.« Dass er lange für eine EU-Herkunftsgarantie für seinen Londoner Räucherlachs gekämpft hat, sie bekommen hat und jetzt stolz auf seine Etiketten druckt, ändert nichts an seiner Meinung.

Eine der Petitessen des EU-Austritts, die sich im Zuge der Verhandlungen zu einem monströsen Problem ausgewachsen haben, sind diese 1300 Herkunftsgarantien. Britannien hat davon 83. Ob Londoner Räucherlachs, Parmaschinken oder französischer Champagner – jedes Land freut sich über die Herkunftsgarantie, die es anderen verbietet, den Namen zu kopieren. Die Franzosen hatten sich das Recht auf die Bezeichnung Champagner schon im Vertrag von Versailles 1919 verbriefen lassen.

Von den Briten erwartet die EU jetzt, dass sie ein kompatibles System der geografischen Indikation für sich selbst etablieren, weil sie in Zukunft nicht mehr jenem der EU unterliegen. Vorbereitungen dazu gibt es nach Aussagen der zuständigen Beamten allerdings noch nicht. Solange die zukünftigen Wirtschaftsbeziehungen zur EU nicht geklärt sind, kann auch diese Frage nicht beantwortet werden, heißt es im Brexit-Ministerium. Bisher verweigern die Briten die Zustimmung dazu, auch in Zukunft ihren *sparkling wine* nicht Cava, Prosecco oder gar Champagner zu nennen.

EINE METROPOLE FÜR MCMAFIA

Schwieriger als die geografische Bestimmung des Londoner Räucherlachs ist es inzwischen, die Herkunft der Stadtbewohner festzustellen. Ist London überhaupt noch englisch oder britisch? Die englischsten der englischen Institutionen sind heute im Besitz von Ausländern.

Nachts kann man arabischen Prinzen dabei zusehen, wie sie mit heulendem Motor und quietschenden Reifen in ihren Lamborghinis um das Luxuskaufhaus Harrods rasen, als wären sie auf einer Autorennbahn. Harrods gehört schon lange nicht mehr einer englischen Familie. 1984 kaufte sich der ägyptische Geschäftsmann Mohammed Al-Fayed in House of Fraser ein, eine Gruppe, zu deren Besitztümern Harrods damals gehörte. 2010 erstand der Emir von Katar das edle Kaufhaus, in dessen Hundeabteilung man Torten für die Vierbeiner um 60 Pfund kaufen konnte.

Warum London so ein Paradies für Reiche und ihre Kinder wurde, in dem es kaum Studentenwohnungen unter 2500 Pfund pro Monat gibt, hat mehrere Gründe.

London war eines der ersten Zentren der Welt. Von den Römern im Jahre 50 als Londinium gegründet, war die Stadt ab der normannischen Eroberung 1066 Hauptstadt des Königreichs England. Schon im Mittelalter war London eine der wichtigsten Handelsstädte der Welt. Die Metropole wurde der Nabel des britischen Empires. Die britische Gesellschaft gewöhnte sich früh an Immigranten, die mit Turbanen und Kopftüchern das Stadtbild bereicherten.

Seit die Londoner City 1986 liberalisiert und zu einem international bedeutenden Finanzzentrum ausgebaut wurde, hat sich die alte britische Hauptstadt an der Themse in eine glitzernde Metropole verwandelt. Als Anreiz für reiche Ausländer, sich hier niederzulassen, gibt es eine Reihe von steuerschonenden Maßnahmen: Man kann in London über Offshore-Firmen in den Kronkolonien und den britischen Übersee-Gebieten wie den Virgin Islands nach wie vor relativ unbehelligt Immobilien kaufen. »Es gibt 10.000 Gebäude in Westminster, dem Zentrum von London, deren Besitzer nicht bekannt sind«, sagt der Autor Misha Glenny: »Fünfzig Prozent der Baker Street gehören anonymen Firmen, deren Besitzer wir nicht kennen.«

Glenny schrieb 2008 einen Bestseller, in dem er das internationale organisierte Verbrechen beschrieb. »McMafia« ist von der *BBC* als Fernsehserie verfilmt und 2018 ausgestrahlt worden. »McMafia« wirft ein Licht auf eine Metropole, in der sich eine ganze Industrie von Banken, Steuerberatern und Anwälten darauf spezialisiert hat, dubiose Geldflüsse aufzunehmen und umzuleiten, bis sie irgendwann in legitimierten Investitionen ankommen.

In der Fernsehserie »McMafia« wird eine klassische Londoner Geschichte erzählt: Ein smarter junger Banker gerät auf die schiefe Bahn. Die Figur seines Vaters, ein durchaus charismatischer, versoffener und machoider Familienmensch, ist an einen berühmten Londoner Exilrussen angelehnt: den 2013 verstorbenen Boris Beresowski.

Die russische Botschaft tweetete empört nach den ersten Folgen von »McMafia«, dass die Serie London fälschlicherweise als »Spielplatz für russische Gangster« porträtiere. Glenny findet das erstaunlich: »Die russische Botschaft hat doch selbst stets behauptet, Boris Beresowski sei ein Verbrecher, der wegen unzähliger Verbrechen in Russland angeklagt sei.«

Über einem doppelten Espresso im »Flat White«, einem trendigen Coffeeshop im Londoner Soho, erzählt Glenny, wie er die Aufregung rund um die Ausstrahlung der Fernsehserie, in der Shootingstar James Norton die Hauptrolle spielt, nutzen will: »Jetzt reden alle wegen der Fernsehserie über organisiertes Verbrechen in der Finanzwelt und wie es unsere Gesellschaft korrumpiert. James Norton und Transparency International und wir alle, die an dieser Produktion beteiligt sind, setzen sich für Veränderung ein. Wir könnten echt etwas bewegen.«

Kaum ausgestrahlt, wurde die Fernsehserie »McMafia« im Frühling 2018 von der Realität eingeholt. Am 3. März 2018 brachen Sergei Skripal, ein 2010 ausgetauschter russischer Doppelspion, und seine Tochter Julia auf einer Parkbank im englischen Salisbury zusammen. Sie landeten im Koma im Spital. Premierministerin Theresa May stellte daraufhin im House of Commons klar: »Der russische Staat ist für den Mordversuch an Herrn Skripal und seiner Tochter verantwortlich.« Boris Johnson ging noch weiter: »Die Botschaft ist klar: Wir werden dich finden, wir werden dich fangen, wir werden dich umbringen.« Die britische Regierung ergriff symbolische Strafmaßnahmen gegen Russland und wies 23 britische Diplomaten aus Großbritannien aus. Die wichtigen europäischen Partner zogen nach.

Die Skripals haben zwar den Mordanschlag überlebt, aber die Beziehungen zwischen Russland und Großbritannien sind nachhaltig vergiftet. Im Juli 2018 starb eine obdachlose Frau am selben Nowitschok, sie hat unter Umständen die entsorgte Giftflasche in der Gegend gefunden und davon gekostet. Theresa May will der Gefahr aus Moskau mit einer »Fusionsdoktrin« die Stirn bieten: Der Plan wird Maßnahmen für Geheimdienste, Armee, Wirtschaft und Diplomatie umfassen.

Im Mai 2018 segnete das House of Commons bereits den Magnitsky Act ab, einen Zusatz zu einem neuen Sanktionen- und Anti-Geldwäsche-Gesetz. Demnach können Visa und Vermögen von verdächtigen Akteuren, die Menschenrechte brechen, eingefroren werden. Das ist kein direkt gegen Russen gerichtetes Gesetz, es basiert aber auf einem russischen Fall. Der russische Anwalt Sergej Magnitsky war 2009 in einem Moskauer Gefängnis zu Tode gekommen, nachdem er gegen korrupte Innenministeriumsbeamte protestiert hatte.

Sein Arbeitgeber Bill Browder von Hermitage Capital Management strengte daraufhin im Westen eine Kampagne an, die Gerechtigkeit für Magnitsky forderte. 2012 wurde die Magnitsky-Liste in den USA angenommen: Allen, die an Magnitskys Tod direkt beteiligt waren, wird künftig die Einreise in die USA und Besitz in den USA verwehrt. Jahrelang hatten sich britische Regierung und Parlament geziert, das gleiche Gesetz in Großbritannien einzubringen. Die Affäre Skripal macht es nun möglich. Anfang Mai hat das House of Commons dafür gestimmt.

Bill Browder ist zufrieden: »Der russischen Führung sollte wirklich nicht mehr erlaubt werden, ihr Vermögen hier in London zu parken.« Der stellvertretende russische Premierminister Igor Schuwalow etwa hat sich nach Angaben des Korruptionsaktivisten und russischen Oppositionsführers Alexej Nawalny ein Londoner Domizil für knappe dreizehn Millionen Euro geleistet. Er verdient zwar offiziell nur hundertfünfzigtausend Euro im Jahr, doch laut Nawalny heißt der Besitzer der Dachwohnung, die sehr bequem das britische Verteidigungsministerium in Londons Regierungsviertel überblickt, Igor Schuwalow.

Der britisch-amerikanische Geschäftsmann Bill Browder ist selbst ein Londoner mit schillernder Biografie. Sein Großvater war der Chef der kommunistischen Partei in Amerika, er selbst wurde in den neunziger Jahren der größte Kapitalist in Russland. 2005 überwarf er sich mit Putin. Heute lebt der Geschäftsmann mit britischem Pass in London, er hat seine Büros an einem exklusiven Platz im Londoner Soho und spaziert schnell, aber ungeschützt durch die verwinkelten Straßen der Londoner Innenstadt. Ob er als Hauptankläger Putins keine Angst hat? Es habe keinen Sinn, darüber nachzudenken, sagt Browder. »Aber ich gehe nie zweimal ins selbe Restaurant essen.«

Immerhin sind rund ein Dutzend Menschen aus dem russischen Exilantenkreis um den ehemaligen Oligarchen Boris Beresowski in den vergangen Jahren in England zu Tode gekommen. Der einzige Fall, der international Aufsehen erregt hat, war jener von Alexander Litwinenko. Der ehemalige FSB-Offizier musste 2006 sein Leben vor aller Augen lassen. Zwei Ex-Kollegen schütteten in der Bar des Millennium Hotels gegenüber der amerikanischen Botschaft am Grosvenor Square das hochgiftige Polonium-210 in seine Teekanne. Litwinenko starb in den darauffolgenden Wochen qualvoll im Krankenhaus.

Seine Witwe Marina Litwinenko bestellt immer noch gelassen Tee, wenn sie sich zum Interview trifft. »Ich sehe es als meine Aufgabe, die Arbeit meines Mannes Sascha weiterzuführen«, meint sie ruhig. »Er wollte immer aufklären. Er hat immer mit Journalisten gesprochen. Er kann es nicht mehr tun. Also erhebe ich meine Stimme.«

Für sie ist es völlig klar, dass der russische Präsident, wenn er schon nicht direkt den Auftrag für den Mord an ihrem Mann gegeben hat, ihn zumindest indirekt abgesegnet haben muss. Zumindest hat er eine Atmosphäre in Russland geschaffen, die den Mord an Kritikern als Option zur Konfliktlösung toleriert. Der mutmaßliche Mörder von Alexander Litwinenko, Andrei Lugowoi, sitzt heute als Abgeordneter in der russischen Staatsduma.

Für Transparenzaktivisten gibt es jetzt Hoffnung, dass London nicht mehr lange der »Geldwäsche-Automat des russischen Regimes« sein wird, wie es Roman Borissowitsch ausdrückt. Der Antikorruptionsaktivist zeigt auf einer »Kleptokratie«-Tour durch London Villen von zwielichtigen Besitzern vor. Das Stadtpalais des russischen Geschäftsmannes Oleg Deripaska auf dem Belgrave Square in Sichtweite der deutschen Botschaft zum Beispiel. Noch darf der Aluminium-Magnat, Chef der Firma En+, in seine Londoner Bleibe kommen, aber wer weiß wie lange? Nach Amerika darf der Putin-freundliche Oligarch bereits nicht mehr einreisen. Am 6. April 2018 hat die US-Regierung den 2017 angenommenen Countering America's Adversaries Through Sanctions Act, CAATSA, um sieben Putin-nahe Oligarchen, darunter Deripaska, und siebzehn hohe russische Beamte erweitert. Visa bekommen sie keine mehr. Ihre Vermögen werden eingefroren. Deripaskas Name steht auf der Liste neben Kirill Shamalovs, Putins Ex-Schwiegersohn.

Deripaska hatte gerade wieder wegen seiner Verbindungen zu Paul Manafort, Donald Trumps ehemaligem Kampagnenmanager, Schlagzeilen gemacht. Deripaskas finanzielle und politische Verbindung zu Manafort wird von US-Sonderberater Robert Mueller untersucht, dessen Erkenntnisse den US-Präsidenten in Bedrängnis bringen könnten. Auch Deripaskas Verbindungen zu hohen Politikern in Großbritannien haben den bekannt einsilbigen Russen bereits 2008 ins Gerede gebracht: Er hatte den Tory-Politiker und späteren Schatzkanzler George Osborne zu sich auf seine Jacht in Korfu eingeladen. Und Osborne hatte die Einladung angenommen.

Der überzeugte Pro-Europäer Misha Glenny fürchtet, dass sich der Effekt der Skripal-Affäre bald verflüchtigen wird. Die Regierung könnte in Versuchung geraten, Großbritannien nach dem Austritt aus der EU zu einem Steuerparadies für globalisiertes Verbrechen verkommen zu lassen: »Theresa May hat zwar zugesagt, dass die Anonymität am Hausmarkt bis 2021 aufgehoben wird. Noch viel wichtiger aber ist es, Transparenz in den Überseegebieten der Krone durchzusetzen. Österreich hat die Anonymität aufgehoben, also können die British Virgin Islands das auch tun.«

Die britische Regierung muss abwägen, ob sie sich mehr Transparenz im Finanzsektor leisten will. Und kann. Dem Vereinigten Königreich droht finanziell gesehen ein Aderlass, weil der zollfreie Zugang zum Europäischen Binnenmarkt verloren gehen könnte und neue Handelsabkommen mit Drittstaaten Zeit brauchen. Großbritannien kann sich als Steueroase anbieten, um die Staatskassen zu füllen. Dann kann die Regierung aber nicht gleichzeitig den reichen Russen ihre Privilegien abnehmen. Zumal das nicht nur den Geldfluss aus Putinstan, wie die russische Föderation gerne genannt wird, gefährden würde. Misha Glenny meint: »Wenn man Putins Günstlingen signalisiert, dass ihr Geld in London nicht mehr sicher ist, werden nicht nur diese Russen, sondern auch die saudischen Prinzen ihr Vermögen sofort woandershin verschieben.«

Sollte Theresa May nun gegen zwielichtige Ausländer Sanktionen verhängen, wackeln auch die Jobs ihrer Finanzberater. Ohnehin wackeln schon Tausende Jobs im Finanzsektor, weil viele Banken und Firmen einen Teil ihrer Mitarbeiter auf den Kontinent verschieben. Von London aus werden sie nicht mehr zu den gleichen Konditionen in der EU operieren können wie bisher. Ob die ohnehin schwer umstrittene Premierministerin Theresa May dann noch eine Front aufmachen will und weitere Jobs aufs Spiel setzen kann, wenn sie die Hilfsindustrie für die korrupten Gäste aus aller Welt zusperren würde?

Große Hoffnungen setzt »McMafia«-Autor Glenny daher nicht auf die derzeitigen Regierenden: »Die britische Regierung spricht ständig von nationaler Souveränität. Wenn sie das ernst meinte, bräuchte sie bloß von den Briefkasten-Firmen die Offenlegung der Kontobesitzer verlangen. Doch diese Politiker scheint es überhaupt nicht zu stören, dass niemand weiß, wem London eigentlich gehört. Dafür reden sie ständig darüber, sich aus den Ketten der EU zu befreien. Das ist der Gipfel der Scheinheiligkeit!«

Misha Glenny, das muss dazugesagt werden, ist ein klassischer Vertreter der globalen Elite. Er ist Engländer, hier aufgewachsen und liebt und atmet seine Kultur. Doch er spricht auch fließend Deutsch und Serbisch. Und noch ein paar andere Sprachen. Der Autor und Journalist hat jahrelang auf dem europäischen Kontinent gelebt und denkt, wenn er die Zukunft seines Landes skizziert, die britischen Inseln nie ohne die Welt um sie herum. Seit Neuestem besitzt er dank seines Großvaters auch einen irischen Pass. So bleibt der Londoner auf jeden Fall Bürger Europas.

ABRAMOWITSCHS POOL

An sich galt bisher die Regel: Wer es bis auf die Kensington Palace Gardens geschafft hatte, der brauchte sich um sein gesellschaftliches Ansehen nicht mehr zu sorgen.

Die Tradition der Offenheit gegenüber Zugereisten begleitet die Briten seit den großen Zeiten als Handelsnation und Empire, das sich auch als zivilisatorische Kraft verstand. Politisches Asyl zu geben, das ist für die Briten immer ein durchaus ernsthaftes Anliegen gewesen. So genießen Putin-Freunde wie Exilrussen derzeit in London hohe Visibilität – beide allerdings unfreiwillig.

Roman Abramowitsch etwa hatte nach langem Kampf mit der Gemeindeverwaltung von Kensington & Chelsea die Erlaubnis bekommen, den Pool in seiner Villa zuzuschütten und einen neuen, größeren hinten hinaus zu bauen. Zumindest berichtete das *The Sun* genüsslich: »Das schöne Familienanwesen war nicht genug für den russischen Tycoon.« Bei direktem Licht aus den Kensington Gardens wollte Abramowitsch seine Längen im neuen Pool im neuen Haus schwimmen können.

Haus ist dabei ein bisschen untertrieben. Abramowitsch hat umgerechnet 140 Millionen Euro auf den Tisch gelegt, um das Anwesen in den Kensington Palace Gardens zu kaufen. Abramowitsch kann sich das leisten, denn er blieb, als Putin im Jahr 2000 Präsident geworden war, in dessen nächstem Umfeld. Der heute einundfünfzigjährige Oligarch hat als Putins Gouverneur in der Region Tschuchotka von 2000 bis 2008 Dienst geschoben. Gleichzeitig unterhält er auch mit der britischen Elite gute Beziehungen. 2003 kaufte er den englischen Fußballclub FC Chelsea für 210 Millionen Euro. Insgesamt hat er an Gehältern und Ablösen bereits eine Milliarde Euro in den Fußballclub investiert.

Direkt neben ihm auf derselben Straße wohnen William und Kate Windsor alias Duke und Duchess of Cambridge, der britische Oligarch Len Blavatnik und der chinesische Tycoon Wang Jianlin. Blavatnik steht ganz oben auf der Reichstenliste der Briten. Der Geschäftsmann stammt ursprünglich aus dem ukrainischen Odessa, ist in Amerika aufgewachsen, hat in Russland gute Geschäfte gemacht und lebt heute in London. Er ziert sich nie, wenn es um auffällig großzügige Geldspenden geht. Für den Anbau der zeitgenössischen Kunstgalerie Tate Modern legte er 65 Millionen Euro auf den Tisch. Für die Blavatnik School of Government in Oxford gab er gleich 86 Millionen Euro. Bisher ist Blavatnik nicht in einem Atemzug mit den Putin-nahen Oligarchen genannt worden.

Sonst logieren hier neben dem Enkel der Queen und den russischen Oligarchen noch Formel-Eins-Erbin Tamara Ecclestone, der Stahlmagnat Lakshmi Mittal und Jon Hunt, ein Makler, der offenbar gute Geschäfte mit Londoner Immobilien gemacht hat.

Die Kensington Gardens wurden 1843 angelegt und von

berühmten Architekten wie Decimus Burton bebaut. Es sieht hier unter den Bäumen aus, als wäre man noch in den Zeiten von Mary Poppins stehen geblieben. Es gibt Gaslaternen und Fußgänger. Nur Anrainer und Gäste fahren mit dem Auto hier herein. Das liegt allerdings nicht daran, dass keine plebejischen Autoreifen das Pflaster berühren dürfen, sondern an den Sicherheitsvorkehrungen, die Russen und Israelis vor Anschlägen schützen sollen. Sie haben ihre Botschaften hier. Die Paläste gehören alle dem Crown Estate, dem Landbesitz der königlichen Familie, und werden auf Zeit verliehen, der Vertrag wird dann wieder verlängert. Ein altmodisches System, das hier immer noch irgendwie funktioniert.

Nach der Affäre Skripal aber können sich 300.000 Russen in Britannien nicht mehr so sicher sein, dass sie im Vereinigten Königreich noch so willkommen sind wie früher. Hausherr Abramowitsch hat ein großes Problem bekommen: Sein Tier-1-Investoren-Visum, mit dem betuchte Ausländer sich für zwei Millionen Pfund das Recht erkaufen, in London zu wohnen, wurde im Frühling einfach nicht verlängert. Er kann zwar mit seinem israelischen Pass als Tourist einreisen. Doch der erfolgsverwöhnte Russe mit engsten Kontakten zur britischen Elite ist diese unfreundliche Behandlung durch die britischen Behörden nicht gewohnt.

Manchmal wirkt London wirklich wie Londongrad, so als wären die Guten und Bösen Moskau nie entkommen. Wobei die Grenzen zwischen Gut und Böse auch verschwimmen. Über die Jahre sind aus vielen Putin-Freunden seine Feinde geworden. Einige der einst strahlenden Oligarchensterne wie Boris Beresowski verlöschen am Ende unter misslichen Umständen, verarmt und verlassen. Ein seltsames Panorama von Verbrechen und Rache, von Glanz und Gosse.

Man braucht nur aus den Kulissen von »McMafia« heraustre-ten und ist wieder in einem ganz anderen London. London abseits von den gut betuchten Ausländern in Knightsbridge oder Mayfair, die sich mit der königlichen Familie darum streiten, wer den größeren Stadtpalast sein Eigen nennt.

Es gibt arme Einwandererbezirke südlich der Themse und in der weiteren Peripherie. Im ehemals armen Osten, in dem Lance Formans Vorväter einst mit dem Lachsbeizen begon-nen haben, blüht heute das gentrifizierte Hipsterleben. Auf der Brick Lane Road gibt es ein »Cereal Killer Cafe«, in dem eine kleine Schale Schokoflocken für über drei Pfund verkauft wird.

Im Osten blüht auch das, was für London die Hoffnung nach dem Brexit werden könnte: Rund um Old Street wachsen Start-ups aus dem Londoner Boden. Von manchen wird die Gegend mit der höchsten Konzentration an neuen Tech-Fir-men in London auch hoffnungsfroh Silicon Roundabout ge-nannt.

Auch Bernhard Niesner kam hierher, um von der innova-tiven Energie zu profitieren. Der Österreicher gründete sein Start-up ursprünglich in Madrid, zog aber 2012 nach Lon-don, weil es hier eine bessere Infrastruktur für junge Firmen gab. Busuu bietet online Sprachkurse an, in den Chatrooms kann man von Muttersprachlern direkt lernen. Busuu, nach einer Sprache, die in Kamerun gesprochen wird, ist nach ei-genen Angaben heute die größte Social-Media-Plattform im Erziehungsbereich, die Online-Firma hat 80 Millionen User. In den Büros am Brunswick Place sitzen junge Mitarbeiter mit ihren Laptops auf Bean Bags im Großraumbüro und chatten mit der ganzen Welt.

Unter David Camerons konservativer Regierung wurde

sehr viel Wert auf eine wachsende Start-up-Kultur gelegt. Es gab Steuervergünstigungen für neue Firmen im Hightech-Bereich, London sollte als europäisches Silicon Valley positioniert werden. Solche Research and Development Tax Credits sind steuerliche Vergünstigungen für innovative Firmen im Forschungs- und Entwicklungsbereich. Dieser Plan wird auch von Theresa May theoretisch unterstützt, doch das Klima habe sich verändert: »Die jetzige Regierung hat jetzt so viel zu tun, da hat unser Thema wenig Relevanz.«

Es ist bereits schwieriger geworden, junge Europäer für London zu begeistern: »Warum sollte ein fünfundzwanzigjähriger Programmierer heute von Madrid nach London kommen?« Wenn es wegen des EU-Austritts zu einer Rezession kommt, fürchtet Niesner, werden sich einige Mitarbeiter überlegen, aus dem Land des ewigen Regens wieder auf den sonnigeren Kontinent zu übersiedeln.

Noch weiter im Osten hat sich Joachim Horn vor vier Jahren angesiedelt. Old Street hatte enorm hohe Mieten. Nachdem der sechsundzwanzigjährige Belgier auf dem Imperial College in South Kensington studiert hatte, zog es ihn nach Bethnal Green.

Hier geht man an kleinen Geschäften vorbei, in denen exotische Kräuter und Nahrungsmittel verkauft werden – die englisch geprägte Highstreet von einst ist Geschichte. Neben Marmite findet man heute die ausgefallensten Dinge. Alles, was die Einwanderer aus aller Welt eben mitgebracht haben. Die Häuser sind bescheiden, teils in rauem Zustand. Dazwischen aber verstecken sich teure, trendige Restaurants. In der »Bistroteque« steigt man in den ersten Stock eines ehemaligen Lagerhauses, oben trinken Gäste Campari Soda an der Bar. An einem schwarzen Konzertflügel sitzt ein Pianist mit langem grauen Bart, der die ganze Tastatur bedeckt. Trotzdem finden seine Finger den Weg auf die richtigen Tasten. Blind spielt er Abba-Songs, leicht verjazzt und recycelt für 2018.

Um die Ecke sind die Büros von SAM Labs. In einer Halle steht eine lange Reihe von Computertischen, daneben stapeln sich Laptops – hier werden intelligente Spielzeuge entwickelt, Prototypen gebaut, getestet, verglichen, teils wieder verworfen oder zur Produktion in Bulgarien und China freigegeben. SAM Labs soll Kindern programmieren auf spielerische Weise beibringen. 1500 Schulen weltweit haben das Grundset bereits gekauft. Die öffentlichen chinesischen Schulen haben es in ihr Programm aufgenommen. In Amerika gehört Horns innovative Coding-Methode zu den Next Generation Science Standards. Das sind die Standards, die Schüler bis zum Ende der Highschool erreichen müssen.

»Es gibt wenige Gründe, über den Brexit zu jubeln«, meint der Wahllondoner Horn, »aber es wird andererseits auch nicht schwer für mich sein, hierzubleiben.« London wird auch später mehr bieten als die meisten anderen Städte: »Die Universitäten sind großartig, die Ausbildung zieht junge Talente aus der ganzen Welt an, die dann so wie ich einfach hierbleiben«, zählt er auf.

»Außerdem ist die angelsächsische Geschäftskultur ein fruchtbarer Boden für Hightech-Start-ups«, stellt der junge Firmengründer fest. Kommerziell gesteuertes Design & Business wird seit Langem am Kunst- und Designcollege Central Saint Martins und auf Universitäten wie dem Imperial College und dem University College London gefördert und unterrichtet. »UCL hat die beste Fakultät für Artificial Intelligence in Europa«, meint Horn. Aus ihr entstand zum Beispiel die AI-Forschungsfirma DeepMind, die später von Google gekauft wurde und jetzt Teil der Alphabet-Gruppe ist.

Joachim Horn, selbst Belgier, beschäftigt inzwischen dreißig Mitarbeiter, die Liste ihrer Nationalitäten ist lang: Norwegen, Italien, Deutschland, England, Rumänien, Frankreich, China, Vietnam, USA, Jordanien, Singapur. 21 Angestellte arbeiten im Londoner Büro. Kaum einer ist in London geboren worden. Viele haben keinen britischen Pass. Bisher war das nicht notwendig.

Horn glaubt, dass seine Mitarbeiter hierbleiben wollen: »Wo ich den Effekt der Brexit-Angst merke, ist eher außerhalb meines Büros.« Früher gab es nie freie Zimmer in Wohngemeinschaften, sie waren sofort weg. Jetzt ist der Wohnungsmarkt viel langsamer geworden.

Mir scheint es von symbolischer Bedeutung, dass der Osten Londons, der seit Jahrhunderten jener Teil der Stadt ist, in dem die Einwanderer ankommen, in dem sie ihr Gewerbe beginnen und ihre ersten Wurzeln in die neue Heimat schlagen, auch als der innovative Teil der britischen Hauptstadt gilt. Genießen im Westen und Norden die gut situierten Bürger der Stadt das Erreichte, so kämpfen im Osten und Süden die Einwanderer um eine Existenz. Das heißt auch: Es steckt viel Kraft in der Immigration.

»Die koloniale Vergangenheit hat London einen internationalen Vibe gebracht, den es sonst nirgendwo gibt.« In Paris hat man Einwanderer aus Nordafrika und dem Nahen Osten, in Berlin die Russen – in London aber, so Horn, die ganze Welt. Wenn die Briten Neueinwanderern den Zugang erschweren, werden andere Städte europäische Talente absaugen. Joachim Horn meint, vor allem Paris und Amsterdam könnten profitieren. Amsterdam liegt zentral, an niederländischen Universitäten wird auch auf Englisch gelehrt – und man kann in Coffee Shops Joints rauchen. Berlin scheint Horn zu weit östlich zu liegen und die wenigsten Menschen außerhalb des deutschsprachigen Raums sprechen Deutsch.

Heute erfreuen sich englische Universitäten schon allein wegen der Sprache höchster Beliebtheit bei Studenten aus aller Welt. Werden Visa für ausländische Studierende eingeschränkt, dann wird sich das bemerkbar machen: »Hier in London werden wir den Brexit-Effekt erst in einigen Jahren spüren«, meint Horn abschließend, »irgendwann wird das Talent aus Europa, das nicht mehr so massiv an die Universitäten drängt, auf dem Arbeitsmarkt fehlen.«

KAPITEL 8
AUFSTAND DER REGIONEN

BAUERNAUFSTAND

»Here you go, love«, sagt die freundliche Kellnerin und stellt einen riesigen Teller vor mir ab. Auf einem Berg Eierspeise und einem Hügel Baked Beans liegen drei pralle Boston Sausages. An den anderen Tischen um mich herum im Frühstückscafé »Crumbs« in einer Seitenstraße des Hauptplatzes im englischen Boston sitzen ältere Engländer und reden über das Leben, während sie fachgerecht ihr Full English Breakfast vertilgen. »Es geht wirklich nicht mehr, mit den Osteuropäern«, erzählt John am Nebentisch seinen beiden Freunden.

John steht bereits, er ist auf dem Weg hinaus. Er atmet schwer. Über sein rechtes Auge wuchert ein Hautlappen, ein Fibrom. Er hat keinen Termin beim Arzt bekommen, jetzt verstellt es ihm schon die Sicht. »Wir hätten es nie so weit kommen lassen dürfen«, meint der Frühpensionist. Er blickt auf: »Ich habe wirklich nichts gegen Polen und Rumänen, aber sie nehmen uns die Jobs weg und überlasten unser Gesundheitssystem.« Er habe deshalb für den Brexit gestimmt. Die anderen nicken.

75 Prozent der Leute in Boston haben für den Austritt aus der EU gestimmt. Boston in Lincolnshire ist damit die EU-feindlichste Stadt im ganzen Land. Dabei sind alle im »Café Crumbs«, von den Kellnerinnen zu den Gästen, ausgesprochen freundlich zu österreichischen Reporterinnen, ganz so, wie es der englischen Gesellschaft entspricht. Die generell höfliche und oft warmherzige Art, mit der Engländer

Ausländern begegnen, ist auch hier im Norden Englands ganz selbstverständlich. »Wissen Sie«, meint die energische Kellnerin Kate vertraulich, als sich die Tür hinter John mit einem fröhlichen Glöckchengeklingel geschlossen hat: »Die Menschen haben es hier wirklich nicht leicht.«

Boston ist ein landwirtschaftliches Gebiet. Im Sommer kommen Tausende Saisonarbeiter aus osteuropäischen EU-Ländern hierher, pflücken Beeren und ernten Gemüse. Die Jobs sind nicht gut bezahlt, deshalb machen sie eher Bulgaren als Engländer. Pro Stunde werden im britischen Durchschnitt 13,33 Pfund gezahlt. In Boston bekam man bisher nur 9,13 Pfund.

Das heißt: bis zum EU-Referendum. Seitdem bleiben die osteuropäischen Hilfsarbeiter nämlich aus und die großen Agro-Firmen haben Probleme, Obstpflücker zu finden. Im Sommer 2018 fehlten so viele Saisonarbeiter, dass die Bauern für das Jahr 2019 weniger anpflanzen wollen, damit ihnen die Erdbeeren nicht auf den Feldern verrotten. British Summer Fruits, eine Lobbygruppe der britischen Obstanbauer, berichtet für Sommer 2018 von zehn bis fünfzehn Prozent Arbeitsausfall und fürchtet für den Herbst 2018 sogar dreißig Prozent. Als Anreiz zahlen die Bauern jetzt über zehn Pfund pro Stunde, um die Erdbeerpflücker aus der EU für das schwächere Pfund zu kompensieren.

Nach der Volkszählung 2011 waren 13 Prozent der Bostoner im Ausland geboren worden. Viele sind Kinder von EU-Ausländern, die nach dem Beitritt der osteuropäischen Staaten hierhergekommen sind. Das hat den Charakter des Städtchens verändert. Rund zehntausend Leute mehr, etwa 65.000 Menschen, leben in dem ruhigen Ort mit seiner schönen Kathedrale. Es gibt Geschäfte mit *baltic food* und polnische und rumänische Delikatessenläden. Und die Markenzeichen aller modernen englischen Klein- und Großstädte: Kettenläden und Pubs.

Die Ironie der Brexit-Geschichte ist: In Boston ist die Arbeitslosigkeit durch den Ausländerzuwachs nicht gestiegen. Sie liegt bei gut vier Prozent und ist damit nationaler Durchschnitt. Die Arbeit der Saisonarbeiter machten in früheren Jahrhunderten irische Einwanderer. Und in den Jahren, bevor 2004 die Osteuropäer kamen, fuhren Autobusse mit Arbeitern aus den umliegenden Städten um vier Uhr Früh in Boston ein, luden sie ab und nahmen sie abends wieder mit.

Im Vergleich dazu sind heute im englischen Boston viel mehr junge Leute auch abends auf den Straßen. Es ist viel lebhafter geworden, weil junge Familien entstanden sind, die permanent hier leben. Das liegt auch daran, dass heute das ganze Jahr über angebaut wird und dadurch permanente Jobs zu haben sind. Für Frühpensionist John hat Boston ein bisschen von seinem Lincolnshire-Charakter verloren. Neben den berühmten würzigen Würsten aus der Gegend werden jetzt auch polnische Kielbasa in Boston angeboten.

MINENMISERE

Vor allem die Engländer auf dem Land haben den Brexit herbeigestimmt. Auch die Trump-Wähler wohnen eher in den ruralen Gegenden als in den Städten und mit den Stimmen für die Rechtsaußenparteien in Frankreich oder Österreich ist es ähnlich: Das Land fürchtet die Umwälzungen der Geschichte mehr als die Städte, die die Brutstätten der Veränderung sind.

Ich bezweifle ja sehr, dass die Antworten der *Brexiters* den verzagten Bewohnern von Dörfern und Städtchen in den

Shires etwas bringen – es steht zu befürchten, dass Bauern mit weniger Subventionen und Firmen mit geringerer Produktion rechnen müssen. Dass London trotz allem für den kleinen Mittelstand zu teuer bleibt und dass die Digitalisierung einem Drittel der Arbeitenden sowieso die Jobs wegnehmen wird – Brexit hin- oder her.

Manche denken voraus und strengen Initiativen an, die den Effekt abfedern sollen. Lisa Nandy, Labour-Abgeordnete aus Wigan in der Nähe von Manchester, hat einen Thinktank gegründet, der sich mit innovativen Plänen zur Revitalisierung der kleinen Städte befasst, um das Leben dorthin zurückzuholen – beziehungsweise dort zu erhalten: »Wir müssen uns selbst etwas einfallen lassen, keiner wird es für uns tun.«

Einige haben auch von London aus strategische Anstöße gegeben. Der ehemalige Schatzkanzler George Osborne hatte 2014 ein Revitalisierungskonzept namens Northern Powerhouse Partnership ins Leben gerufen, das er nach seinem Ausscheiden aus der Regierung 2016 weiterverfolgt hat. Ein Vorstand von Geschäftsleuten aus dem ganzen Land soll verstärkt für Investitionen im Norden sorgen.

Gerade die *towns,* die kleinen Städte wie Wigan etwa, bekommen noch weniger Aufmerksamkeit von der Zentralregierung in London. Die Folge: 104.000 Bewohner des nordenglischen Städtchens haben für den Brexit gestimmt und nur 58.000 für den Verbleib in der EU.

Einst war Wigan eine geschäftige Stadt, in der Kohleminen und Textilfabriken für Jobs sorgten. Wenn auch zu katastrophalen Bedingungen für die Arbeiter. George Orwell hat in seiner Sozialreportage »The Road to Wigan Pier« die furchtbare Wohnungsnot, die gesundheitliche Misere, die generell unhaltbaren Zustände der Arbeiterklasse in Wigan und ganz Nordengland beschrieben: »Ihr Job wirkte auf mich so hoffnungslos, so furchtbar, dass ich mich fragte, wie irgend-jemand so leben konnte und nicht lieber als Alternative das Gefängnis erwog.«

In den Jahrzehnten nach dem Zweiten Weltkrieg wurden alle Bergwerke und fast alle Fabriken geschlossen. Heute sind nur noch 19 Prozent der arbeitenden Bevölkerung von Wigan in der Produktion tätig und 22 Prozent im Verkauf.

Nandys Centre For Towns will Ideen entwickeln, wie man diese kleineren Städte logistisch besser aneinander anbindet. Wie man neue Firmen anlockt – IT-Start-ups zum Beispiel, die sich rund um die Fußgängerzone in der Altstadt ob niedriger Mieten ansiedeln können. Wie man die Wiganer mit Umschulungen auf die Digitalisierung einstellt.

Lisa Nandy hatte anfangs auf Vintage-Sozialist Jeremy Corbyn gesetzt und diente sogar bis zum Juni 2016 in seinem Schattenkabinett. Die Achtunddreißigjährige kennt sowohl das Polit-Establishment in Westminster als auch die Stammtische in Nordengland. Sie repräsentiert außerdem das neue Britannien: Ihre Mutter Louise ist Engländerin, ihr Vater, der marxistische Akademiker Dipak Nandy, stammt aus Indien. »Ich bin Manchesterin von Geburt her, Wahl-Wiganerin, aber auch Engländerin und Europäerin«, meint sie: »kurz gesagt: Britin.«

Die Labour-Abgeordnete selbst hat für den Verbleib in der EU gekämpft. Da ihre Wähler anders entschieden haben, will sie dem Austrittsvertrag im Parlament zustimmen. Obwohl sie weiß, dass es für ihre Wiganer danach nicht leichter wird. Das Wigan and Leigh College ist heute nach eigenen Angaben der größte Anbieter von Lehrlingsausbildung in der Region Greater Manchester. Viele EU-Gelder sind in den Aufbau des Colleges geflossen. »Hoffentlich wird die Regierung die Regionalförderungen der EU ersetzen«, seufzt sie.

Der Gegensatz zwischen Stadt und Städtchen wird also unter Umständen nicht kleiner, sondern eher größer werden.

SOMEWHERES UND ANYWHERES

Neben den Parlamentsabgeordneten, die ihren Regionen in London eine Stimme geben, gibt es auch Intellektuelle, die jetzt verstärkt versuchen, als Sprachrohr für ihre Landsleute in den Shires zu fungieren und die Lage der Nation zu analysieren. Einer davon hat das Brexit-Buch 2016 geschrieben.

Das erste Mal traf ich David Goodhart, als er vor einem gerammelt vollen Saal im Legatum Institute sein Buch »The Road to Somewhere« vorstellte. Untertitel: »The Populist Revolt and the Future of Politics«. Der zweiundsechzigjährige Gründer des *Prospect Magazine* sprach mit der unter Engländern weit verbreiteten bescheidenen, ja mitunter leicht koketten, sich selbst herabsetzenden Attitüde. Ich war zu spät gekommen, der Saal war voll, ich stand seitlich an der Wand und sah in die Gesichter der zumeist bürgerlich gekleideten Zuhörerinnen und Zuhörer, die hier zur Mittagszeit im eleganten Mayfair lieber zu Goodharts Talk gekommen waren als zum Lunch zu gehen.

Der Journalist und Autor hatte mit seinem Befund einen Nerv getroffen: Die Welt sei in jene aufzuteilen, die noch wüssten, woher sie stammten und die diese Herkunft und Verbundenheit verteidigen wollten – die *Somewheres* – und in jene, die vor lauter Globalisierung den Kompass verloren hätten für das, was wichtig sei: Heimat, Erde, Nationalität. Zu diesen *Anywheres* gehöre er ja an sich selbst auch. »Ich habe sogar für den Verbleib in der EU gestimmt!«, bekannte Goodhart leicht beschämt. Als Post-Liberaler müsse er jetzt aber erkennen, dass die Zeit den *Somewheres* gehöre. Sie hätten 2016 ihre Scholle verteidigt und das allzu liberale Gesellschaftsmodell zurückgewiesen. Das müsse man anerkennen.

Unter den Anwesenden waren viele, die mit seinen Thesen sympathisierten. Selbst gegen sein Kapitel zur Lage der Familie kam kaum Widerspruch. Darin hatte er, wie er dem Saal großzügig eröffnete, seine Erkenntnisse darüber ausgebreitet, warum nicht mehr Kinderbetreuungsstätten direkt von der Regierung unterstützt werden, sondern lieber Betreuungsschecks an die Eltern verteilt werden sollten. Die könnten sich dann selbst überlegen, an wen die Gelder fließen sollten: »Ich kenne viele Frauen, die lieber zu Hause bleiben wollen«, meinte der Autor.

Ebenso rückwärtsgewandt erschien mir seine Idee, die Immigration nach Großbritannien wieder auf das Niveau von 1950 zurückdrehen zu können. Es sei kein Problem, nach dem Brexit die Einwanderung stark zu reduzieren und den Briten wieder das Gefühl zu geben, die Kontrolle über die eigenen Grenzen zu haben. Nach dem Talk ging ich zu ihm und fragte ihn, ob er dies ernsthaft glaube: »Sicher, wir bringen die Immigration ohne Probleme auf hunderttausend Einwanderer pro Jahr«, teilte er mir fast ärgerlich mit.

Wie der Autor behaupten konnte, die Einwanderung könne locker auf ein Drittel geschrumpft werden, machte mich sprachlos. 2017 wanderten 244.000 mehr Menschen in Großbritannien ein als abwanderten. 2015 waren es noch 336.000 Einwanderer. Seit dem EU-Referendum kommen weniger EU-Migranten, weil die Aussichten unklar und das Pfund schwach ist. Etwa 150.000 Neueinwanderer aber kommen jedes Jahr aus dem Rest der Welt. Viele der Einwanderer sind Familienmitglieder, denen man den Nachzug nicht verwehren wird können.

In jedem konservativen Manifest der letzten Jahre hat man sich mit Verve für eine Reduktion der Immigration auf hunderttausend ausgesprochen. Es wurde nicht einmal ansatzweise geschafft.

Ich verließ das Legatum Institute in nachdenklicher Stimmung. Jede Zeit hat ihren Zeitgeist und dessen Stichwortgeber. Die *Somewheres* und die *Anywheres* zu charakterisieren, hielt ich an sich noch nicht für verwerflich. Eine gewisse provokante Simplifizierung erleichterte vielleicht die Deutung der Vorgänge. Goodhart bezog sich auf Umfragen, wonach die Hälfte der britischen Bevölkerung zu den *Somewheres* gehört, knapp ein Viertel zu den *Anywheres* und der Rest befindet sich irgendwo dazwischen.

Mir schien allerdings, dass Goodharts Analyse in sich nicht stimmte. Wir alle – ob wir unser Leben in einem Dorf oder in fünf Großstädten verbracht haben – fühlen uns irgendwo zu Hause. Stabilität, Sicherheit und Heimatgefühl, so habe ich es erfahren, sind nicht nur eine Frage der territorialen Gebundenheit.

Auch in einer richtig großen Metropole wie London zerfällt das Leben nicht in anonymisierte Einzelschicksale. Highstreets sind auch Treffpunkte. Dort stehen Nachbarn nicht bloß nach Feierabend im Pub wie früher. Man läuft sich heute schon ab den Morgenstunden über die Füße, wenn man in der Bäckerei »Gail's« Kaffee und Quinoasalat holt.

Bereits eine Woche vor der Hochzeit von Meghan Markle und Prinz Harry am 19. Mai 2018 waren in meiner Straße in Nordwestlondon alle Bäume mit britischen Fahnengirlanden geschmückt. Die Picknicks zu royalen oder nationalen Festen sind legendär. Nicht-Monarchistinnen, das hatte mir die alte Dame aus Haus Nummer 17 schon zum neunzigsten Geburtstag der Queen 2016 mitgeteilt, werden bei den royalen

Straßenpartys durchaus geduldet. Mit Vorbehalt. »Beklagen Sie sich ja nicht über den Lärm, wenn wir unseren *street dance* aufführen«, warnte sie mich. Das hätte ich natürlich nie gewagt.

Es mag David Goodhart mit seinen Sympathien für die *Somewheres* nicht gefallen, doch nicht nur die Scholle eines englischen Kleinbauern trägt das Vaterland in sich, auch die Geige eines russischen Immigranten spielt die Melodie der Heimat, fern und nah zugleich. Wir Österreicher haben es ja gewissermaßen leicht, weil sich Mozart und die Sachertorte international verselbständigt haben. Gerade in Einwandererkreisen halten sich kulturelle Traditionen jedenfalls oft besonders lange.

Man muss David Goodhart zugestehen, dass er bereits 2004 in einem Essay mit dem Titel »Too diverse?« für das *Prospect Magazine* die These aufgestellt hatte, dass zu viel Immigration die soziale Solidarität aufweiche. Seine dystopische Analyse stellte er 2004 vor, knapp bevor eine gute Million osteuropäischer Arbeiter im Zuge der Osterweiterung nach England kam. Von der liberalen Elite wurde er geprügelt, seine Thesen verworfen. Doch das Brexit-Votum zwölf Jahre später hatte zweifelsohne auch damit zu tun, dass die Engländer sich kulturell von der scheinbar unaufhaltsamen Einwanderung bedroht fühlten.

Deshalb fand Goodharts Buch viel Gehör. Der Zeitgeist hat sich verändert. Die Leute stecken sich nicht mehr die Finger in die Ohren und singen Kinderlieder, um sich bedrohlichen Wahrheiten nicht aussetzen zu müssen, wie *Guardian*-Kolumnist Jonathan Freedland schreibt: »Die Zeiten, in denen die liberale Linke hoffte, das Problem würde sich von selbst lösen, sind vorbei.«

Wenn man davon ausgeht, dass die *Somewheres* jene sind, die sich noch in einer lokalen Identität erkennen, während die *Anywheres* als globale Elite diese Eigenschaft verloren haben, was ist dann der Duke of Westminster? Ein *Somewhere*, vermutlich. Schließlich ist er auf dem Land zu Hause, im schönen Cheshire, einen Kilometer entfernt vom Städtchen Eccleston und etwas südlich von Liverpool. Sein Landsitz Eaton Hall ist vier Zugstunden von London entfernt. Zum Eaton Estate gehören 435 Häuser, 15 Farmen, 72 kommerzielle Betriebe, vier Schulen und über 10.000 Morgen Ackerland.

Und all das gehört dem Duke of Westminster. Der jetzige Duke ist bereits der Siebente seiner Art und heißt im bürgerlichen Namen Hugh Grosvenor wie auch schon sein Vorfahre, der 1874 zum ersten Duke of Westminster ernannt wurde. Hugh hat den Titel und den Besitz von seinem Vater Gerald geerbt, der 2016 verstorben ist. Papa Gerald hatte zwar eine erstgeborene Tochter, aber nach altem Brauch erbt eben der Sohn. Hugh ist jetzt neun Milliarden Pfund schwer, weshalb der siebenundzwanzigjährige Aristokrat ganz oben in der Reichenliste der *Sunday Times* landete. Er ist der reichste Landbesitzer unter dreißig. Und der begehrteste Junggeselle Englands.

Ende des 17. Jahrhunderts hatten die Grosvenors Sümpfe im Westen Londons trockengelegt und darauf elegante Reihenhäuser mit hübschen Vorplätzen gebaut. Nach dem Markt am Maitag nannte die Familie das neue Stadtviertel Mayfair. Hundert Jahre später kam es wieder zu einem Großprojekt in der Stadtentwicklung Londons durch die Familie. So entstand Belgravia, das nach dem Dorf Belgrave in Cheshire benannt ist, wo die Grosvenors herkommen.

Der siebente Duke von Westminster hat also nicht nur seine Wurzeln tief im englischen Boden, derselbe gehört ihm großteils auch noch selbst. Ein erstklassiger *Somewhere* also. Aber stimmt das überhaupt? Von den Einwohnern in Boston trennt ihn eventuell mehr als ihn mit ihnen verbindet. Die Sorge um die Überlastung der staatlichen NHS-Gesundheitsversorgung wird dem Duke vermutlich nicht den Schlaf rauben, da er privat versichert sein wird. Fühlt er, dass Englands Traditionen und Kultur von der Globalisierung bedroht sind? Das kann wohl sein. Hugh wurde in lokalen Schulen in Cheshire erzogen, er war Kapitän des Fußballteams an seiner Schule und studierte dann an der Universität von Newcastle Landmanagement. Er dürfte also seiner Scholle sehr verbunden sein.

Es ist nicht bekannt, ob der Duke von Westminster für oder gegen den Brexit gestimmt hat. Politische Äußerungen von englischen Aristokraten sind ebenso rar wie Details über Hughs Privatleben. Seit seiner Schulzeit hat er angeblich dieselbe Freundin. Harriet Tomlinson besuchte wie der Duke das Ellesmere College im hohen Norden Englands. Die beiden sind also Englands reichste Landpomeranzen.

Doch hat Hugh eben auch einen Anteil von globalisierter Elite in sich, wie die Öffentlichkeit 2016 erfuhr. Grosvenor mag der reichste Erbe Englands sein. Er ist Nutznießer der Stiftung, in der sein Erbe verwaltet wird. Er ist aber nicht der gesetzliche Besitzer. Dieser kleine, feine Unterschied bedeutet, dass Hugh keine Erbschaftssteuer zahlen musste, als er seine neun Milliarden von Daddy Duke erbte. Das ist keineswegs illegal, es ist nach britischem Recht möglich. Deshalb kommen ja auch Superreiche aus aller Welt in London zusammen, weil sie hier bequem ihren Reichtum an die Sprösslinge weitergeben können und der Wohlstand in der Familie bleibt.

Manchmal treffen sich eben echte englische *Somewheres* und neubritische *Anywheres*. Meistens dann, wenn es darum geht, Steuergelder an der öffentlichen Hand vorbeizuschummeln.

DER ALTE SCHWAN

Der Flieder stand in voller Blüte in Woughton, einem pittoresken Dörfchen eine Stunde nördlich von London und außerhalb des Städtchens Milton Keynes in Buckinghamshire gelegen. Neben dem Apple Tree Cottage liegt das Gutshaus aus dem frühen 19. Jahrhundert, das vor ein paar Jahren in ein Hotel verwandelt wurde. Gleich daneben steht eine Kirche, im Friedhof darum herum herrscht seit Jahrhunderten Grabesruhe. Ein Haus ist noch mit Schilf gedeckt, es ist, wie ein Schild informiert, »A Tudor House«.

Die Sonne stand an diesem Maisonntag schon tief und Rob blinzelte ein bisschen gegen das helle Licht. Vielleicht kniff er auch die Augen zusammen, weil er seine Gedanken sammelte: »Wir sind eine winzig kleine Insel mitten im Nirgendwo und doch haben wir die Welt regiert«, sagte der blonde Mann stolz: »Wir sind eben eine echte Supermacht und wollen uns von niemand anderem regieren lassen.«

Um ihn herum nickten die Leute. Man saß mit Gemach und einem Glas Bier in »Ye Olde Swan« im Gastgarten. Rob selbst hat am Bau gearbeitet, verlor aber vor einem Jahr seinen Job, weil er sich ein Bein gebrochen hatte. Das schiebe er niemandem in die Schuhe, meinte er und betrachtete sein Bier, das in der Nachmittagssonne leuchtete wie Gold. »Ich bin in Milton Keynes aufgewachsen, ich werde hier nicht weggehen«, erklärte er, und der Austritt aus der EU werde den Arbeitsmarkt schon beruhigen. Vielleicht nicht sofort, aber langfristig schon: »Wir werden erst mal kämpfen müssen. Aber das ist es uns wert.«

Phil konnte dem Freund nur zustimmen. Der hochgewachsene Rotblonde lacht gerne und oft und die causa prima ist für ihn vollkommen klar: »Die Regierung soll endlich weitermachen«, sagte er, »wir wollen jetzt sehen, wie sie unser Votum umsetzen.« Ein zweites Referendum wäre ja echter Hohn und wozu das Parlament noch seinen Senf dazugeben muss, wenn das Volk bereits gesagt hat, was es will, das erschließe sich ihm überhaupt nicht. Phil arbeitet im globalen Technologiekonzern Ingram Micro, der in Milton Keynes einen Standort hat. Wegen der Nähe zu London zieht Milton Keynes viele nationale und internationale Firmen an, die hier einen Standort außerhalb der teuren Metropole eröffnen. Wie sich der Austritt aus dem EU-Binnenmarkt auf die Firma auswirkt, war Phil eigentlich immer schon egal: »Hauptsache der Brexit kommt.«

Auch die einzige Frau am Tisch stimmte dem aus vollem Herzen zu. Sie wollte ihren Namen nicht preisgeben, man ist es hier nicht gewöhnt, mit Journalisten zu reden. Doch sie hörte sehr genau zu und wollte sicher sein, dass die Gäste aus Österreich etwas von den Engländern in Milton Keynes verstehen: »Wir sind keine Rassisten.« Sie und ihre Töchter haben alle ausnahmslos für den Austritt aus der EU gestimmt. »Das hat nichts damit zu tun, dass wir Sie nicht mögen«, meinte sie freundlich. »Wir wollen nur lieber unsere eigenen Gesetze machen und uns nichts von Brüssel vorschreiben lassen müssen.«

Was wird passieren, wenn der EU-Austritt kein Heil bringt? Keine neuen Jobs und kein neues Empire? Eine Besinnung auf das einfache Glück im Biergarten? Das ist eine friedliche

Perspektive. Solange Brüssel sich nicht mehr einmischt, so finden die Leute hier, wäre alles in Butter und Bier.

Die schwierige Weltenlage wird aber vermutlich die gemütliche Stimmung sehr wohl stören. Wie kann man den ländlichen Regionen neues, produktives Leben einhauchen? In London ist das leichter, dort sorgt der Finanzsektor für hohe Produktivität – 73.700 Pfund pro Arbeitskraft im Jahr 2017 laut dem Thinktank Centre for Cities. Die Regierung könnte die Offshore-Steueroasen trockenlegen, Multimillionäre stärker besteuern und so den überhitzten Wohnungsmarkt etwas abkühlen und die Steuersäcke füllen.

Die ärmeren Regionen Englands aber haben ein großes Problem, das in allen Berichten und Diskussionen immer wieder auftaucht: den *skill gap*. Die britische Arbeitnehmerschaft wird einfach zu schlecht ausgebildet. In Städten wie Doncaster liegt die Produktivität bei 41.000 Pfund pro Arbeitskraft. Zu den vielen Investitionen, die der Regierung mit oder ohne Brexit abverlangt werden, gehört also die Bildung, vor allem auf der Ebene der mittleren Reife und dualen Ausbildung, die in Großbritannien seit Margaret Thatcher kaum mehr gefördert wurde.

In Milton Keynes in der Nähe von London aber hat nicht einfach Frustration für das Votum gegen die EU gesorgt. Das Städtchen und sein Umfeld sind mit 64.700 Pfund Produktivität pro Arbeiter heute schon eine sehr produktive Zone in England. Zwischen 2004 und heute sind in Milton Keynes Bevölkerung, Jobs und Produktivität enorm gewachsen. Und schön ist es im Biergarten von »Ye Olde Swan« auch noch. Trotzdem wollten die Leute hier die EU loswerden. Die EU, so sieht man das hier, ist für England eine Fehlentwicklung.

»Eure Gurken könnt ihr wieder mitnehmen«, rief der Vierte in der Runde plötzlich etwas unvermittelt. Es war zwar vom grünen Gemüse gar nicht die Rede, der Einwurf bezog sich aber wohl auf die EU-Empfehlung, dass Gurken der Klasse 1 nur mit einem geringen Krümmungsgrad verkauft werden. Sein Hund schreckte auf, riss an der Leine, sein Herr stieß sein Glas um, das Bier lief über seine Jacke. Die anderen betrachteten ihn freundlich, ein bisschen Mitleid schwang mit. So wie gegenüber den Europäern auf dem Kontinent: »Die werden sich jetzt schwer tun so ohne uns«, meinte Rob. Es sei aber alles kein Malheur, fügte er hinzu. Solange nur der Brexit kommt.

KAPITEL 9

VERNETZTE WIRTSCHAFT

WEISSE FELSEN

Ein Schreckgespenst geht um in Europa: die Vorstellung, dass es keinen oder einen schlechten Deal zwischen Britannien und der EU gibt und sich die Lastwagen vor den weißen Felsen von Dover stapeln werden. Schon jetzt kann man sehen, um welch enges Nadelöhr es sich hier handelt. Jeden Sommer machen wir einen privaten Brexit und schiffen uns mit Kind, Hund und Auto – Lenkrad auf der rechten Seite – in Dover ein. Von dort geht es per Fähre nach Calais.

Der Personenverkehr ist überhaupt kein Problem, man rollt recht flott in den Bauch der großen Schiffe, trinkt an Deck einen Kaffee und kommt nach neunzig Minuten auf der anderen Seite des Kanals an. Bei den Lkws dauert es etwas länger, sie stehen in Schlangen auf den Eastern Docks von Dover. Doch die Schlange bewegt sich, unentwegt. Dank der bisherigen Regeln des EU-Binnenmarkts können im Hafen 10.500 Lastwagen pro Tag abgefertigt werden. Waren im Wert von 120 Milliarden Pfund gehen hier jährlich durch. Ein paar Meilen weiter spuckt der Eurotunnel unter dem Kanal täglich zusätzlich weitere sechstausend Lastwagen aus, die dann auf den britischen Inseln ihre Güter verteilen.

Die Vorstellung, dass hier ab Ende 2020 – nach der Übergangsphase zum tatsächlichen EU-Austritt – jeder Lastwagen geprüft werden muss und Zollpapiere abgestempelt werden müssen, ist absurd. Dafür ist definitiv kein Platz in Dover. Deshalb mühen sich die Brexit-Minister auch redlich, die Gefahr kleinzureden, dass hier das Chaos auszubrechen droht. Man könne mit elektronischer Überwachung Wartezeiten vorbeugen, heißt es. Heutzutage könne man Papiere elektronisch lesen, das gehe viel schneller.

Dies wird von der britischen Regierung auch als Lösung für Nordirland propagiert – die zukünftige Grenze zwischen dem EU-Mitglied Irland und dem Nicht-EU-Mitglied Nordirland, das gemeinsam mit Großbritannien austreten muss, könne so ohne Grenzposten gesichert werden. Bis zum Abschluss der Verhandlungen hat man sich innerhalb des Kabinetts auf einen sogenannten Backstop geeinigt. Wenn es keinen guten Vorschlag gibt, dem Brüssel und London zustimmen, dann zögert man das Ende der Übergangsphase von 2020 auf 2023 hinaus. Es könnte sein, dass Großbritannien am Ende viel länger – de facto wenn auch nicht de jure – in der EU bleibt als gedacht.

Experten bezweifeln sehr, dass selbst mit neuester Technologie eine barrierefreie Grenze zu erzielen ist. Als Beispiel dient die Grenze zwischen Schweden und Norwegen. Eine lange Grenze mit 1630 Kilometern. Trotz modernster technologischer Ausrüstung zur Überwachung braucht es eine Grenzpolizei, die die Schmuggler unter Kontrolle hält. 322.000 Liter Bier und 47.000 Liter Schnaps hat die Grenzpolizei den meist osteuropäischen Schmugglern innerhalb von sechs Monaten abgenommen. 2016 kam es zu 229.286 Kontrollen. Und das, obwohl Norwegen Teil der European Economic Area, also des Europäischen Wirtschaftsraums EWR, der Schengen-Zone und des Binnenmarkts ist. Norwegen ist allerdings nicht in der Zollunion – weshalb es zu den Kontrollen kommt. Das heißt, Norwegen ist zwar nicht Teil der EU, hält sich aber an die vier Freiheiten für Menschen, Güter, Kapital und Dienste. Würde die norwegische Regierung der britischen Regierung diese Lösung empfehlen? »Für Großbritannien wird das eine weniger attraktive Lösung sein als der heutige Status als Mitglied«, meint die norwegische Premierministerin Erna Solberg im Juni in einem *BBC*-Interview: »Das Vereinigte Königreich müsste im Binnenmarkt noch immer die vier Freiheiten einhalten, hätte aber als Nicht-Mitglied kein Mitspracherecht. Da wäre es besser, gleich in der EU zu bleiben.«

Bleibt Großbritannien nicht in der Zollunion und im Binnenmarkt, dann wird eine kontrollfreie Grenze praktisch unmöglich. »Es kostete mich allein in meinem Auto siebzehn Minuten, die Grenze zu passieren«, erzählt Melle Garschagen, der London-Korrespondent des holländischen *NRC Handelsblad*, der für eine Reportage an die schwedisch-norwegische Grenze gefahren ist. »Die Grenzpolizistin kontrollierte meinen Pass und meinen Kofferraum.« Lastwagen mit Fracht werden entsprechend länger untersucht.

Nach einer Studie des Imperial College London gibt es heute beim Grenzübergang in Dover bei einer Wartezeit von zwei Minuten sechzehn Kilometer Stau. Sollten Lastwagen künftig länger in Dover kontrolliert werden – etwa drei statt zwei Minuten –, kommt es zu 32 Kilometern Stau. Und bei vier Minuten zu 48 Kilometern. In der britischen Regierung geht man außerdem davon aus, dass man bis zu 5000 Zöllner zusätzlich brauchen wird, um die von 55 Millionen auf 255 Millionen anschwellenden Zollakte bewältigen zu können. Bisher aber werden diese Zöllner noch nicht einmal ausgebildet.

Wenn man von den britischen Inseln wegfährt und zurückblickt auf die weißen Felsen von Dover, dann ist das schon ein eindrucksvolles Bild. Elegant und gleichzeitig stolz erheben sich die hellen Steinwände über dem Meer. »Hey, ihr Europäer«, scheinen die weißen Wände zu rufen, »glaubt nicht, dass ihr uns erobern könnt!«

»So schlimm wird das alles nicht werden«, sagt Carolyn Fairbairn und lächelt tapfer. Die Vorsitzende der Confederation of British Industry CBI stellt fest, dass es jetzt schon zwölf EU-Agenturen gibt, die Nicht-EU-Staaten als Mitglied haben: »Es gibt hier mehr Flexibilität, als Sie denken.« Die siebenundfünfzigjährige Geschäftsfrau, die als Lobbyistin die Interessen von 190.000 britischen Firmen und sieben Millionen Angestellten vertritt, hat nie ein Hehl aus ihrer Haltung gemacht. »Sie wissen, mir wäre ein anderes Ergebnis viel lieber gewesen«, meint die offizielle Stimme der britischen Geschäftswelt. Die CBI ist die britische Industriellenvereinigung. Wie bei den meisten *Remainers* liegt in ihrem Blick die Bitte, nicht alle Briten für bizarre Exzentriker zu halten, weil das Inselvolk sich freiwillig aus dem Freihandelsblock von fünfhundert Millionen Menschen direkt vor der Haustür verabschiedet, um sein Glück in der fernen, weiten Welt zu suchen.

Carolyn Fairbairn ist für den Verbleib in der EU eingetreten, weil sie sich die Zahlen genau angesehen hatte: 2016 hat UK Güter im Wert von 362 Milliarden Euro aus der EU importiert, im Vergleich zu 276 Milliarden aus dem Rest der Welt. Beim Export sah es 2016 so aus: Waren im Wert von 623 Milliarden Euro wurden in die Welt exportiert, davon knapp die Hälfte in die EU.

Zum Vergleich: Nach China gingen 2016 Güter im Wert von 19 Milliarden Euro, importiert hat Großbritannien aus China weit mehr als doppelt so viel, nämlich Waren im Wert von 48 Milliarden.

Man muss schon sehr exzentrisch sein, um diese Zahlen so zu lesen, dass das Glück der britischen Industrie künftig in

China liegt. Deshalb hat sich Carolyn Fairbairn auch in den ersten 18 Monaten nach dem EU-Referendum im Juni 2016 sehr deutlich dafür ausgesprochen, dass das Vereinigte Königreich doch – wenn es schon austreten muss – wenigstens in der Zollunion bleiben sollte, um den freien Fluss des Handels nicht wieder künstlich zu behindern.

Welche Chancen ergeben sich, wenn die EU-Regeln für Britannien nicht mehr gelten? Die britische Autoindustrie ist eine der wichtigsten des Landes. An Warnungen fehlt es nicht: In Großbritannien produzierte Autos bestehen aus Teilen, die aus anderen EU-Mitgliedstaaten zugeliefert werden. Die Servolenkung kommt gemeinhin aus Deutschland, die elektronische Steuerung aus Rumänien und die Stoßdämpfer aus Polen. Wenn diese Just-in-Time-Lieferungen nicht mehr reibungslos funktionieren, weil es keine Zollunion mehr gibt, könnte es zu längeren Wartezeiten bei Bestellungen kommen.

Die Firma Jaguar Land Rover ist ein interessantes Fallbeispiel. Die traditionsreiche englische Autofirma – die größte Britanniens – ist heute im Besitz der indischen Tata. JLR hat im Juli 2018 einen durchdringenden Hilfeschrei losgelassen: Ein harter Brexit würde die Firma 1,36 Milliarden Euro im Jahr kosten und das Geschäft in Britannien sei dann nicht mehr lukrativ. Bevor neue Investitionen getätigt werden könnten – 91 Milliarden Euro in den kommenden fünf Jahren –, wolle man Sicherheit haben. Schon jetzt sei es schwierig, internationale Talente in die Firma zu holen.

Jaguar ist nicht die einzige Firma, die solches verlauten ließ. Andere große Autofirmen wie BMW und Nissan haben ähnliche Bedenken. Der europäische Flugtechnologie-Konzern Airbus auch. Der Ruf nach Planungssicherheit ist verständlich. Interessant aber ist die Frage, was in dem Moment passiert, wenn Klarheit herrscht. Wird Jaguar sich aus Großbritannien zurückziehen und mehr in Nitra in der Slowakei produzieren, wo die Firma 2018 ein neues Werk eröffnet? Der Land Rover Defender soll nur dort gebaut werden.

Es heißt, dass dafür in den englischen Standorten Halewood und Solihull die neuen elektrischen Modelle in Produktion gehen könnten. Das wäre den Engländern nur recht. Die Zukunft liegt schließlich eher bei den Elektroautos als bei den alten Diesel- und Benzinwagen. BMW zum Beispiel will Ende 2019 den ersten kompletten E-Mini vorstellen.

Tory-Abgeordneter Owen Paterson hält es für wenig wahrscheinlich, dass die robuste Autoindustrie sich abschrecken lässt. »Ohne die EU-Zollunion wird die Produktion für Jaguar eher billiger werden. Die Firma kann dann auf dem Weltmarkt Autoteile kaufen, die viel günstiger sind als jene, die von EU-Schutzzöllen künstlich teuer gehalten werden.« Sollte Großbritannien ohne Deal aus der EU ausscheiden, so beunruhigte dies Paterson, ehemals Umweltminister unter David Cameron und Verfechter eines harten Rückzugs aus der EU, keineswegs: »Dann handeln wir nach den Regeln der World Trade Organisation und setzen unsere Zölle selbst fest.«

All das bräuchte zwar eine Weile. Zehn Prozent Zölle auf Autos nach WTO-Regeln wäre laut Autoindustrie verheerend, die Briten wären damit nicht international konkurrenzfähig. Derzeit ist Britanniens Autoindustrie auch noch von den Einzelteillieferungen aus der EU abhängig. Das kann sich freilich auch ändern, wenn Britannien mehr in diese Produktionssparten investiert. Die britische Industrie und der lokale Jobmarkt würden davon profitieren.

Carolyn Fairbairn wägt all diese Vor- und Nachteile ab. Sie ist vom Gerangel in der britischen Regierung zermürbt. »Das Wichtigste für britische Firmen ist Klarheit«, meint sie, »damit wir uns alle darauf einstellen können, was auf uns zukommt. Praktisch alle Geschäftsleute wollen friktionslose Handelsbeziehungen mit der EU. Wir brauchen einen Brexit, der das garantiert, und Mays Vorschlag für ein möglichst nahes Verhältnis zur EU könnte uns das am ehesten bringen.«

BREXIT-ANGST

Sollten die Briten Zölle einführen, weil sie nicht in der Zollunion bleiben, dann fürchten viele Firmen auf dem Kontinent und auf den Inseln um den bisher reibungslosen Ablauf der Lieferketten, die sich in der verschränkten Wirtschaft über den Ärmelkanal entwickelt haben. Vor allem in der Flugzeug- und Autoindustrie, aber auch in der Chemiebranche sind die Zulieferungen der Briten groß. Die paneuropäische Firma Airbus, die in Britannien Flugzeugflügel herstellt, warnte im Sommer 2018 vor »massiver Behinderung und Unterbrechung der Produktion im Vereinigten Königreich«, sollte Großbritannien gar keinen Deal mit der EU aushandeln. Eine Übergangsphase bis Ende 2020 sei zu kurz, um die Produktionsbedingungen umzustellen.

»Am Tag nach dem Referendum kamen wir hier zusammen, alle waren sprachlos«, erzählt etwa Nic Clark, der englische Geschäftsführer der österreichischen KLH, die vorfabrizierte Module aus Kreuzlagenholz aus der Obersteiermark nach Großbritannien liefert. Die Büros sind in einer alten Segelmanufaktur neben der Tower Bridge untergebracht. 25 Mitarbeiter, die Hälfte aus Europa, die anderen aus dem Vereinigten Königreich. »Die Tschechen, die Ungarn – sie konnten es genauso wenig fassen wie ich.«

Derzeit wird zum Beispiel die Eleanor Smith School in Eastham mit Elementen aus Kreuzlagenholz von KLH gebaut. Die einzelnen Teile werden in der österreichischen Steiermark zugeschnitten, verleimt und direkt nach East Ham gebracht. Die Art von Produktion ist logistisch ausgeklügelt, kommt ohne Lager aus und basiert darauf, dass es keine Zollschranken gibt, die den Lieferprozess aufhalten. Genau das steht auf dem Spiel, wenn die Briten wie angekündigt aus der Zollunion austreten.

Bisher dauert ein derartiges Projekt von Abschluss bis Lieferung 20 Wochen. »Unter Umständen werden wir uns umstellen müssen. Der Kunde wird dann mit zehn Wochen mehr zu rechnen haben«, meint Clark. Das ist noch keine Katastrophe. Wichtige Themen, die nach wie vor ungeklärt bleiben, sind für ihn, wie sich die Mehrwertsteuern verändern werden, wie sich das auf den Cashflow in der Firma auswirken wird, welchen Volten der Wechselkurs ausgesetzt werden wird.

Noch aber sind bei KLH Neuzugänge zu begrüßen. Die Ingenieurin Carla Tutolo sitzt im Frühsommer 2018 bei einem Willkommenskaffee mit den beiden anderen Italienern des Betriebs zusammen. »Ich wollte auf jeden Fall nach London kommen«, meint die junge Frau. Ihr erster Vertrag ist jetzt erst einmal auf drei Monate befristet. Bis dahin treten die Briten sowieso nicht aus. Und danach? Für viele Südeuropäer wird London auch später ein Anziehungspunkt bleiben.

KEINE PANIK

Auch Wolfgang Hink wirkt nicht so, als hätte er schlaflose Nächte. Der UK-Geschäftsführer des österreichischen Konzerns Fronius macht zehn Millionen Pfund Umsatz im Jahr mit Schweißtechnik, Batterieladegeräten und Solaranlagen: »Es gibt keine einheimische Konkurrenz, niemand hier produziert, was wir anbieten«, meint der Oberösterreicher, der seit drei Jahren in Buckingham beheimatet ist. Fronius ist weltweit vertreten. Wer mit Brasilien Geschäfte machen kann, wird das auch mit dem Vereinigten Königreich schaffen, wenn es einmal ausgetreten ist: »Wir haben 28 Niederlassungen auf der ganzen Welt, für uns wäre eine Umstellung schon machbar.« Allerdings: »Wir produzieren in Euro und verkaufen in Pfund – ein schwaches Pfund wäre gar nicht gut für uns.«

Bisher dauert es für seine Lkws von Sattledt in Oberösterreich bis Milton Keynes eine Woche. Eine Stunde nördlich von London ist das Lagerhaus. Während der Flüchtlingskrise 2015, als die Lastwagen an den Grenzen Österreichs kontrolliert wurden, um Menschenschmuggel zu unterbinden, war die Reisezeit für die Güter fast doppelt so lang. Das war aber eine Ausnahme. Der EU-Austritt, wenn er härter wird als gehofft, könnte die langen Grenzwartezeiten zum Regelfall machen.

Für Hink ist die Ausbildung von Lehrlingen in Großbritannien nicht ausreichend gut organisiert. Ein Schnellsiedekurs für Installateure dauert hier acht Wochen. Mit einer Lehre bis zur Berufsfähigkeit von mindestens drei Jahren wie in Österreich kann man das kaum vergleichen. Als Hink einen jungen Installateur suchte, boten sich zwar viele an, keiner aber war qualifiziert. Die Lehrausbildung ist in Großbritannien seit den »Reformen« von Margret Thatcher, die sich um die Liberalisierung des Marktes kümmerte, wegen Unterfinanzierung praktisch eingestellt worden. Hink kooperiert mit einer Universität in der Nähe, deren Studenten bei Fronius Praktika machen. Was er aber bräuchte, wären gut ausgebildete Handwerker.

Nach langer Suche fand der Fronius-Geschäftsführer einen guten englischen Installateur. Peter Wood ist 57 Jahre alt und

weiß noch aus den Vor-Thatcher-Zeiten, was ein Wechsel-
richter ist. Wood steht unten in der Lagerhalle auf einer Steh-
leiter, repariert eine Leitung und ruft: »Mir gefällt der Job,
hier gehe ich erst in der Kiste raus. Im Gegenzug bringe ich
den Österreichern jetzt britischen Humor bei.«

BYE BYE BINGE WATCHERS

Zuerst die gute Nachricht. Seit 1. April 2018 ist es möglich,
dass EU-Reisende ihren Online-Content für bezahlte Dienste
mitnehmen können. Bisher konnten Briten auf Reisen auf dem
EU-Festland mit ihrem Netflix-Zugang zwar das jeweils lokale
Angebot ansehen, aber nicht das ihres Heimatlands. Genauso
steht es mit Filmen oder Serien von Amazon Prime. Ab nun
steht dem Binge Watching im Urlaub auf Ibiza nichts im Wege.
    Zumindest bis zum Austritt aus der Europäischen Union.
Laut EU-Kommission werden Briten ihre eigenen Medi-
en-Apps samt ihren Inhalten dann nicht mehr mit auf Urlaub
nach Europa nehmen können. Für die wachsende Zahl an se-
rienhungrigen Konsumenten wird das einen Entzug der ärgs-
ten Art bedeuten. Bye-bye Netflix & Co. Außer natürlich,
Großbritannien verhandelt sich wieder in diese Regel hinein.

DER NEUE GRÜNE

Umweltminister Michael Gove vereint alles in sich, was ein
ordentlicher Neo-Con britischer Provenienz so braucht: Er
unterstützt reaktionäre politische Inhalte – er genehmigte als
Unterrichtsminister kreationistische Schulen, in denen die
wissenschaftlichen Erkenntnisse zur Entstehung der Welt

abgelehnt und durch die Bibellehre ersetzt wurden. Und der einundfünfzigjährige Tory war von Beginn an ein führender EU-Kritiker. Wenn es nach ihm ginge, dann würde nicht nur Britannien aus der EU austreten, er sähe gerne die Auflösung der gesamten EU. Seine instinktive Abneigung der Europäischen Union, die sich aus seinem neoliberalen Denken speist, verbindet sich mit schmerzhaften Kinderheitstraumata. Die Fischereiquoten, die von der EU in den siebziger Jahren eingeführt wurden, hätten die Firma seines Adoptivvaters erledigt, hat er einmal merklich bewegt in einer Fernsehdebatte erzählt. Dass EU-Experten erklären, man habe die Quoten eingeführt, um die überfischten Sorten vor dem Aussterben zu bewahren, ficht Gove nicht an. Wie er von Experten überhaupt nicht sehr viel hält. »Die Menschen in diesem Land haben genug von Experten«, sagte er im Juni 2016, um ernsthafte Einwände von Fachleuten hinsichtlich der Folgen des EU-Austritts vom Tisch zu wischen.

Da der Brexit die politischen Verhältnisse auf den Kopf stellt, ist nun aber plötzlich Goves große Stunde gekommen: Er macht neuerdings in eine ganz neuen Rolle von sich reden: als Grüner. Zuerst hat er im Juli 2017 den Chlorhühnern aus Amerika eine klare Absage erteilt: »Wir werden kein Handelsabkommen eingehen, das unsere Standards in der Nahrungsmittelsicherheit senkt«, sagte er in einem *BBC*-Interview. »Donald Trump kann sich mit seinem Handelsabkommen brausen gehen, wenn er Chlorhühner mit einbeziehen will?«, fragte der Interviewer. »Ja«, sagte Gove.

Mit dem Austritt aus der EU müssen die Umweltstandards der EU durch eigene britische ersetzt werden. Als zuständiger Minister muss Gove nun dafür sorgen, dass eine eigene britische grüne Aufsichtsbehörde eingerichtet wird, die auch die Zähne hat, die Senkung von grünen Standards zu verhindern. Das ist nicht ganz leicht, andere Minister planen keinen grünen Brexit, sie haben eigene Prioritäten. Liam Fox will lieber Handelsabkommen schließen. Goves grünes Gericht wird, das wurde im Laufe der Abstimmungen im Parlament immer klarer, nur beratende, nicht strafende Funktion haben.

Der führende EU-Skeptiker kann aber nun auch die Zukunft der britischen Landwirtschaft mitbestimmen. Anfang 2018 schlug der Umweltminister vor, dass Beihilfen für Bauern künftig daran geknüpft werden sollen, dass die Landwirte nachhaltig und im öffentlichen Interesse wirtschaften. So sollen sie Wiesen mit wilden Blumen pflanzen und die Wasserqualität verbessern. Bis 2022 soll sich nichts an den bisherigen EU-Beihilfen ändern, danach aber kommt die Umstellung.

Heute bekommen britische Farmer 3,4 Milliarden Euro pro Jahr. Ausgezahlt wird nach der Größe des Landes, meint Michael Gove. Er hat mitgeteilt, dass die Gemeinsame Agrarpolitik der EU – kurz GAP – »ungerecht« sei und »Effizienz nicht belohnt« werde.

Die Wahrheit ist – wie üblich bei EU-Themen – allerdings etwas komplexer. Es stimmt, Frankreich war innerhalb der EU immer der wichtigste Lobbyist der Bauern, die in Frankreich besonderes Gewicht haben. Die GAP ist aber über die Jahrzehnte tiefgehend reformiert worden. 1984 gingen noch 71 Prozent des EU-Budgets an Agrarsubvention, 2013 waren es nur noch 29 Prozent. Die Butterberge und Milchseen – Resultat der europäischen Überproduktion – gehören schon lange der Vergangenheit an. Und so auch die reine Konzentration auf landwirtschaftliche Produkte oder die von Gove proklamierte Größe des Betriebs.

Gerade Österreich gehörte in der Ära von EU-Landwirtschaftskommissar Franz Fischler zu jenen EU-Mitgliedern, die die GAP von Betriebsgröße und Produktionskapazität auf umweltverträgliche Nachhaltigkeit umstellen wollten. Die österreichischen Höfe sind im Durchschnitt viel kleiner als die Großbetriebe der Briten. Und genau die Briten waren es, die 2007 die Reform zur Deckelung der Subventionen nach Größe boykottierten – gemeinsam mit Deutschland übrigens. In Britannien gab es damals noch 20 Betriebe, die jeweils 566.000 Euro an Subventionen bekamen, und der EU-Vorschlag, die Deckelung bei 340.000 Euro einzuziehen, scheiterte schlicht an den Briten.

Dass Michael Gove nun seine grüne Ader entdeckt, ist an sich zu begrüßen. Er bringt sich da allerdings eher spät ins Spiel. Seit dem Jahr 2000 ist nämlich mit der »ländlichen Entwicklungspolitik« der EU ein zweiter Pfeiler in die GAP eingezogen worden. Elf Prozent des gesamte EU-Budgets werden darauf verwendet, die landwirtschaftliche Nachhaltigkeit zu verstärken und den Klimawandel zu bekämpfen. Michael Gove hätte also nicht aus der EU austreten müssen, um ein Grüner zu werden.

WEITER HORIZONT

»Ich war ja mal Gastarbeiter in Deutschland«, sagte Greg Hands zur Begrüßung in fließendem Deutsch. »Genau genommen war ich ein Jahr lang Bademeister.« Von Theresa May wurde der konservative Politiker zum Staatssekretär für Internationalen Handel bestellt. Er hat im Winter 2018 den ungemütlichen Job übernommen, die Basis für neue Handelsverträge auszuarbeiten. Hands selbst hat für den Verbleib seines Landes in der EU gestimmt. »Meine Frau ist Deutsche, meine Kinder sind zweisprachig«, meinte er und sah ein wenig gequält aus.

Es heißt zwar für die Brexitannia jetzt nicht gerade volle Kraft voraus, aber immerhin darf Großbritannien schon in der Vorbereitung des Austritts und während der Übergangsphase bis Ende 2020 über künftige Handelsabkommen mit Drittländern verhandeln. Zumindest bis zum 31. Dezember 2020 wird Großbritannien die bisherigen EU-Abkommen einhalten. Es handelt sich um Handelsabkommen mit 70 Drittstaaten. Großbritannien hofft, die Mehrheit der EU-Abkommen einfach übernehmen zu können. Unterzeichnet werden dürfen die neuen Freihandelsverträge aber erst, wenn auch die Übergangsphase vorbei ist und das Vereinigte Königreich endgültig ausgetreten ist.

Für Verträge mit Südkorea, Kanada und Südafrika hofft Minister Hands auf die Methode Copy & Paste, die mehr oder weniger daraus besteht, den bisherigen EU-Vertrag mit dem jeweiligen Staat durch Kopieren und Einsetzen schnell auf bilaterale Verträge zwischen Großbritannien und dem jeweiligen Drittland umzuschreiben. Unter den ersten Staaten, mit denen die Briten auf schnellen Fortschritt bei Freihandelsabkommen hoffen, sind jene mit historisch engen Beziehungen: Australien, Neuseeland und die Vereinigten Staaten von Amerika. Vor allem die freundlichen Commonwealth-Staaten, die bereits ein Abkommen mit der EU geschlossen haben, stehen für die Briten auf der To-do-Liste ganz oben.

Um die neuen Aufgaben zu meistern, haben Greg Hands und sein Boss Liam Fox das Ministerium für Internationalen Handel aufgestockt. Statt 50 arbeiten dort jetzt 450 Experten. Da die große Welt winkt, braucht es eine größere Bürokratie. »In dieser Zeit der Globalisierung und während wir die EU verlassen, winken unserer Wirtschaft große Preise«, meint Liam Fox in einer Rede im März 2018 vor britischen Exporteuren, »wenn wir uns nur trauen! … Die EU wird immer ein wichtiger Partner bleiben … aber wir können nicht die Praktiken und die Strukturen der Vergangenheit unsere Zukunft behindern lassen.«

Die Vision der *Brexiters* ist klar: Die EU ist die Vergangenheit, der Handel mit Asien und dem Rest der Welt die Zukunft. Der EU wird Protektionismus unterstellt, den man sich künftig sparen will. Ob es sich um den Schutz von Arbeitnehmerrechten, Bauernsubventionen oder Nahrungsmittelstandards handelt – alles ist, wenn es nach Fox geht, jetzt wieder verhandelbar.

Der Handel selbst reagiert bisher zögerlich. Einfuhren aus Deutschland in das Vereinigte Königreich sind 2017 um zwei Prozent geschrumpft. Die britische Wirtschaft wächst im Vergleich zum EU-Durchschnitt weniger schnell. Innerhalb der Regierung beantwortet man diese Zahlen mit einer Mischung aus Hochmut und Größenwahn. »Die EU sollte sich echte Sorgen machen«, meinte der freundliche Greg Hands zum Beispiel: »Bayern exportiert doppelt so viel zu uns wie wir nach Bayern.«

Hands selbst wird die Unterzeichnung der ersten bilateralen Handelsabkommen nicht mehr selbst überwachen können. Er trat im Juni 2018 zurück. Allerdings nicht wegen der Europasache. Hands hatte vielmehr versprochen, gegen die Regierung zu stimmen, sollte sie eine dritte Landebahn für den Flughafen Heathrow beschließen. Hands' Wahlbezirk liegt unter der Einflugschneise in Westlondon.

GEKÖPFTE THATCHER

Catherine McGuinness fing ganz von vorne an, um zu erklären, wieso die City of London zu dem geworden ist, was sie heute ist. »Die Gruft neben diesem Saal wurde 1169 gebaut«, erklärte sie in der ihr eigenen präzisen Art. Sie ist die Vorsitzende des Politikausschusses der Londoner City und führte fast mit Besitzerstolz durch die Guildford Hall, ein Gebäude, das als Museum gebaut wurde und heute für Events vermietet wird.

Die magische Meile, wie die City of London genannt wird, ist ein kleiner Teil der Londoner Metropole, die einen Sonderstatus genießt. Sie genießt seit 886 Selbstverwaltung, als Alfred, König der Angelsachsen, seinen Schwiegersohn Æthelred zum Gouverneur Londons ernannte und sich ab dann spezielle Bedingungen für Händler in London entwickelten. Als Margaret Thatcher 1986 die City of London deregulierte, gab es also bereits eine über tausend Jahre alte Tradition des Finanzgeschäfts in der Stadt. Von da an boomte London als Finanzstandort vor allem für US-Banken. 1984 beschäftigte Goldman Sachs zum Beispiel 140 Mitarbeiter. 2006 waren es sechstausend.

Nicht alle Menschen fanden Thatchers Reform gut. »Hier hinten steht eine Statue von Margaret Thatcher«, erzählte McGuinness und ihre fein geschminkten Lippen verzogen sich zu einem kleinen Lächeln: »Sie wurde mal von jemandem geköpft, wir haben den Kopf wieder aufgeklebt. Man sieht es kaum.«

Heute wird die City of London oft nur auf den Finanzbezirk reduziert, weil viele Banken hier ihren Sitz haben. Catherine McGuinness aber meinte: »Wir haben noch ganz andere Aufgaben, wir sind zum Beispiel für die Wasserqualität der Themse zuständig.« Hauptsächlich aber muss sie sich derzeit mit dem Thema Nummer eins herumschlagen: dem Brexit.

Bisher konnten sich Firmen aus aller Welt in London niederlassen, die Kinder konnten die englischen Schulen besuchen und die Eltern von der britischen Metropole aus den EU-Markt bespielen. Das wird sich jetzt ändern, gab McGuinness zu: »Wir haben stattdessen den ehrgeizigen Versuch gemacht, einen gegenseitigen Marktzugang vorzuschlagen. Wir fangen ja bei völliger Übereinstimmung an, wir müssen uns also nicht allzu viel einfallen lassen.« Das sieht die EU anders, schließlich können die Briten nicht die Vorteile des gemeinsamen Marktes nutzen, wenn sie die Pflichten nicht mehr mittragen. Der Verlust der Passporting-Rechte wird London als Finanzstandort beschädigen, darüber sind sich alle Experten einig. Wenn Großbritannien aus dem EU-Binnenmarkt austritt und damit die vier Freiheiten für Waren, Güter, Menschen und Dienstleistungen nicht mehr automatisch akzeptiert, dann gilt umgekehrt, dass Firmen, die in London registriert sind, nicht mehr im Binnenmarkt zu Hause sind, um dort ihre Dienstleistungen anzubieten.

Noch ist Großbritannien nicht ausgetreten und der Schaden für die City ist noch nicht genau abzusehen. Nach einer Studie von Oliver Wyman sollten zwischen 4000 und 75.000 Jobs verloren gehen, weil Firmen zumindest einen Teil ihrer Angestellten in die EU verlegen müssen, um dort zu den Bedingungen des Binnenmarkts arbeiten zu können. Mark Boleat, ehemals Vorsitzender der City of London Corporation, schätzt bei einer Rede vor der Cass Business School, dass die Finanzdienste in der City zwar überleben werden, aber: »Wenn die City heute achtzig Prozent des internationalen Business hat, dann wird sie in der Zukunft etwa bei sechzig Prozent liegen.«

Catherine McGuinness meinte: »Wir stehen erst am Anfang. Bisher sind es vielleicht zehntausend Jobs, die weg sind.« Der Austritt aus der EU bringe aber bereits jetzt auch Vorteile: »Wir haben neue Energie gewonnen, weil wir ja jetzt argumentieren müssen, warum London trotzdem ein guter Standort ist, auch ohne EU-Mitgliedschaft.« Bisher sei weder bei den Jobs noch bei Mieten eine große Einbuße festzustellen. Den Einwand, dass Britannien ja erst Ende 2020 die EU tatsächlich verlässt, ließ sie gelten. Ihre Asienexpertin Sherry Madera wies aber darauf hin: »Die Asiaten denken nicht in Monaten, sie denken in Jahrzehnten. Während wir über die nächsten zwei Jahre reden, sprechen die längst über die Ära danach.«

Da ist Brexit-Britannien gerne dabei: Die Bank HSBC zum Beispiel macht jetzt schon einen größeren Umsatz in Asien als in Europa. Und die asiatischen Big Players kommen ja nicht nur wegen Europa nach London, sondern weil London ein wichtiger Finanzstandort für die Welt ist. »Europäische Firmen können hier in London das Shanghai Clearing House oder die indische Staatsbank treffen, deren Europa-Operationen von hier aus gesteuert werden«, meinte Madera.

Zu den neuen Hoffnungen der Briten zählen innovative Projekte wie die Green Finance Initiative, die vor zwei Jahren gestartet wurde und bei der es vornehmlich darum geht, wie man in China nachhaltig und ökologisch investieren kann. Gerade in China herrscht im grünen Bereich Aufholbedarf. Die Briten könnten da mit ihrem Know-how in Finanz und Ökologie auf lebhaftes Interesse stoßen.

Es gibt auch ganz neue Initiativen, die als Wachstumsgebiete mit Dringlichkeit gesehen werden. Dafür macht sich heute Ex-Premier David Cameron stark. Dieser hat die Blamage von 2016 hinter sich gelassen. Der Tory-Premier, der das EU-Referendum 2015 auf die Agenda setzte, für den Verbleib in der EU gekämpft hat und nach dem Votum am 24. Juni 2016 zurücktrat, ließ auf dem Weltwirtschaftsgipfel in Davos 2018 verlauten, der Austritt aus der EU sei »ein Fehler, aber kein Desaster«.

Er war sich nicht bewusst, dass neben ihm ein Mikrofon mitlief, als er ein wenig unterwürfig versuchte, den britisch-indischen Stahl-Tycoon Lakshmi Mittal für sein neues Erfolgsprojekt zu begeistern. Cameron ist heute Lobbyist für die neue Seidenstraße. Er arbeitet in einem Fonds mit, der mit staatlicher Unterstützung der Briten ein Projekt Chinas unterstützt. In diesem Fonds liegen 750 Millionen Pfund, die in Transportprojekte in China und den umliegenden Ländern investiert werden sollen. Die Belt and Road Initiative will eine neue Landverbindung zwischen China und dem Westen bauen. In der EU wird das deshalb kritisch gesehen, weil China dabei auch wichtige europäische Infrastruktur – wie etwa den Hafen von Piräus – erwerben möchte. Was ein Besitzerwechsel mit sich bringen würde, ist bisher noch nicht abzusehen. Der Horizont von Global Britain jedenfalls ist weit.

KAPITEL 10

DER EINSAME KRIEGER

GALILEO

David Davis schüttelte den Kopf, ohne sein Lächeln zu verlieren. Der britische Brexit-Minister hat dies in den Monaten der Verhandlungen oft getan. Der neunundsechzigjährige konservative Politiker wirkte wie der Chefsteward eines Dampfers, der alle bei Laune halten muss, obwohl er selbst seekrank war. Die Brexitannia läuft aus dem Hafen der EU aus und gerät dabei auf stürmische See. Kapitänin Theresa May hat am Steuerrad vom ersten Tag an mit einer permanenten Meuterei von Außenminister Boris Johnson und gleichgesinnten Tory-Hardlinern gekämpft. David Davis selbst, auch er ein strammer EU-Kritiker, hat oft damit gedroht, von Bord zu gehen, weil die Kapitänin einen zu sanften Kurs gesteuert hat. Am 8. Juli 2018 schließlich machte er damit ernst. Wenige Monate vor Ende der Verhandlungen musste die Premierministerin mit Dominic Raab, dem bisherigen Wohnbauminister, einen neuen Chefverhandler präsentieren. Boris Johnson sprang Davis hinterher. May ernannte Gesundheitsminister Jeremy Hunt als Ersatz.

Wer braucht bei so einer Mannschaft noch feindliche Heere? Die Labour-Opposition hat im Vergleich eher leidenschaftslos damit gedroht, die Brexitannia zu versenken.

Als Minister für das Department for Exiting the European Union hatte sich David Davis seit Beginn der Verhandlungen durch all diese Querelen durchgelächelt. »Ich verstehe ja, dass mitten in den Austrittsgesprächen viele Mitgliedstaaten betrübt sind«, meinte der grauhaarige Tory-Politiker bei einem Gespräch in seinem kleinen Büro im Frühling 2018. Es war karg eingerichtet, so als hätte Davis nie vorgehabt, lange zu bleiben.

Vom Fenster des Brexit-Ministers aus hat man einen sehr guten Blick auf das berühmte kleine Haus, in dem die britischen Regierungschefs residieren. 10 Downing Street sieht in der Seitenansicht noch niedlicher aus, fast erdrückt vom mächtigen Schatten des imperialen Außenministeriums. Der Minister residiert in den ehemaligen Kemenaten des Finanzministers im Nebenhaus. David Davis saß mit dem Rücken zur Aussicht und sein Lächeln wirkte etwas gezwungen, als er sagte: »Es ist unklug, die britische Regierung aus jenen Programmen auszugrenzen, in denen wir bleiben wollen. Wir möchten nach dem Austritt aus der EU gute Weltbürger und gute europäische Bürger sein.«

Daran zweifelt an sich niemand, auch die EU-Kommission nicht. Was die Briten aber ein wenig unterschätzt haben, ist die Dynamik in Brüssel. Dort verteilen die anderen schon das Fell, bevor die Briten überhaupt austreten. Bisher hatte das Vereinigte Königreich die wichtigste Rolle beim europäischen Satelliten-Navigationssystem Galileo gespielt. Es ist Europas einzigartiges Technologieprojekt, die Konkurrenz zum amerikanischen GPS-System. Galileo soll, wenn alle anderen Navigationssysteme ausfallen, die EU-Staaten schützen. Die Briten waren der Meinung, sie treten zwar aus der EU aus, bleiben aber in Galileo drin. Sie nahmen an, dass sie im Austausch für einen Mitgliedsbeitrag und das Angebot, auch in Zukunft Sicherheitsdaten mit den anderen EU-Staaten abzugleichen, in Galileo bleiben könnten.

Die EU-Kommission hat im Januar 2018 in einem Brief an London jedoch klargestellt, dass das nicht geht. Wer aus der

EU austritt, tritt auch aus den EU-Programmen aus. Dem Vereinigten Königreich steht nach Meinung der EU-Verhandler Galileo deshalb nicht automatisch offen. Hochsensible Informationen können ohne ein neu auszuhandelndes Sicherheitsabkommen nicht mehr weitergegeben werden. »Es gibt rechtliche Argumente der Kommission«, räumte David Davis ein, »aber praktisch gesehen ist es töricht.«

Es ist eine ironische Pointe, dass Großbritannien jetzt unbedingt an Galileo festhalten möchte. Ursprünglich hatte das Land das Bestreben, ein unabhängiges europäisches Satellitensystem zu etablieren, hart bekämpft. Britische Politiker nannten die Idee für Galileo herablassend »Common Agricultural Policy in space«. Erst Tony Blair, der Proeuropäer unter den britischen Premiers, ließ sich darauf ein. Lange Jahre kämpfte das Programm ums Überleben. Doch inzwischen ist das Vereinigte Königreich neben Frankreich der wichtigste Mitgliedstaat. Britannien zahlt immerhin zwölf Prozent der Kosten für Galileo. Gerade in Zeiten wie diesen, in denen Großbritannien sich in direkter Konfrontation mit Russland befindet, die Vereinigten Staaten wegen Donald Trumps erratischer Präsidentschaft kein sicherer Verbündeter mehr sind und sich das Land außerdem gegen Attentate islamistischer Fanatiker wappnen muss, kommt der drohende Ausschluss aus dem sicherheitspolitisch höchst relevanten europäischen Navigationssystem in Whitehall gar nicht gut an.

Die Briten haben auch klar gesagt, dass sie im Copernicus-Programm bleiben wollen, dem European Earth Observation Programme. Mit Copernicus wird die Erdoberfläche beobachtet. Auch da sagt die EU: Leider nein. Im Juni 2018 schlug die EU-Kommission eine ehrgeizige Zusammenführung von Galileo und Copernicus zu einem einzigen Weltraumprogramm vor. Das Budget soll im nächsten Finanzplan bis 2027 sechzehn Milliarden Euro betragen. Das Vereinigte Königreich wird in diese Planungen nicht mehr einbezogen.

David Davis fand es unseriös, ausgerechnet die Sicherheitszusammenarbeit infrage zu stellen: »Wir nehmen unsere Allianzen sehr ernst«, meinte er. Es sei unfair, »wenn die Kommission argumentiert, wir wären nach dem EU-Austritt kein sicherer Partner mehr. Das hätte Auswirkungen auf unsere Verteidigungskapazitäten.« Es sei eine britische Firma, die derzeit für die Datenverschlüsselung und die Entschlüsselung sorgt. Galileos Bodenservice wird zudem von Airbus im englischen Portsmouth besorgt.

Aus europäischer Sicht ist die gekränkte Haltung der Briten schwer zu verstehen. Es sind schließlich die Briten, die der EU mit ihrem Austritt die Zusammenarbeit ganz grundsätzlich aufkündigen. Vonseiten der EU-Kommission und der wichtigsten EU-Regierungen war immer klar, dass das berühmte »Rosinenpicken« nicht erlaubt ist – wer austritt, kann nicht in den lukrativsten Programmen drinbleiben. Außer man einigt sich in neuen Verträgen darauf.

Hinter Davis' offensichtlichem Ärger steckte aber noch viel mehr als die bloße Sorge um Sicherheit und europäische Solidarität. David Davis war auch deshalb so unter Druck, weil britische Unternehmen durch die Ankündigung der Kommission zu Galileo in Panik verfallen sind. Sollten sie etwa bei lukrativen Projekten, die mit Galileo in Verbindung stehen, nicht mehr zum Zug kommen?

Der Hauptsitz des Konsortiums GMV Innovating Solutions etwa ist in Tres Cantos in Spanien. GMV hat aber auch eine internationale Präsenz, unter anderem im Vereinigten Königreich. GMV ist in privater Hand und produziert in verschiedenen Bereichen: Aeronautik, Cybersecurity, Telekommunikation. Oder die Firma Veripos in Aberdeen: Sie ist im maritimen Bereich für Navigationssysteme führend. Bisher hat man die verschiedenen Kompetenzen in komplexen Projekten, die mit Galileo oder Copernicus in Verbindung standen, EU-weit zusammengeführt.

Der Plan der britischen Regierung, bis 2030 für britische Firmen einen zehnprozentigen Marktanteil im Weltraumsektor zu sichern, steht ohne Galileo und ohne Copernicus infrage. Die Erfüllung dieses Ziels hätte zwischen dreizehn und vierzig Milliarden Pfund jährlich für die britische Wirtschaft gebracht. Ob britische Firmen bei der Vergabe der nächsten Generation von Satelliten für das Weltallprogramm mitarbeiten dürfen, ist fraglich. Wenn nicht, dann kostet das allein Britannien so viel wie die jährliche EU-Mitgliedschaft, die netto 2016 zum Beispiel bei gut elf Milliarden Euro lag.

Dank der britischen Stärke im Sicherheits- und Verteidigungssektor glauben Experten sowohl in London wie in Brüssel, dass sich die Sache klären lassen wird und die EU nicht auf das britische Know-how verzichtet. Da haben die Briten tatsächlich nicht ganz unrecht. Deutschland wird aus historischen Überlegungen auch weiterhin zögern, militärisch potent aufzutreten.

Die British Armed Forces sind dagegen neben der französischen Armee die größten Streitkräfte Europas. Seit 2015 geben die Franzosen zwar mehr für ihre Vereidigung aus als die Briten. Das könnte sich nach dem Brexit aber wieder ändern, wenn sich Großbritannien verstärkt auf sich selbst gestellt fühlt. Neben regulären Bodentruppen besitzt Britannien die Royal Navy mit 88 Schiffen und einer eigenen amphibischen Truppe, den Royal Marines. Die Royal Air Force, deren Spitfire-Flugzeuge einst den deutschen Blitz stoppten, ist eine hoch entwickelte Luftwaffe auf dem Stand des 21. Jahrhunderts.

Großbritannien ist außerdem eine der fünf offiziell anerkannten Nuklearmächte. Und die einzige europäische Nation, die zu den Five Eyes gehört. Diese Sicherheitsallianz zwischen USA, Kanada, Australien, Neuseeland und dem Vereinigten Königreich ist ein wichtiger Pfeiler in der westlichen Signalaufklärung, der elektronischen Überwachung. Diese Kooperation, vor allem mit den Vereinigten Staaten, wird sicher nach dem EU-Austritt gestärkt werden.

Als Theresa May nach ihrem Amtsantritt als Regierungschefin im Juli 2016 ihre roten Linien festlegte – Austritt aus dem EU-Binnenmarkt, aus der Zollunion, ein Ende der Zuständigkeit des Europäischen Gerichtshofs in allen britischen Belangen –, hätte sie vielleicht genauer darüber nachdenken müssen, was dies für die britische Sicherheitspolitik bedeutet – und die britische Verteidigungsindustrie. »Es kommt darauf an, wie weit Britannien bei seinen roten Linien bleibt«, meint Paul Taylor, der im Sommer 2018 einen Report über die Zukunft Großbritanniens und der EU in Sicherheitsfragen für den Thinktank Friends of Europe veröffentlicht hat. Federica Mogherini, die EU-Außenbeauftragte, habe ihm zum Thema Galileo erklärt: »Selbst wenn es für beide Seiten kostspielig wird, so gilt auch hier: Entscheidungen haben Folgen.«

Wie teuer es die EU-Steuerzahler kommt, die Briten aus Galileo zu bannen, können selbst Experten nicht einschätzen, weil private und öffentliche Finanzierungen so verschränkt sind. Es ist klar, dass die Franzosen, die einzigen wirklichen Konkurrenten in Verteidigungs- und Sicherheitsfragen, ihre eigenen Firmen in Position bringen. »Das ist ein feindseliges Signal«, schimpft ein Beamter im britischen Außenamt. »Und ja, es könnte Konsequenzen haben.« Gekränkt von der Ablehnung aus Brüssel wurde sofort ein neuer Plan gefasst: Großbritannien könnte auch sein eigenes Satellitensystem entwerfen. Ob das Vereinigte Königreich das im Alleingang schafft? Nur mit enormen Investitionen, die derzeit nicht budgetiert sind. Das ist eine Frage der Prioritäten.

Großbritannien kann natürlich auch noch verstärkt nach Abnehmern für seine ansehnliche bisherige Produktion im Verteidigungssektor – sprich: Waffen – anderswo Ausschau halten. Schon heute versorgt Großbritannien kriegsführende Länder wie Saudi-Arabien mit militärischer Ausrüstung. Es wird kein Problem sein, im Nahen Osten oder Asien Flugzeugtechnologie und maritime Navigationssysteme verstärkt abzusetzen.

Ob damit auch die moralische Befindlichkeit Großbritanniens gestärkt wird, sei dahingestellt. Will jemand die Zusammenarbeit mit Saudi-Arabien noch verstärken, wenn dies noch mehr Zivilisten im Jemen das Leben kosten könnte?

DER STÄRKSTE IST AM MÄCHTIGSTEN IM VEREIN

Nach dem Austritt aus der EU wird Großbritannien nicht mehr Teil der Gemeinsamen Sicherheits- und Verteidigungspolitik der EU (GSVP) sein. Diese wird von den Briten, aber auch von allen anderen Mitgliedern der EU oft und gerne verlacht. Die EU hat zwar keine gemeinsame schlagkräftige Armee, doch es gibt inzwischen gemeinsam geplante, beschlossene und umgesetzte Missionen, an denen Soldaten der verschiedenen Mitgliedstaaten teilnehmen.

Großbritannien kann sich theoretisch auch in Zukunft an EU-Missionen beteiligen. »Doch das Vereinigte Königreich wird sich nicht gerne im großen Stil an einer Mission beteiligen wollen, wenn es Sinn und Regeln des Einsatzes nicht selbst konzipiert hat«, überlegt Malcolm Chalmers vom Royal United Services Institute (RUSI) in London.

Großbritannien wird allein deshalb als europäische Macht Gewicht in Verteidigungsfragen behalten, weil es ein wichtiges Mitglied der NATO ist. Die Zukunft der North Atlantic Treaty Organization ist allerdings keineswegs sicher. Derzeit stehen die USA für drei Viertel des NATO-Budgets von 29 Mitgliedstaaten gerade. Donald Trump hat bereits gedroht, die Kosten für das Verteidigungsbündnis nicht mehr übernehmen zu wollen, sollten die Mitgliedstaaten in Zukunft nicht mehr zahlen und nicht mindestens zwei Prozent ihres BNP für Verteidigungsausgaben verwenden. Beim NATO-Gipfel im Juli 2018 sprach er dann sogar von vier Prozent. Großbritannien ist eines der wenigen großen Mitglieder, dem seine Verteidigungskapazität zumindest zwei Prozent des BNP wert ist. Deutschland, das hat Angela Merkel gerade wieder bedauernd bemerkt, gibt nur 1,63 Prozent für seine Verteidigung aus, will sich aber anstrengen, das NATO-Ziel von zwei Prozent zu erreichen.

Obwohl die NATO für die Briten künftig als multinationale Plattform für internationale Verteidigungsinitiativen aufgewertet wird, wirkt sich der Austritt aus der EU auf die britische Position innerhalb der NATO nicht nur positiv aus. Der Posten des stellvertretenden NATO-Oberbefehlshabers (DSACEUR) war seit 1951 immer mit einem Briten besetzt. Jetzt gibt es Überlegungen, jemanden aus einem Mitgliedstaat einzusetzen, der sowohl NATO- als auch EU-Mitglied ist. Das zeugt davon, dass sich über die Jahre eine gute und auch fundierte Zusammenarbeit zwischen NATO und EU bei gemeinsamen Einsätzen unter dem »Berlin-Plus«-Format entwickelt hat. Seit 2002 gibt es ein Abkommen zwischen NATO und EU, das es der Europäischen Union erlaubt, auf die militärische Infrastruktur der NATO zurückzugreifen. Bosnien war eine solche Mission.

Man wird Optionen erwägen, wie man den Effizienzverlust des britischen EU-Austritts in diesen gemeinsamen militärischen Einsätzen ausgleichen kann. Deutschland etwa könnte einen zweiten stellvertretenden Oberbefehlshaber DSACEUR stellen. »Doch allein die Tatsache, dass diese Überlegungen heute angestellt werden, zeugt davon«, schreibt Malcolm Chalmers, »dass auch NATO-Entscheidungen nicht isoliert vom Brexit betrachtet werden können.«

EUROPÄISCHE ARMEE

Kaum war Emmanuel Macron zum Präsidenten Frankreichs gewählt worden, forderte er eine europäische Armee. In einer viel beachteten Rede im September 2017 an der Pariser Universität Sorbonne forderte er eine weitere Integration der EU-Staaten in Verteidigungsfragen. Bis 2020 sollte es europäische Verteidigungstruppen geben, die der EU eine eigene »Kapazität zu eigenen Einsätzen« gibt in Fällen, wo NATO oder UN nicht eingreifen können oder wollen. Macron forderte auch ein eigenes Verteidigungsbudget und eine europäische Sicherheitsakademie zum Training von Einsatzkräften.

Dem zugrunde liegt eine deutsch-französische Initiative. Deutschland und Frankreich hatten nach dem Ausstiegsvotum der Briten auf die Gründung der Permanent Structured Cooperation (PESCO) gedrängt. Man wollte frischen Wind in die schlaffen Segel des europäischen Schiffes blasen, das durch den EU-Austritt eines der größten Mitglieder vom Kurs abzukommen drohte. Außerdem waren die Briten immer skeptisch gegenüber einer eigenen europäischen Verteidigungsstruktur gewesen. Nach ihrem Austritt könnte sich die EU leichter darauf einigen.

EU-Außenbeauftragte Federica Mogherini ist die Koordinierungsstelle. Beim EU-Außenministertreffen im Dezember 2017 in Brüssel wurde die PESCO aus der Taufe gehoben. Berlin möchte so viele EU-Staaten wie möglich in dieser Struktur sehen. Paris legt eher Wert darauf, ein ambitioniertes Verteidigungsprojekt zu starten, wenn nötig auch mit weniger Mitgliedern.

Irland, Dänemark, Portugal und Malta haben klargestellt, dass sie gar nicht mitmachen wollen. Bei den anderen Mitgliedstaaten gibt es unterschiedliche Zugänge. Im Prinzip haben alle zugesagt, dass sie ihre Verteidigungsbudgets für Forschung und Technologie aufstocken und sich mit Truppen und Material an Militäreinsätzen in Drittstaaten beteiligen werden. Irgendwann sollten zwei Prozent erreicht werden. Es gibt aber keine Sanktionen bei Nichterfüllung.

Durch bessere Koordination könnten die EU-Mitglieder Kompetenzlücken füllen. Bisher geben die EU-Länder halb so viel für Verteidigung aus wie die USA, haben aber nur 15 Prozent der militärischen Kapazität. Nach dem Austritt der Briten wird dieses Ungleichgewicht sich noch verstärken.

Österreich will sich an insgesamt vier Projekten beteiligen. Einem Cyberprogramm mit Griechenland und Katastrophenhilfe mit Italien. Mit Deutschland arbeitet Österreich an zwei Projekten: Für Trainingsmissionen soll ein Kompetenzzentrum aufgebaut werden und eines zur Verbesserung des grenzüberschreitenden Transports. Österreich könnte auch eigene Projekte entwickeln – etwa ein Gebirgskampfzentrum, wofür sich die Alpenrepublik anbietet.

Nach einem Jahr im Amt ist dem jungen französischen Präsidenten zwar schon klar geworden, dass es trotz Euphorie und Energie nicht leicht ist, ehrgeizige Vorschläge in Europa auch tatsächlich umzusetzen. Doch bisher lässt Emmanuel Macron nicht locker. Dem Franzosen geht es dabei nicht allein um den europäischen Gedanken, es winken auch Milliarden für die französische Rüstungsindustrie, die schon bisher mit der britischen um die Vorreiterrolle in Europa gestritten hat. Da ihm die Geschwindigkeit so mancher EU-Staaten zu langsam ist, hat Macron jetzt eine kleinere Gruppe von Mitgliedern zu einer Vorhut in Verteidigungsfragen angespornt. Frankreich, Deutschland, Spanien, Italien, die Niederlande, Portugal und Estland wollen mitziehen.

Es bleibt die heikle Frage, wie sich Britannier später zu diesen Plänen, eine europäische Armee zu gründen, verhält. Das Land wird nicht als Vollmitglied teilnehmen, das geht aus vertraglichen Gründen nicht mehr. Eine Kooperation wird davon abhängen, was die Hardliner ihrer Regierungschefin erlauben.

Großbritannien und Frankreich, die beiden Nuklearmächte Europas mit permanentem Sitz bei der UNO, haben außerdem seit Langem eine gut entwickelte bilaterale Verteidigungskooperation, die mit dem Abkommen vom Lancaster House 2010 in jüngeren Jahren besiegelt wurde. Diese Zusammenarbeit war immer und absichtlich außerhalb der EU gehalten worden und man will sie auch in Zukunft fortsetzen. So könnte Großbritannien auch über diese Schiene punktuell gewisse logistische und technische Hilfe bei einzelnen EU-Einsätzen leisten, die von Frankreich betrieben werden. Als Vorgeschmack hat Theresa May Emmanuel Macron etwa versprochen, drei britische Chinook-Hubschrauber nach Mali zu entsenden, um gemeinsam Extremisten zu jagen.

ROYALE ZUKUNFT AUF SEE, LAND UND IN DER LUFT

Vorerst wird das Vereinigte Königreich aber keine europäischen Einsätze leiten. Dies ging aus einem Brief im Frühling 2018 hervor, den der britische Botschafter bei der NATO, General George Norton, an den Vorsitzenden des EU-Militärkomitees Michail Kostarakos geschrieben hatte: »Das Angebot einer Kampftruppe in der Periode nach dem EU-Austritt erscheint uns als unnötige Komplikation.« Einem späteren Wiedereinstieg stehe man jedoch offen gegenüber.

In Brüssel und den anderen europäischen Hauptstädten stieß dieser Rückzug auf Irritation. Die Briten hatten ursprünglich angekündigt mitzumachen und waren nach eigener Aussage »vollkommen engagiert« gewesen. Sie waren nach einem Rotationsmodus für die ersten sechs Monate 2019 als Vorsitzende vorgesehen gewesen. Im Falle des Falles hätten sie das Hauptquartier für einen Einsatz der europäischen Truppen gestellt.

Davon kann jetzt keine Rede mehr sein. Im britischen Foreign Office wirbt man um Verständnis. PESCO sei noch nicht einmal operativ, das zurückgezogene Angebot sei sowieso nur theoretisch gewesen. Und genau jetzt ein EU-Verteidigungsprojekt zu leiten, sei wirklich zu viel verlangt.

Das ist ein nachvollziehbarer Standpunkt. Dennoch ist dieser erste Schritt von der Symbolik her groß. Großbritannien zieht sich von gemeinsamen EU-Missionen zurück, will aber im lukrativen Galileo-Programm friktionslos weitermachen. Gerade in einer Zeit, wo grenzüberschreitender Terrorismus traditionelle Schlachten in Westeuropa ersetzt hat und der Ursprung von Cyberangriffen nicht immer leicht zu orten ist, ist die Zusammenarbeit im Bereich der Sicherheit zentral. Es kann auch schnell dazu kommen, dass militärische Solidarität zwischen den europäischen Mächten gefragt ist. Bisher gab es durch die EU-Mitgliedschaft des Vereinigten Königreichs ein automatisches Prozedere. Wenn Britannien sich jetzt Schritt für Schritt zurückzieht und sich gemeinsamen Militäreinsätzen in Drittstaaten verweigert, wird es für die europäischen Staaten schwieriger, in der gewohnten Art mit dem Land zusammenzuarbeiten.

GEMEINSAME AUSSENPOLITIK OHNE BRÜSSEL?

Die europäische Kooperation wird nicht nur bei militärischen Missionen neu aufgestellt. Auch bei diplomatischen Initiativen fragt sich, wer in Zukunft mit wem in welchem Format kommuniziert.

E3? Das ist nicht das neueste Modell eines elektrischen Autos. E3 steht für die drei bei Weitem bevölkerungsstärksten europäischen Nationen: Deutschland, Frankreich und Großbritannien. Die drei EU-Staaten haben seit 2003 in konkreten politischen Projekten erfolgreich gemeinsam gearbeitet.

Besonders die Verhandlungen über das Nuklearprogramm des Iran wurden von E3 gemeinsam betrieben. Den ursprünglichen E3 wurde nach einer gewissen Zeit die EU als Ganzes beigezogen, später auch die USA, China und Russland. Das Format hieß dann E3/EU+3. 2015 wurde nach Jahren von Sanktionen und Verhandlungen ein Abkommen dieser Staaten mit dem Iran geschlossen – der Joint Comprehensive Plan of Action (JCPOA). Es wurde in Wien unterzeichnet.

Das war nicht nur in der Substanz bedeutend, es war auch für die EU wichtig und zeigte, dass es sehr wohl europäische Initiativen geben kann, die Veränderungen mit weltweiten

Konsequenzen einleiten. Sollte die Verhandlungslösung scheitern, dann nicht an Europa, sondern an der amerikanischen Administration.

Für die Zeit nach dem Brexit scheint deshalb E3 ein erfolgversprechendes Modul zu sein. Keiner der drei europäischen »Großen« will daran rütteln. Ein französischer Diplomat gibt aber zu bedenken, dass E3 besonders dann effektiv war, wenn es um konkrete Projekte wie die Verhandlungen über den Iran-Deal ging. Die Gruppe war nie als Ersatz für die gegebenen EU-Strukturen geplant.

Es ist anzunehmen, dass Italien und Spanien, die nächstgrößeren Mitgliedstaaten, aber auch alle anderen, kein Interesse daran haben werden, dass E3 zum offiziellen Forum aufgebaut wird, in dem sich zwei EU-Mitglieder mit einem Nicht-EU-Mitglied über die wichtigsten außenpolitischen Projekte abstimmen. Die Dreiergruppe wurde ja schließlich auch deshalb eingerichtet, um den langwierigen offiziellen Entscheidungsprozess innerhalb der EU zu umgehen.

In Zukunft wird das also nicht so gerne gesehen werden. Ein britischer Diplomat wiegelt ab: »E3 funktioniert am besten, wenn Brüssel auch dabei ist.« Die Gefahr besteht allerdings, dass Großbritannien künftig seine Partner für diplomatische Initiativen oder auch Militärinterventionen nicht mehr auf EU-Ebene sucht, weil es in Brüssel nur noch als Drittstaat anklopfen kann. Viel wahrscheinlicher ist es, dass es zu einem GB + E1 + E2 kommt und die Briten versuchen, sich mit einzelnen europäischen Partnern wie den Franzosen oder Deutschen direkt auf Kooperationen zu verständigen. Kleine Mitgliedstaaten würden dies nicht gerne sehen. Für die EU würde das eine indirekte Schwächung ihrer Strukturen bedeuten.

Im Sicherheitsrat der Vereinten Nationen sitzen fünf permanente Mitglieder. Neben den Vereinigten Staaten, Russland und China sind das die europäischen Mächte Frankreich und – Großbritannien. Großbritannien gehörte zu den Gründernationen der UN und steht heute für fünf Prozent des Gesamtbudgets gerade – die Briten sind damit die fünftgrößten Geldgeber der UN, was ihnen eine dementsprechend wichtige Rolle gibt. Über die Jahrzehnte gab es immer wieder Reformpläne, das Konzept der permanenten Mitglieder des UN-Sicherheitsrats der Entwicklung der Welt anzupassen. Die Idee, dass die EU-Staaten sich auf nur einen permanenten Sitz beschränken, ist durch den EU-Austritt der Briten Geschichte. Das bedeutet auch: Die britischen Diplomaten haben künftig mit mehr Arbeit zu rechnen. Bisher wird zwischen den EU-Staaten viel gepoolt. Das fällt künftig weg.

Innerhalb des Kräftespiels der UNO könnte Britanniens Gewicht einerseits aufgewertet werden – es steht in der Zukunft nur für sich selbst und wird nicht mehr als Teil der EU-Außenpolitik wahrgenommen. Andererseits fürchtet Richard Gowan vom paneuropäischen Thinktank European Council on Foreign Relations (ECFR), dass »es für Großbritannien schwierig werden könnte, den bisherigen Einfluss zu wahren, wenn das Land einmal aus der EU ausgetreten ist«. Bereits 2017 habe das Vereinigte Königreich mehrere Abstimmungen verloren, was indirekt dem Verlust an diplomatischer Manövrierfähigkeit im Zuge des Brexits zugeschrieben wird.

Bei der Wahl eines neuen Richters am Internationalen Gerichtshof setzte sich der ehemalige Gesundheitsminister von Äthiopien, Tedros Adhanom Ghebreyesus, durch. Der britische

Kandidat unterlag. Auf die Solidarität der EU-Partner kann das Vereinigte Königreich künftig nicht mehr zählen.

Bei einer anderen schmerzhaften Niederlage ging es um die postkoloniale Situation der Chagos-Inseln vor Mauritius. Dieser Fall mag marginal wirken – das Schicksal von ein paar Inseln am anderen Ende der Welt steht nicht im Zentrum des Interesses Großbritanniens. Dennoch ist der Chagos-Archipel exemplarisch für die Lage, in die sich die Briten selbst gebracht haben.

Der Archipel Chagos ist der letzte verbliebene Teil des britischen Überseegebiets im Indischen Ozean. 1965, drei Jahre bevor Mauritius unabhängig wurde, entschieden die Briten, dass die Chagos-Inseln separat von Mauritius zu behandeln seien. Mauritius hat dies bis heute nicht akzeptiert und zitiert die UN-Resolution 1514, die explizit verbietet, dass Kolonien vor der Entlassung in die Selbständigkeit geteilt werden. Das Vereinigte Königreich kümmerte sich nicht nur nicht um den Rechtsbruch, es deportierte auch noch die 1500 Bewohner der größten Insel Diego Garcia. Dann wurde der Archipel 1971 an die Vereinigten Staaten vermietet und ein strategisch wichtiger militärischer Stützpunkt eingerichtet.

Im Juni 2017 wurde in der Hauptversammlung der UN über eine Resolution zu den Chagos-Inseln abgestimmt und siehe da: Von 174 teilnehmenden Staaten sprachen sich nur 15 für die Sicht der Briten aus. In der Resolution ging es nur darum, eine beratende Meinung vom Internationalen Gerichtshof zum legalen Status der Chagos-Inseln einzuholen. Doch Großbritannien war gedemütigt. 94 Staaten sprachen sich für die Sicht der Mauritier aus, 65 Staaten enthielten sich. Unter diesen 65 Staaten waren viele EU-Staaten, vorneweg: Deutschland und Frankreich. »Das war ein starkes Signal, wie sehr sich die Vereinten Nationen der Dekolonisierung verschrieben haben«, meint in einem *BBC*-Interview der britische Jurist und Autor Philippe Sands, der als Rechtsberater für Mauritius an der UN-Debatte teilgenommen hat: »Nur vier EU-Mitglieder und kein permanentes Mitglied des Sicherheitsrats außer den USA haben mit Großbritannien gestimmt.«

Der Chagos-Archipel steht für alles, womit sich Großbritannien in den nächsten Jahren wird beschäftigen müssen: Die Dekolonisierung ist noch immer nicht abgeschlossen. Ganz zu schweigen von der Aufarbeitung der rassistischen Kolonialgeschichte. Außerdem ist die Kooperation und Solidarität der EU-Mitgliedstaaten durch das Votum zum EU-Austritt brüchig geworden. Großbritannien wird sich überlegen müssen, wie es sich die ehemaligen Verbündeten gewogen hält.

BOBBIES SPRECHEN ÖSTERREICHISCH

Obwohl die Briten im Bereich Sicherheit und Verteidigung in Europa eine starke Position haben, verlassen sie sich dennoch auch in vielerlei Hinsicht auf Technologie aus anderen EU-Staaten. Wer hilft den Bobbies, wenn sie mit ihrem Kontrollzentrum reden wollen? Wer hat das Kommunikationssystem für englische Rettungsfahrzeuge gebaut? Wer kümmert sich um die Überwachung auf britischen Militärflugzeugen und generell um die öffentliche Sicherheit im Vereinigten Königreich?

Der österreichische Technologiekonzern Frequentis. In den neuen Büros in Twickenham im Südwesten von London sitzt Georg Berger, der Frequentis UK leitet, und blickt recht zufrieden auf ein »gigantisches Wachstum« der Hightech-Firma weltweit, aber auch in Großbritannien. Der Brexit wird sicher Veränderungen bringen, aber die Firma sollte von der Struktur her recht gut abgesichert sein. Frequentis UK ist als britische Firma registriert: »Wir werden hier weiter ohne Probleme arbeiten können.«

Etwas sprachlos machte den Wahllondoner allerdings die Forderung eines der Großkunden, in den Vertrag eine »Brexit-Klausel« einzubauen: »Er hat es selbst so genannt. Wir sollten die Kosten für eventuelle Folgen des EU-Austritts zu tragen haben.« Das Ansinnen hat Berger verwundert: »Dass wir als Frequentis die Kosten voll tragen sollen, das kann so nicht sein.« Schließlich hat ja die britische Seite den Austritt aus der EU betrieben.

Der Niederösterreicher, der seit acht Jahren in England lebt, überlegt, ob er um einen britischen Pass ansuchen soll – das Problem freilich ist, dass er seine österreichische Staatsbürgerschaft nicht aufgeben will: »Ein österreichischer Pass ist in Zukunft besser als ein britischer, weil ich damit Zugang zur EU habe.« Die Republik Österreich aber vergibt grundsätzlich Doppelstaatsbürgerschaften für Erwachsene nur in absoluten Notfällen. Für gut 20.000 Österreicher in Großbritannien stellt sich die Frage, ob sie ihre britische Existenz mit einem hiesigen Pass absichern wollen – der Brexit wird so zur identitären Zäsur.

Eine Doppelstaatsbürgerschaft kann nur jemand bekommen, der Brite mit österreichischen Wurzeln ist. Wer von den Nazis aus Österreich vertrieben wurde, hat zum Beispiel Anspruch auf einen österreichischen Pass. Viele englische Juden hatten zwar bisher wenig Lust darauf gehabt, sich eine österreichische Staatsbürgerschaft zu besorgen, aber plötzlich wird ein österreichischer Pass attraktiv: Er hält die Tür zur EU offen. Die österreichische Botschaft hat seit dem 24. Juni 2016 gehäuft Anfragen nach der Wiederherstellung der österreichischen Staatsbürgerschaft bekommen. Genauso geht es der deutschen Botschaft in London.

Im speziellen Fall von Georg Berger böte sich ein britischer Pass deshalb an, weil er dann in eine höhere Sicherheitsstufe käme. Das würde seine Arbeit erleichtern: »Für unsere Verträge mit dem Militär braucht man eine gewisse Freigabe, die ich als Nicht-Bürger hier nicht bekommen kann.« Berger dürfte zum Beispiel nicht die Walkie-Talkies für die Queen im Buckingham Palace liefern. Polizei- und NATO-Geheimnisse werden auch nicht mit dem Österreicher geteilt: aber »dafür haben wir lokale Mitarbeiter, es ist also kein Problem«, erklärt er.

Er sieht die schmerzhaften Folgen des Brexits weniger für Frequentis, als für die bisher gut eingespielten Strukturen. Was heißt es, wenn Großbritannien den Europäischen Haftbefehl kündigt? Wie werden Verdächtige dann in Zukunft gefasst und wie werden sie ausgeliefert? Großbritannien wird vom 30. März 2019 aus dem Europäischen Haftbefehl ausgeschlossen. Das geht im Prinzip schon deshalb nicht anders, weil es zum Beispiel die Verfassung Deutschlands nicht erlaubt, deutsche Bürger an Drittstaaten auszuliefern. Für alle diese Fragen könnte man, wenn auf beiden Seiten guter Wille besteht, bilaterale Abkommen treffen. Das gilt auch für Europol. Solange Großbritannien garantiert, dass es sich von außen an alle Regeln hält, könnte es Zugang erhalten. Was aber, wenn Großbritannien sich nicht daran hält? Schließlich tritt es ja deshalb aus, um sich nicht mehr an EU-Regulierungen halten zu müssen.

Dann käme der Europäische Gerichtshof zum Zug. Dass dieser britische Urteile nicht mehr aufheben kann, war eines der Hauptanliegen der EU-Kritiker. Inzwischen hat Theresa May schon nachgegeben und es ist klar, dass Großbritannien den Europäischen Gerichtshof als Schiedsrichter dann akzeptiert, wenn es sich um Streitfälle innerhalb der EU-Agenturen handelt, in denen Großbritannien weiter Mitglied bleiben will. Es ist außerdem klar, dass das Vereinigte Königreich bereit ist, weiterhin Mitgliedsbeiträge für EU-Agenturen und EU-Programme wie das Studentenprogramm Erasmus zu zahlen. Alles, was Großbritannien heute automatisch als Mitglied hat, wird es bilateral noch einmal – gegebenenfalls unter weniger günstigen Umständen und mit größeren Kosten – ausverhandeln müssen.

Für den Sicherheitssektor insgesamt könnte der Brexit aber durchaus auch wirtschaftlich positive Effekte haben. Großbritannien wird nach dem Austritt seine Grenzen besser schützen müssen. Schmuggler werden vermehrt mit Schlauchbooten über den Kanal kommen. Da wird die britische Regierung von Nachtsichtgeräten bis zu Überwachungskameras zur Freude von österreichischen Firmen wie Frequentis viel investieren müssen.

KAPITEL 11
EXIT DER EUROPÄER

POLEN GEGEN 5 O'CLOCKS

Manchmal gibt es im Pub diese Unterhaltungen zwischen den Polen und den Engländern. Da sagen die Engländer den Polen: »Bevor ihr gekommen seid, haben wir zehn Pfund pro Stunde am Bau verdient. Dann kamt ihr und habt die Preise kaputt gemacht, weil ihr nur fünf Pfund in der Stunde verlangt habt.« Arkadiusz Targosz erzählt von diesen Gesprächen und lächelt dann entschuldigend: »Ich kann schon verstehen, dass wir Polen für viele das Leben nicht besser gemacht haben.«

Der dreiunddreißigjährige Targosz stammt aus der Nähe von Krakau, er ist seit vierzehn Jahren hier und er kennt die Pubs, die Engländer und die Arbeitskultur in London. Arek, so heißt er bei Freunden, kann Häuser bauen. Das tut er auch. Er arbeitet seit 2004 in der Firma seines großen Bruders. Hunderttausende Polen kamen damals, als Polen der EU beitrat und die Briten unter der politischen Führung von Tony Blair auf Übergangsfristen und Beschränkungen für die Neu-EU-Bürger verzichteten. Arek kam, arbeitete und blieb.

Vorerst. »Viele Investoren zögern jetzt«, meint Arkadiusz Targosz, »früher hatten wir viele neue Projekte, es wurden lauter neue Immobilien entwickelt. Jetzt geht es eher um Hausbesitzer, die ihre Häuser renovieren wollen.« Die Firma der Brüder, G & S Construction, hat gemeinhin fünfzehn Aufträge gleichzeitig. Zweihundert Arbeiter sind heute beschäftigt. Zu den besten Zeiten hatte die Firma Arbeit für vierhundert Leute.

Nicht nur die Bauarbeiter aus Europa bleiben jetzt vermehrt aus.

»Als ich kam, war ein Pfund sieben Zloty wert. Heute nur noch 4,5«, meint Targosz. Der EU-Austritt der Briten ist nur ein Grund für den Wertverlust des Pfundes. Die polnische Währung hat auch davon profitiert, dass die Eurozone sich erholt hat. Das englische Pfund ist einfach nicht mehr das, was es einmal war: das Versprechen eines besseren Lebens. »Das verändert auch unseren Blick auf dieses Land.« Areks Familie lebt in der Nähe von Krakau. Wenn er in England ist, arbeitet er hauptsächlich. Anders als die Engländer, die wegen ihres Arbeitsethos »5 O'clocks« und »Tea People« genannt werden: »Ihr Arbeitstag besteht ja praktisch nur aus Teepausen.« Tatsächlich ist die britische Produktivität im Vergleich zu den anderen G7-Staaten besonders niedrig. Großbritannien liegt auf Platz sechs nur knapp vor Japan. Die britische Produktivität fiel im ersten Viertel 2018 noch weiter und liegt zehn Jahre nach der Finanzkrise immer noch unter jener von 2007.

Die antipolnischen Ausschreitungen in den Wochen nach dem Brexit-Referendum im Sommer 2016 haben das Gefühl, nicht willkommen zu sein, noch weit stärker genährt als das Votum selbst. Für Arkadiusz Targosz ist die ganze Brexit-Debatte leidvoll, er macht sich aber keine Sorgen um seine eigene Zukunft. Um einen britischen Pass wird er sicher nicht ansuchen. »Wenn die uns hier nicht mehr wollen, dann gehen wir. Die besten von unseren Arbeitern ziehen jetzt nach Deutschland oder in die Schweiz. Dort sind die Straßen sauberer.«

Auch im Sommer 2018 führen die meisten Briten immer noch die Einwanderung zu vieler Osteuropäer als ersten Grund für ihren Brexit an. Hätte Großbritannien ein Meldesystem wie andere europäische Staaten, dann wäre vielleicht das Gefühl, von Fremden unterwandert zu werden, besser zu kontrollieren gewesen. Nach dem Brexit sollen die EU-Bürger, die sich heute in Großbritannien befinden, hier registriert und mit einer ID-Nummer ausgestattet werden. Dies soll auf der Basis von Steuer- und Versicherungsnachweisen geschehen. EU-Bürger sollen damit einen *settled status* erhalten – der soll ungefähr den heutigen Rechten entsprechen. Bis 30. Juni 2021 können EU-Bürger, die in Britannien leben, darum ansuchen.

Mit dem Votum für den Austritt dreht sich der Spieß jetzt aber um: Man hat sich an die billigen und oft guten Arbeitskräfte gewöhnt. Was, wenn sie jetzt ausfallen? Wer ersetzt sie? Wie kann Großbritannien den oft zitierten *skill gap* füllen? Welche Investitionen sollte sich eine Regierung jetzt vornehmen?

Liam Halligan und Gerard Lyons legen in ihrem Buch »Clean Brexit« einen Entwurf für die Zukunft Britanniens außerhalb der EU vor. Die beide EU-kritischen Autoren fangen ihre Analyse der Lage mit Großbritanniens eigenen Schwächen an: »Niedrige Löhne, schleppende Investitionen und schwache Produktivität.« Um gegenzusteuern schlagen sie vor: »Sofort in Angriff nehmen sollte man liberale Handels- und Investitionspolitik, auf lange Sicht gilt es, stärker in menschliches Kapital zu investieren – also in Ausbildung und Bildung.«

Genau dies sei nämlich eines der zentralen Probleme in Großbritannien, erzählt Liam Halligan bei einem Kaffee, den er zwischen zwei Terminen einschiebt. Als Brexit-Autor mit konzeptioneller Ader und Kolumnist beim *Sunday Telegraph* ist er ein vielbeschäftigter Mann – schließlich sucht die Regierung nach der Zauberformel, wie man aus dem EU-Ausstieg etwas richtig Gutes machen kann. Halligan ist Brexit-Fan, bewundert aber auch die deutsche Arbeitskultur: »Im deutschsprachigen Raum weiß man, was ein Handwerk ist, es gibt eine klare Struktur für die Ausbildung von Lehrlingen«, zählt der Autor auf. Wenn Menschen wüssten, dass ihre Arbeit dem Staat und der Gesellschaft etwas wert sei, dann stärke das das Selbstbewusstsein der Handwerker und damit auch die Qualität und den gesellschaftlichen Zusammenhalt. »Genau das fehlt uns hier in den handwerklichen Berufen: der Stolz. Und genau darauf müssen wir hinarbeiten.«

Im Land von Oxford und Cambridge wird immer wieder die elitäre Ausbildung in den Himmel gelobt. Laut Halligan fehlt es aber an einem dringend notwendigen Fokus auf die Berufsausbildung im Land: »Britische Firmen haben zu wenig in britische Arbeitskräfte investiert und zwar über viele Jahre.« Nachdem man die EU-Einwanderung einschränken können wird, sollte Großbritannien auf hohe Gehälter und hohe Produktivität setzen – dazu muss aber erst in die Fähigkeiten der lokalen Werktätigen investiert werden. Der polnische Klempner erfreute sich nicht nur deshalb hoher Beliebtheit, weil er billiger war als der englische Kollege – er war oft einfach auch besser.

Dafür bräuchte es einen eigenen Minister für Training und Fachkunde, der es schaffen würde, Steuern, Ausbildung und Bildungspolitik zusammenzufassen. Studierende, die wirtschaftlich wichtige Fächer belegen – Technologie oder Ingenieurswesen – sollten viel billiger studieren können, Studienkredite viel leichter bekommen.

Halligan und Lyons haben einen ganzen Katalog von Maßnahmen aufgelistet, viele der Ideen kommen auch im konservativen Parteiprogramm vor. Niedrige Steuersätze zur Anre-
gung von Investitionen zum Beispiel.

Die Autoren treten auch für eine National Development
Corporation ein, die Land kaufen und in Wohnbau umwid-
men soll, das dann an private Entwickler verkauft wird. Der
damit erzielte Gewinn soll dann direkt in neue Schulen und
Spitäler fließen, weil die neuen Wohnbezirke diese auf jeden
Fall brauchen und diese damit den Steuerzahlern keine Zu-
satzkosten verursachen würden: »Jeder wirtschaftliche Aufschwung in Großbritannien ging mit einem starken Anstieg
von Wohnbauaktivität einher«, schreiben die Autoren, »außer
jener nach der Finanzkrise 2008: der langsamste Aufschwung
in der modernen Geschichte. Das ist kein Zufall.«

Für Labour-Strategen sind diese Vorschläge haarsträubend.
»Für den sozialen Wohnbau kann ein Staat doch ruhig Kre-
dite aufnehmen«, meint Jon Lansman, Chef der Momentum-Bewegung: »Dort, wo es einen korrespondierenden
Vermögenswert gibt, sind Schulden gerechtfertigt.« Die privaten Entwickler aber würden die Wohnungen, zumal im
hochpreisigen London, nie für Kleinverdiener erschwinglich
bauen können. Für Labour stehen bei den Reformen von
Wirtschaft, Bürokratie und Arbeitsmarkt große staatliche Interventionen im Vordergrund.

Labour will, wenn Jeremy Corbyn die nächsten Wahlen
gewinnt, gerne und naturgemäß vor allem die Klientel der
Tories schröpfen: steuerscheue Großkonzerne zum Beispiel.
»Generell brauchen sich Geschäftsleute vor uns nicht zu
fürchten«, so Lansman. »Wir sind nicht gegen Business an
sich, wir wollen uns nur gegen globale Monopole wie Apple
wehren, die Wert abschöpfen und keine Steuern zahlen.«

Doch Labour ist jetzt nicht am Zug. Das könnte sich zwar schnell ändern, wenn die Tories so weitermachen wie bisher: Brexit-Chaos wird bei den nächsten Wahlen nicht reichen. In den Ministerien, in denen sich Beamte und konservative Vorgesetzte den Kopf zerbrechen, wie aus der Abkehr von der EU wirtschaftlich ein Erfolg werden kann, könnten Halligans und Lyons Konzepte auf wohlwollendes Interesse stoßen. Die meisten Reformen, die die Autoren vorschlagen, hätte man allerdings auch sehr gut schon vor dem Brexit angehen können. Oder stattdessen.

HUG A BRIT

In den Kampagnen vor dem EU-Referendum ging es zumeist um osteuropäische Arbeiter. Deutsche Köche, französische Banker oder österreichische Journalistinnen wurden nicht direkt angegriffen. Trotzdem fühlte es sich am Tag nach dem EU-Referendum wie eine persönliche Niederlage an, dass die Briten mit 51,9 zu 48,1 Prozent für den Austritt aus der EU gestimmt hatten.

Um acht Uhr Früh am 24. Juni 2016 saß ich im Büro von Tony Blair. Er war grau im Gesicht, mitgenommen von den Ereignissen der Nacht. Eigentlich hatte Britanniens proeuropäischer Ex-Premier eine Gruppe von europäischen Korrespondenten zur Siegesfeier eingeladen. Und dann das: aus der Traum von einem Europa, in dem die altehrwürdigen Briten eine wichtige Rolle spielten. Keiner von uns hatte viel geschlafen, aber es war weniger der Schlafentzug als der Realität gewordene Albtraum, der uns in Zombies verwandelt hatte.

Fassungslos sahen wir uns gemeinsam live im Fernsehen an, wie David Cameron zurücktrat. Der Premier stand vor

10 Downing Street, seine Frau Samantha hinter ihm wirkte betroffen, als sie ihrem Mann dabei zusah, wie er seine politische Karriere so plötzlich beendete. Cameron selbst war vergleichsweise gefasst. In Blairs Gesicht spiegelte sich eine Mischung aus Wut, Verzweiflung und eine Spur Mitleid mit dem konservativen Kollegen, der als jener Premier in die Geschichte eingehen würde, der aus Visionslosigkeit und billiger Taktik heraus die europäische Zukunft seines Landes verspielt hatte. Zumindest sah Blair das so.

Und ich auch. Das war in meinem Fall kein Wunder. Ich bin eine in London ansässige EU-Bürgerin. Ich finde, wir haben alle sehr von der Entwicklung der europäischen Union profitiert. In Wien sind wir mit dem Eisernen Vorhang im Rücken – beziehungsweise vor dem Gesicht – aufgewachsen. Auch wenn Ungarn und Polen zur Zeit rechtsreaktionäre Regierungen haben, so bin ich froh, dass sie in der EU sind. So unangenehm die autoritären Tendenzen der jeweiligen Regierungen sind – innerhalb der Europäischen Union sind die Chancen größer, dass einzelne Staaten auf politischem Irrweg wieder zur Vernunft kommen. Nationalismus und Kleinstaaterei haben uns allen noch nie gutgetan. Als die Osteuropäer 2004 der EU beitraten, erhob ich mit Freunden ein Glas auf das geeinte Europa.

Deshalb hatte ich mich auch dafür engagiert, dass Britannien in der EU bleiben sollte. Gemeinsam mit der deutschen Journalistin Birgit Maass und einer kleinen Gruppe von Gleichgesinnten hoben wir im Herbst 2015 eine soziale Medienkampagne aus der Taufe, mit der wir gegen die EU-feindliche Stimmung im Land kämpfen wollten – und gegen das Image der EU, bloß ein Haufen geldgeiler und regulierungssüchtiger Technokraten zu sein. Wir wollten ein bisschen positives Gefühl in die bittere Kampagne bringen. Während des schottischen Referendums 2014 war uns aufgefallen, wie wenig die Engländer den Schotten gesagt hatten, dass ihnen viel daran lag, zusammenzubleiben. In der Debatte um die EU sollte das nicht so sein, nahmen wir uns vor.

#hugabrit war eine Liebesbombe. Wir umarmten unseren jeweiligen Lieblingsbriten und veröffentlichten ein Foto davon mit dem Hashtag *#hugabrit* @pleasedontgouk über die sozialen Medien. Die deutsche Tech-Designerin Verena Enderle und die schwedische Marketing-Expertin Amanda Ullmann entwickelten das Logo, die deutsche Computerspezialistin Christine Ullmann und der österreichische Start-up-Gründer Paul Varga halfen beim technischen Input. Die irische Unfallärztin Rosa McNamara kümmerte sich um die Logistik der Hug-Ins. Die Italienerin Marianna Rosenfeld stellte ihre Galerie für die Launch-Party zur Verfügung.

Es wurde eine gesamteuropäische Anstrengung: Restaurants wie »La Fromagerie« spendierten uns das Buffet, Christian Malnig vom österreichischen Café »Kipferl« lieferte die Canapés, der Musiker Robert Rotifer spielte auf und aus Paris schalteten sich Aktivisten zu. Die deutsche Fotografin Katie Lock und ihr englischer Freund fotografierten die Paare in Umarmung, die deutsche Künstlerin Martina Schmücker half mit dem Konzept und Birgit und ich waren die Motoren und Medienmanagerinnen von *#hugabrit*.

An dem Tag, als *Guardian*-Kolumnist Tim Dowling darüber schrieb, wie ich ihm eine Umarmung angeboten hatte, hob unser kleines Projekt ab. *#hugabrit* entwickelte sich zu einem heiteren Hit der sonst drögen Referendumszeit. Innerhalb weniger Tage war die Kampagne viral gegangen und uns aus den Händen geflattert. Auf Instagram und Facebook posteten EU-Fans ihre Selfies mit »ihren« Briten, die Uploads kamen aus Großbritannien und aus ganz Europa. Bei einem

Hug-In am Parliament Square vor Big Ben fragte mich ein Reporter von *Barça-TV*, ob unser Konzept nicht furchtbar naiv sei. »Die besten Dinge der Weltgeschichte entstehen aus Umarmungen«, antwortete ich ihm.

In EU-skeptischen britischen Blättern wie *The Sun, Daily Mail* und *The Times* wurde #hugabrit bescheinigt, zu »unbritisch« zu sein. Ein Kolumnist meinte, was denn seine Frau dazu sagen solle, wenn er sich von einer »langbeinigen, italienischen Blondine« umarmen ließe. Das konnte #hugabrit natürlich nicht für seine Frau beantworten. Doch die Medienpräsenz wirkte: Jede Erwähnung von #hugabrit führte zu weiteren @pleasedontgouk-Fotos, die uns aus Cambridge, Thessaloniki oder Brüssel geschickt wurden.

Dass die Briten sich uns entzogen hätten, lässt sich aus unserer Wahrnehmung nicht bestätigen. Birgit Maass musste sogar live im *BBC*-Frühstücksfernsehen Nigel Farage umarmen. Der damalige UKIP-Chef errötete dabei sanft.

Wir machten uns überhaupt keine Illusionen darüber, welch kleiner Tropfen auf dem heißen, europhoben Stein #hugabrit war. Doch es war herzerwärmend, wie viel Sympathie uns bei unseren Hug-Ins in den Parks und auf den Plätzen von London entgegenschlug.

Wir haben eindeutig zu wenige Briten umarmt, das ist sicher. Als wir uns ein paar Tage nach dem 23. Juni zum Abendessen trafen, klebten wir mit dem Kinn am Tisch. Nach Wochen aufgeputschter Kampagnenarbeit fragten wir uns: Was heißt das für uns persönlich?

Welche Rechte werden EU-Bürger auf den britischen Inseln nach dem Austritt haben? Für zukünftige Einwanderer aus der EU wird der Zugang erschwert werden. Aber für uns, die schon da sind? Ich selbst bin ja gerne Luftwurzlerin, ich muss meine Wurzeln nicht in einer Scholle stecken haben.

Mir ging es nicht um persönliche Konsequenzen, sondern um die politische Vision der europäischen Einigung. Da ich seit 2010 in London lebe, habe ich Anspruch auf den neu ausgehandelten *settled status*, wenn ich ihn möchte. Doch für unsere kleine Gruppe der Wahllondoner hat der Brexit schon jetzt einiges bewegt.

BREXIT VAN

Die Erste von uns, die Britannien den Rücken kehrte, war die Schwedin Amanda Ullmann. Sie war zwar mit einem Briten verlobt, aber auch er zog es vor, nach Schweden zu ziehen. Siv Khan ist pakistanischer Herkunft und war es langsam satt, an Passkontrollen immer länger aufgehalten zu werden als andere, obwohl er in Britannien geboren wurde und somit ein echter Engländer ist. Die Ausländerfeindlichkeit ist in England gefühlt gestiegen, seit die *Brexiters* das Referendum gewonnen haben. »Es geht weniger um mich«, sagte Amanda zum Abschied, »ich mache mir eher Sorgen um Siv.«

Die Zweite, die ging, war die irische Ärztin Rosa McNamara. Die hochausgebildete Spezialistin arbeitete im Imperial College in London als Unfallärztin. Ihr Mann ist Facharzt für Geriatrie. Im britischen NHS fehlen immer Fachkräfte, da sind Mediziner aus aller Welt gern gesehen. Das wird sich nicht so schnell ändern lassen. Um Studierende bis auf das Niveau von Rosa auszubilden, dauert es zehn Jahre. Rosa ist jedenfalls jetzt Teil der Brexit-Statistik geworden: Im Herbst 2017 hatten sich nach Angaben des National Health Service bereits zehntausend EU-Bürger aus den Spitälern und Kliniken verabschiedet. Rosa ist mit ihrer Familie wieder in Dublin.

Der Österreicher Paul Varga wartet jetzt erst einmal ab. Vargas Firma Playbrush hat sowohl ein Büro in London als auch in Wien. Playbrush hilft Kindern beim Zähneputzen – Vargas Zahnbürsten können mit Videospielen auf Smartphones verbunden werden, wer beim Zähneputzen am meisten Monster abschießt, putzt am besten. »Wir waren hier in London in einer sehr guten Position«, sagt der Einunddreißigjährige. Seine Firma ist voller junger Europäer. Varga hat in London am UCL studiert, die Ausbildung und das Netzwerk aus dieser Zeit hat er für die Firmengründung gut nützen können. Die Dynamik der britischen Hauptstadt und die Start-up-freundliche Atmosphäre haben den energischen, optimistischen Paul Varga begeistert: »Man greift sich an den Kopf, warum die Briten sich jetzt in diese Position gebracht haben«, seufzt er: »Der Brexit wird alles komplizierter machen.«

Varga aber hat den Vorteil, dass er sowohl in Großbritannien als auf dem EU-Kontinent Niederlassungen hat. »Wir heuern jetzt eher verstärkt in Wien an«, meint er. Für den Fall, dass die Briten nicht das machen, was er von ihnen eigentlich erwartet – »dass sie pragmatisch reagieren« –, wird Paul Varga notfalls seine Strukturen schnell umbauen.

Birgit Maass hatte die Gefahr des EU-Referendums von Anfang an richtig eingeschätzt. Für die Korrespondentin der *Deutschen Welle* ist der EU-Austritt nicht nur eine bedauerliche politische Entwicklung, er hat auch eine persönliche Komponente. Birgits Kinder wurden in London geboren, ihre Familie ist hier verwurzelt. »Ist das noch die weltoffene Stadt, die uns alle willkommen geheißen hat?«, fragt sie sich immer wieder angesichts der heftigen und harschen Debatte um das Verhältnis der Briten zu Europa – und zu den Europäern. Den »Brexit-Blues« hat sie aber inzwischen überstanden.

Manche von uns haben das Brexit-Votum auch dazu genutzt, klare Entscheidungen zu treffen. Denn man sitzt ja als Emigrantin oft zwischen den Stühlen, was zwar die Beinmuskulatur stärkt, aber manchmal auch sehr anstrengend sein kann. Marianna Rosenfeld bekommt mit ihrem englischen Mann Ian einen zweiten Sohn und plant zu bleiben. Martina Schmücker hat die britische Staatsbürgerschaft angenommen.

Auch für die Fotografin und deutsche Künstlerin Katie Lock hat sich der Brexit überraschend ausgewirkt. Im Jahr nach dem EU-Referendum hat sie ihren englischen Freund Tim geheiratet – obwohl Katie so eine bürgerliche Idee vorher nie in den Sinn gekommen wäre. Als Hochzeitsgeschenk haben sich die beiden einen Wohnwagen geschenkt. Mit dem fahren sie jetzt durchs Brexit-Land. Je nach Laune nennen sie ihr neues Urlaubsgefährt Glamper Van, Hippie Van oder eben Brexit Van.

AUF NACH NEW YORK

Großbritannien hat von den EU-Einwanderern profitiert. Und die EU-Immigranten von Großbritannien auch. Viele sind der Öffentlichkeit nicht bekannt, sie arbeiten auf Feldern oder Küchen und in Pubs, Krankenhäusern und Banken.

Einige aber sind Celebrities wie Alfred Brendel. Seit einem knappen halben Jahrhundert lebt der österreichische Pianist schon in London. Hoch im Norden der Stadt in Hampstead steht sein Haus mit einem Konzertflügel, auf dem er nicht mehr spielt. Der Siebenundachtzigjährige traut seit einem Hörsturz seinen Ohren nicht mehr. Brendel hält Vorträge, empfängt zu Interviews, erzählt Anekdoten, lacht gerne und beobachtet den politischen Zeitgeist mit Sorge: »Der Brexit hat mir in Erinnerung gerufen, dass ich Europäer bin. Ich misstraue jedem Nationalismus.«

Alfred Brendel ist sein Leben lang in Großbritannien hofiert worden. Schließlich ist er einer der wichtigsten Pianisten seiner Generation. Das wird sich auch jetzt nach Ende seiner Karriere nicht ändern. Seine Kinder und Kindeskinder sind Briten. Brendel hat seinen österreichischen Pass behalten. Und bleibt in Hampstead: »Ich bin gerne zahlender Gast.«

Viele der Kontinentaleuropäer werden bleiben, weil London als Lebensstadt eine hohe Anziehungskraft behalten wird. Aber so sicher ist das jetzt nicht mehr. Vor allem bei jenen nicht, die die Wahl haben.

Bernd Radaschitz zum Beispiel. Als Lehrling träumte der Steirer wie viele Österreicher davon, nach New York zu gehen. Das Land der unbegrenzten Möglichkeiten kannte er aus Film und Fernsehen. Doch dann fand der Tischler aus Riegersburg in der Oststeiermark heraus, wie schwierig es war, in Amerika eine Aufenthaltsgenehmigung und eine Arbeitsbewilligung zu bekommen – und flog deshalb 2004 in die britische Hauptstadt: »Von Graz flog Ryanair für zwanzig Euro nach London, das bot sich geradezu an.«

Es war der Beginn einer Erfolgsgeschichte. Zuerst arbeitete Radaschitz bei der Edelküchenfirma Poggenpohl. Dann begann er 2008 aus seinem Schlafzimmer heraus, Küchen an reiche Engländer zu verkaufen. Heute sind es vornehmlich chinesische, russische oder nahöstliche Oligarchen, für die Radaschitz steirische Handarbeit plus High-End-Interior in Londoner Stadtvillen kombiniert. Gemeinsam mit seinem Bruder leitet er inzwischen die Familienfirma in Riegersburg, die 1923 gegründet wurde.

Bernd Radaschitz führt durch seinen Showroom im edlen Notting Hill. Im ersten Stock ist eine marmorlastige Luxusküche entstanden. Gemeinsam mit seinem älteren Bruder hat er neben ID Interior inzwischen eine zweite Firma gegründet, Lanserring. Cool kombiniert wird hier auf höchstem Niveau Tradition und Innovation – und der österreichische Export kommt im Londoner Luxussektor gut an: Sogar die *How-to-Spend-It*-Luxusbeilage der *Financial Times* hat den Brüdern gute Noten gegeben.

Bis 2016 ging es steil bergauf. Die Radaschitzs kamen mit einem anderen erfolgreichen Bruderpaar in Kontakt: Christian und Nick Candy. Die beiden legendären Londoner Immobilienplaner haben mit One Hyde Park den teuersten Wohnblock Londons entwickelt, und für manche der Luxus-Apartments haben die österreichischen Brüder das Design geliefert: »Wir planen dann mit einem ganzen Team unsere Küchen«, erzählt Bernd Radaschitz, »da sitzen neben den Besitzern etwa zehn Leute mit am Tisch.«

Knapp nach dem EU-Referendum brach das britische Pfund um 15 Prozent ein: »Eine Küche hat seitdem für uns 15 Prozent weniger Ertrag gebracht.« Das Pfund hat sich zwar ein bisschen erholt, aber die Zukunft bleibt unklar.

Deshalb hat Radaschitz auch vor, sich in New York ein zweites Standbein aufzubauen. Obwohl er mit Frau und Tochter jetzt in Nordwestlondon so richtig zu Hause ist. Sollte der Brexit allzu hart werden, dann wird Radaschitz sich eben dorthin zurückziehen, wo er schon als junger Lehrling hinwollte. Nach Amerika.

KAPITEL 12
LITTLE ENGLAND

NORDIRLAND

Ein paar Meter südlich von Damian McGenitys Kuhstalls verläuft die Grenze zur Republik Irland: »Ich kann mich noch gut an die ständigen Anschläge an den Grenzübergängen erinnern«, sagt der Bauer, der auch Teilzeit bei der Post im nahe gelegenen Dorf arbeitet. McGenity ist Katholik, Nordire und deklarierter Brexit-Gegner. Er zeigt über die grünen Hügel seiner Heimat. »Ich will nicht, dass meine Kinder so aufwachsen müssen wie ich.«

Es gibt 275 Straßen zwischen Irland und Nordirland. Das sind 275 Verbindungen oder aber potenzielle 275 Schlagbäume an der Außengrenze der EU. Nordirland ist seit Herbst 2017 zum Brennpunkt der Verhandlungen geworden. Denn hier an der Grenze wird offensichtlich, was die EU ausmacht: Sie ist Wirtschaftsunion und Friedensprojekt zugleich.

Wie soll Nordirlands Grenze zu Irland künftig aussehen? Der nördliche Teil der irischen Insel gehört zum Vereinigten Königreich. Briten und Irland wollen natürlich auch in Zukunft eine offene Grenze. Das ist angesichts der gewalttätigen Geschichte der Region verständlich.

Nur mit äußerster Mühe konnte der Bürgerkrieg zwischen den loyalen Protestanten – den Unionisten – und den katholischen Iren – den Republikanern – vor zwanzig Jahren beigelegt werden. Seit der Unabhängigkeit Irlands 1922 hatte der Konflikt geschwelt. Zwischen 1969 und 1998 war er durch die Anschläge paramilitärischer Organisationen – die katholische IRA und die protestantische UVF – zu einem blutigen Machtkampf geworden.

1998 legten alle Beteiligten die Waffen nieder. Unter dem britischen Premierminister Tony Blair schlossen sie das Belfaster Karfreitagsabkommen. Nur eine nordirische Partei verweigerte die Unterschrift: Die Democratic Unionist Party DUP, eine erzkonservative Partei, die vom legendären protestantischen Pastor Ian Paisley gegründet worden war.

Den Unionisten war es zuwider, dass Nordirland einen speziellen Status bekam. Genau das aber passierte im Karfreitagsabkommen: »Es ist das Geburtsrecht aller Nordiren, sich als Iren oder Briten oder beides zu identifizieren«, heißt es da, und weiter: »… und demnach beide Pässe zu beanspruchen.« Der Friede wurde dadurch möglich, weil ohnehin alle Mitglied in der EU waren. Multiple Identitäten sind die Realität in Nordirland – manche sind Nordiren, Katholiken und EU-Bürger, andere Nordiren, Protestanten und EU-Bürger. Durch die EU bekam das Trennende eine übergeordnete Identität, die alle verbunden hat. Die Grenzposten wurden abgeschafft, die Wachtürme umgelegt. Es gab für die Irish Republican Army keinen Grund mehr, unter den Bahnbrücken Bomben zu legen. Die Grenze zwischen Norden und Süden wurde unsichtbar.

Das aber könnte sich jetzt durch den Brexit ändern. Boris Johnson verglich im Februar 2018 die nordirische Grenze mit jener zwischen Londoner Bezirken: »Es werden Verkehrsgebühren eingezogen und dennoch: Es gibt keine Grenze zwischen Islington oder Camden und Westminster.« Johnsons Verständnis für komplexe politische Inhalte reicht nur bis zu seiner lokalen Erfahrung als Bürgermeister von London.

»Die britische Politklasse benimmt sich völlig rücksichtslos«, wundert sich der irische Publizist Fintan O'Toole in

Dublin. Leichtfertig setzten die Briten mit ihrem EU-Austritt den fragilen Frieden in Nordirland aufs Spiel: »Das Belfaster Abkommen ist die größte diplomatische Errungenschaft seit dem Zweiten Weltkrieg. Gerade das englische Establishment war ganz wichtiger und zentraler Teil des Friedensprozesses. Jetzt wirkt es so, als hätten sie einfach vergessen, welche Anstrengungen es gekostet hat, diesen gewalttätigen Konflikt beizulegen.«

Für die Iren ist diese Entwicklung ein Albtraum. Die irische Insel liegt westlich des Vereinigten Königreichs jetzt schon recht isoliert vom europäischen Kontinent. Irland fürchtet durch den Verlust des immens wichtigen Handelspartners Großbritannien großen wirtschaftlicher Schaden. Schlimm genug, wenn die Außengrenze im irischen Meer zwischen Irland und Großbritannien verlaufen sollte. Politisch desaströs wäre es, wenn der nördliche Inselteil abgetrennt wird. Eine Mehrheit der Nordiren hat für den Verbleib in der EU gestimmt – Unruhe ist garantiert und wenn es im Norden rumort, ist das für den Süden immer schlecht. Der irische Premierminister Leo Varadkar hat die EU von Anfang an darauf eingeschworen, die Nordirland-Frage ganz zu Beginn der Verhandlungen zu klären. Im Zentrum steht dabei der Wunsch Dublins, den speziellen Status Nordirlands zu erhalten.

De facto heißt das: Nordirland soll so nah wie möglich an der EU bleiben, damit es keine Kontrollen an der Grenze geben muss. Denn ein Grenzposten könnte neue Gewalt provozieren. Ein einziger Anschlag, und Soldaten müssten zur Sicherheit der Beamten stationiert werden.

Heute grasen entlang der grünen Grenze in aller Ruhe irische Kühe. Der einzig erkennbare Unterschied auf der Autobahn zwischen Süden und Norden ist, dass die Iren die Geschwindigkeitsbegrenzung in Kilometern und die Nordiren in Meilen angeben. Kaum vorzustellen, dass die Gewalt hier wieder ausbrechen könnte.

Doch ein Besuch in Belfast reicht, um die fragile Lage zu begreifen. Im protestantischen Bezirk Shankill leuchten frisch gemalte Wandfresken in ehrenvoller Erinnerung an die loyalistischen Kämpfer, die nebenan an der katholischen Falls Road schlicht als Mörder gelten. Umgekehrt sind die unzähligen Attentate der IRA bei den britannientreuen Protestanten in lebhafter Erinnerung.

Viele Taxifahrer weigern sich bis heute, in den gegnerischen Stadtteil zu fahren, obwohl die Tore in der sogenannten »Friedensmauer« heute offen bleiben. Zu Zeiten der Troubles von 1969 bis 1998 wurden die Durchfahrtstraßen in der Trennwand von Freitagabend bis Sonntag einfach geschlossen, damit die vom Feierabend-Bier aufgeputschten Horden nicht aufeinander losgehen konnten.

Der nordirische Bauer Seán McAuley, der seinen Hof in vierter Generation betreibt, kann sich noch gut daran erinnern, dass sein Onkel beim Zigarettenkaufen erschossen wurde. Einfach weil er Katholik war, erzählt McAuley: »Wir können uns nicht in die dunklen Zeiten der Troubles zurückbewegen.«

Neben ihm in der Bar vom Dunsilly Hotel, eine halbe Autostunde nördlich von Belfast, sitzt William Taylor und nickt zustimmend. Er ist Protestant. Die beiden haben sich in der Aktivistengruppe Farmers for Action angefreundet. »Brexit ist eine Katastrophe für uns alle«, sagt Taylor. Zehntausende Arbeitsplätze stünden auf dem Spiel, vor allem in der Landwirtschaft, die enorm von der EU-Agrarpolitik profitiert habe. »Wenn wir ihn schon nicht verhindern können, müssen wir uns zumindest für eine möglichst enge Beziehung zur EU einsetzen. Sonst steht der Friede in Nordirland auf dem Spiel.«

Auch die politische Klasse steht längst noch nicht über dem Konflikt. Es gibt keine Regierung in Stormont, dem Sitz des nordirischen Regionalparlaments. Die Konsensregierung zwischen der katholischen Sinn Féin und der protestantischen DUP brach im Januar 2017 zusammen, die Fronten sind verhärtet. DUP-Vorsitzende Arlene Foster, bis dahin First Minister, also Regierungschefin, hat bis Sommer 2018 keine neue Regierung zustande gebracht.

Dafür spielt sie neuerdings im britischen Parlament in Westminster eine wichtige Rolle. Seit Theresa May bei vorgezogenen britischen Parlamentswahlen im Juni 2017 die absolute Mehrheit der Tory-Partei verspielt hat, sind Fosters zehn erzkonservative DUP-Abgeordnete in Westminster das Zünglein an der Waage geworden. Ohne die Unterstützung der DUP kann Theresa May politisch nicht überleben.

Die schwache britische Regierungschefin versucht einen Kompromiss zu finden, den die widerspenstige Nordirin mitträgt. Die DUP will nicht zustimmen, dass Nordirland einen Sonderstatus bekommt und, wie britische und EU-Verhandler geplant hatten, de facto Teil der Zollunion bleiben kann. Nordirland würde sich bis auf Weiteres an die EU-Regeln anpassen. Auf Englisch heißt das »Continued regulatory alignment«. Wenn es aber eine grüne Grenze zwischen Nordirland und Irland gibt, verschiebt sich die Grenze der Zollunion zu Nordirland und Großbritannien. Das ist für die DUP, der London näher ist als Dublin, nicht vorstellbar. Für die Hardliner in Westminster aber ist es genauso wenig denkbar, dass das ganze Vereinige Königreich in der Zollunion oder dem EU-Binnenmarkt bleibt. Die Nordirland-Krise könnte das ganze Land noch Richtung »sanften« Brexit treiben. Oder komplett ins Chaos stürzen.

Sinn Féin, die Vertreterin der katholischen Republikaner,

hofft auf Ersteres. Früher wurde Sinn Féin als politischer Flügel der militanten IRA gesehen. Bis heute nimmt die nordirische Sinn Féin ihre Sitze im britischen Parlament in Westminster nicht ein, sie setzt sich für eine Vereinigung Irlands ein.

Mit der Neubesetzung der Parteispitze im Winter 2018 durch zwei Frauen hat sich in der Partei allerdings viel getan. Mary Lou McDonald in Dublin und Michelle O'Neill, die Sinn Féin in Belfast anführt, sind jünger und schleppen das historische IRA-Gepäck nicht mehr mit. In ihren Gesprächen mit der britischen Regierung sprechen sie sich ganz deutlich dafür aus, dass Nordirland keinesfalls aus der Zollunion austreten darf, um das Karfreitagsabkommen nicht zu gefährden.

Doch was, wenn die britische Regierung das Friedensabkommen gefährdet, steigt dann nicht wieder der Appetit auf beiden Seiten der Grenze, doch noch ein Referendum über die Einheit der beiden Teile Irlands durchzuführen? Als ich Mary Lou McDonald bei einem Briefing Ende Juni 2018 direkt danach frage, blitzt es in ihren Augen: »Wenn die Briten an ihrem verantwortungslosen Kurs festhalten, dann wird das Referendum über unsere Einheit auf die Agenda kommen.«

Das soll laut Sinn Féin in den kommenden fünf Jahren passieren. Der Druck aus der Republik Irland ist allerdings nicht groß. Nordirland bekommt neun Milliarden Pfund pro Jahr von der Regierung in Westminster, das Land ist bettelarm. Irland im Süden hält sich daher nicht nur aus politischer Vernunft zurück, wenn es das Karfreitagsabkommen beschwört. Die Iren könnten es sich schlicht nicht leisten, Nordirland für zehn Milliarden Euro im Jahr »heimzuholen«.

Auch in Schottland spielen budgetäre Überlegungen eine große Rolle, wenn es um die Unabhängigkeit geht. Seit 1707 ist Schottland Teil des Vereinigten Königreichs. Schottland stellt ein Drittel der Landmasse Großbritanniens, ein Fünftel der Bevölkerung und den Großteil an den Gas- und Ölvorkommen in der Nordsee vor Schottland. Sonst gibt es aber außer Whisky-Brauereien wenig. Und weil die Ölpreise stark gefallen sind, ist auch der Mut zur Eigenständigkeit 2018 längst nicht mehr so groß wie 2014, als die Schotten zu einem Unabhängigkeitsreferendum schritten.

Jim Farquharson stand damals im Garten seines Hauses in Dunphail und strich »Yes«- Schilder mit weißer Farbe an. »Jede Nation hat das Recht auf Unabhängigkeit«, sagte der pensionierte Taxifahrer: »Warum sollen wir Schotten nicht in einem eigenen Staat leben?« Die Unterschiede zwischen Schotten und Engländern seien einfach zu groß, meinte der energische weißhaarige Herr, der zum Malen seinen alten Arbeitskilt – den mit den Mottenlöchern – angelegt hatte: »Wir Schotten hassen Nuklearwaffen, die können sich die Engländer abholen kommen.«

Angus Robertson, damals Kandidat für die Scottish National Party SNP, fand die Frage nach dem Sinn der Unabhängigkeit geradezu frech: »Wir schicken unsere Soldaten in Kriege, die uns nichts angehen. Wir sollten uns lieber darum kümmern, unsere Grenzen zu schützen.«

Das blau-weiße Kreuz der Schotten steht aber noch für einiges andere, was bei den Engländern unter den Tory-Regierungen seit 2010 nicht so wichtig ist wie das Sparprogramm: soziale Ausgewogenheit zum Beispiel. Die schottischen Nationalisten von der SNP unter First Minister Nicola Sturgeon sind nationalistische Sozialisten – im besten Sinne. Sie haben ein starkes soziales Gewissen, das sie mit der hart kapitalistischen Westminster-Regierung nicht vereinbaren zu können glauben.

Universitäten sind in Schottland gratis. Nicht so wie in England, wo ein Studienjahr offiziell 9600 Pfund kostet, mit Kost und Logis aber eher schon das Doppelte. Dass Schottland über solche Belange überhaupt autonom bestimmen kann, verdankt das Land zwei Referenden 1979 und 1997. Die Schotten stimmten über mehr Autonomie ab: die sogenannte *devolution*. Deshalb gibt es in Edinburgh ein eigenes Parlament, eine eigene Regierung und weitgehende Autonomie in Gesundheits-, Erziehungs- und Bildungsfragen.

Der Knackpunkt in Schottland ist wie in Nordirland die EU-Mitgliedschaft. Die Schotten sind in großer Mehrheit Proeuropäer, sie sehen die EU als Vertreterin ihrer Interessen an. Die Engländer gelten hier als Unterdrücker, die EU dagegen hilft, die Gegensätze auszugleichen. Für kleine Staaten bietet die EU generell eine Möglichkeit, sich überhaupt Gehör zu verschaffen.

Allerdings nur, wenn man in der EU ist. Wenige Tage nach dem Referendum im Juni 2016 setzte sich der damals starke Mann der schottischen Nationalisten, Alex Salmond, mit uns Auslandskorrespondenten zusammen und zog vom Leder: »Wenn wir uns zwischen Europa und London entscheiden müssen, dann wählen wir Europa.«

Die SNP sah vor zwei Jahren eine große Chance für ihr Projekt. Nach dem ersten Unabhängigkeitsreferendum von 2014 hatten alle Beteiligten erst einmal angenommen, die Frage sei für eine Generation geklärt. Und dann das: Das Vereinigte Königreich tritt aus der EU aus und die Schotten müssen mit? Davon wollte Salmond nichts hören: »Wir werden uns für unabhängig erklären, nach einem weiteren schottischen Referendum in den kommenden Jahren. Und Großbritannien kann unsere Aufnahme in die EU dann nicht mehr blockieren, weil es nicht mehr Mitglied sein wird.«

Die Logik ist bestechend. Allerdings hat die Sache einen Haken: Die Schotten sind bereits etwas erschöpft von ständigen Urnengängen: Dem Referendum 2014 folgten nationale britische Wahlen 2015, dann kam das EU-Referendum und bald darauf Wahlen für das schottische Parlament Holyrood und vorgezogene nationale britische Wahlen im Juni 2017. Wahlmüdigkeit ist nicht die beste Voraussetzung für ein revolutionäres Projekt. Außerdem ist keineswegs geklärt, ob die EU die Schotten so einfach aufnehmen würde. Die spanische Regierung etwa wäre nicht begeistert, wenn eine erfolgreiche Sezessionsbewegung mit einer EU-Mitgliedschaft belohnt würde.

Zumal die britische Premierministerin Theresa May den Schotten schlicht verboten hat, ein Referendum während der Verhandlungen mit der EU abzuhalten. Sollten sich die Schotten daran nicht halten wollen, dann müssten sie mit einigem Unmut auch in den eigenen Reihen rechnen: Es gälte bei einigen als unpatriotisch, der Westminster-Regierung während der heißen Phase der Gespräche mit Brüssel in den Rücken zu fallen. Bei den Schotten ringen ja auch mehrere Identitäten um die Vorherrschaft in jeder Person: Nicht alle, die für den Verbleib im Vereinigten Königreich waren, wollen auch aus der EU austreten. Nicht alle, die für den Austritt aus der EU waren, wollen unbedingt Teil Großbritanniens bleiben.

Einer, der diese multiple Identität gut widerspiegelt, ist Gordon Brown. Der ehemalige britische Premierminister ist Schotte, Proeuropäer und Unionist – er hat sich gegen die schottische Unabhängigkeit und gegen den Brexit ausgesprochen. »Schottlands Platz im Vereinigten Königreich ist nicht sicher genug«, meint er, »und wir wissen aus der Geschichte, dass eine in sich tief gespaltene Gemeinschaft nicht lange zusammenhält.«

An einem kühlen Londoner Juniabend 2018 spaziert Gordon Brown auf der Bühne der Queen Elizabeth Hall im Southbank Centre auf und ab und erzählt Schwänke aus seinem Leben. Brown war der ungeliebte Schatzkanzler des sehr geschätzten Tony Blair zwischen 1997 und 2007. Dann wurde er gemäß Absprache mit Blair sein Nachfolger. Dass der kluge Denker persönlich beim Volk überhaupt nicht ankam, war ein Teil seines Misserfolgs. Die internationale Finanzkrise 2008 aber erwischte die ganze westliche Welt kalt und ruinierte jede Chance auf Erfolg, die der proeuropäische Labour-Zentrist Brown jemals gehabt hat. 2010 gewann David Cameron für die konservativen Tories die Wahlen und der Rest ist Brexit-Geschichte.

An diesem Abend aber gehört die Bühne Gordon Brown. Die große Halle, gut besucht mit jungen wie älteren Fans, die anhaltend klatschen und ausgiebig lachen. Nur in einer kleinen Anekdote lässt er durchblicken, wie das Verhältnis zwischen Engländern und Schotten so ist. Der siebenundsechzigjährige Ex-Politiker erzählt, wie er als junger Mann in London ankam und nachfragte, was man hier von den Schotten halte. »Von den Schotten?«, antwortete sein englischer Gesprächspartner, »keine Ahnung. Die Schotten interessieren uns überhaupt nicht.«

Diese lieblose Behandlung hat den schottischen Nationalismus beflügelt. Die Hoffnung auf Unabhängigkeit wird die nationalistische und gleichzeitig proeuropäische SNP-Chefin Nicola Sturgeon deshalb nie aufgeben. Unter den derzeit widrigen Umständen hat sie aber jetzt erst einmal einen Kurs gewählt, der keine Brücken abbricht.

Mitte Mai verweigerte das schottische Parlament in Holyrood unter ihrer Führung die Zustimmung zur Withdrawal Bill. SNP, Labour, Liberaldemokraten und Grüne stimmten gegen das von der britischen Regierung vorgeschlagene Gesetz. Nur die schottischen Konservativen waren dafür, erst einmal das gesamte EU-Recht in britisches Recht zu überführen – inklusive jenen Bereichen, die eigentlich von den Schotten selbst entschieden werden können: Es handelt sich um 111 EU-Rechte in Bereichen wie Landwirtschaft, Fischerei, Umweltschutz, grenzüberschreitende Kriminalität und Nahrungsmittelsicherheit.

Diese Rechte hat Schottland 1999 bekommen, um die schottischen Nationalisten zu befrieden. Im Zuge der britischen EU-Mitgliedschaft wurden sie von Brüssel aus verwaltet. Jetzt wollen die Schotten sie zurück. Die britische Regierung argumentiert, sie habe ein entscheidendes Wörtchen mitzureden, um den britischen Markt regeln zu können. Alles solle erst an London gehen, dann will die britische Regierung eine neue Aufteilung mit Schotten und Walisern aushandeln.

Das einzige Glück für die britische Regierung ist in diesem Schlamassel, dass die Abstimmung im schottischen Parlament nicht bindend ist. Westminster kann einen Kompromiss ausarbeiten, um die nationalistische schottische Energie unter Kontrolle zu halten. Vorerst.

WALES

Selbst zwischen Wales und England hat die neue Ära die Spannungen verstärkt. Davor hatte man die Gemeinschaft mit den Engländern überhaupt nicht infrage gestellt.

Im Zuge der Verhandlungen näherten sich die Waliser in

Cardiff Bay, dem Sitz der walisischen Regionalregierung, der Position der Schotten an. Die Waliser wollen wie die Schotten, dass die sie betreffenden Rechte, die jetzt aus Brüssel nach Großbritannien zurückkommen, ihnen direkt übergeben werden.

»Im Moment bekommen wir 25 Prozent der EU-Förderungen für die Landwirtschaft«, erklärt First Minister Carwyn Jones, »wir haben zwar weniger Bevölkerung, aber mehr Tiere. Wenn die britische Regierung eine andere Verteilung beschließt, dann haben wir ein Riesenproblem.« Das ist für Jones nicht nur eine Frage des Geldes, sondern auch der Kultur. »Die landwirtschaftlichen Förderungen erlauben es den Walisern, diese Landschaften zu bewirtschaften. Sie sprechen Walisisch, sie halten die walisische Kultur aufrecht. Das hat alles seinen Sinn.«

Ein Kompromiss mit Wales ist aber in allen Fragen einfacher zu erzielen als mit Schottland. Einmal deshalb, weil Wales traditionell keine separatistische Bewegung von England unterhält. Wales ist mit der *devolution* generell zufrieden. Zweitens hat Wales mit knapper Mehrheit für den Austritt aus der EU gestimmt. Insofern hat die britische Regierung ein Mandat, für die kleinere Nation mitzubestimmen.

First Minister Carwyn Jones ist bei einer Rede im King's College in London im Juni 2018 in seiner an sich freundlichen und bedächtigen Art erstaunlich hart, wenn es um die Ziele des EU-Austritts geht: »Wir brauchen den vollen Zugang zum europäischen Binnenmarkt. Alles andere ist sekundär. Alles, was nicht in diese Richtung geht, ist schlecht für Wales.« Der fünfzigjährige Waliser weiß zwar genau, dass er die stärkste Position hat, aber: »Auch wenn die Waliser für den EU-Austritt gestimmt haben, heißt das nicht, dass die Regierung in Westminster einfach über uns hinweggehen kann.«

Besonders wichtig ist für Jones die Irlandfrage und zwar aus walisischer Perspektive: »Alle Häfen für unsere Fährschiffe sind mit Irland verbunden. Wir wollen keine Kontrollen im Verkehr mit Irland! Niemand hier will eine harte Grenze, aber niemand hat eine Lösung, wie wir sie vermeiden können, wenn wir aus dem Binnenmarkt und der Zollunion austreten.«

Der Labour-Mann Jones will im Herbst 2018 zurücktreten. Bis dahin, hofft er, hat die konservative Regierung schon einen besseren Vorschlag für die Zukunft von Brexitannien: »Zum jetzigen Zeitpunkt hätte man ja eigentlich annehmen können, dass die Regierung nicht nur für die kommenden Monate einen Plan hat, sondern auch für die nächsten fünfzig Jahre.«

ENGLAND

Die einzige Nation im Vereinigten Königreich, die kein eigenes Parlament hat, ist England. Das war nicht immer so. Von 1215 bis 1341 gab es eine Kammer und ab dann mit Unterbrechungen zwei – ein House of Lords und ein House of Commons. Die sehr frühe Einrichtung einer Volksvertretung ist eine englische Spezialität. 1215 erzwang das Volk eine Magna Carta von King John, der ab diesem Zeitpunkt keine Steuern mehr einziehen konnte, ohne seinen Royal Council zu befragen. Daraus entwickelte sich das englische Parlament.

1707 vereinigte sich das englische Parlament mit dem schottischen im Act of Union zum Parlament Großbritanniens. Als dann die Iren 1801 dazukamen, wurde es das Parlament des Vereinigten Königreichs.

1999, als das schottische Parlament in Holyrood eingerichtet wurde, dämmerte den Engländern, dass sie zwar im britischen Parlament die Mehrheit hatten. In jeder englischen Angelegenheit aber hatten auch Schotten oder Waliser und Nordiren mitzureden. Umgekehrt war das nach den Regeln der *devolution* nicht mehr der Fall. In jenen Bereichen, in denen etwa das schottische Parlament in Holyrood selbständig entscheiden konnte, hatten die Engländer nichts mehr zu sagen. Im Schottland-Akt 2016 im Gefolge des – von den schottischen Nationalisten verlorenen – Unabhängigkeitsreferendums 2014 wurden diese Rechte noch ausgeweitet: Die Schotten können allein über Belange wie Einkommensteuern, Straßenschilder und Beihilfen entscheiden.

In England führte dies zur Initiative »Englische Stimmen für englische Gesetze«. Nach dem Wahlsieg David Camerons 2015 wurde die neue Prozedur vereinbart: Gesetzen, die nur England betreffen, muss eine Mehrheit der englischen Abgeordneten im House of Commons zustimmen. Jack Straw von der oppositionellen Labour Party sagte dazu: »Diese Initiative unterminiert das Vereinigte Königreich.«

In den konservativen Rängen rumort es anlässlich des Brexits. Der ehrwürdige Lord Robert Salisbury, der dem House of Lords 1994 bis 1997 vorsaß, ist heute in der Constitutional Reform Group tätig: »Wir haben jetzt endlich eine Chance für die Erneuerung unseres Landes. Wir brauchen eine neue föderale Struktur, weil die Schotten nie zustimmen werden, die *devolution* zurückzuführen.« Gewisse Rechte der Schotten, die bisher von Brüssel verwaltet wurden, kommen mit dem Brexit zurück – die Briten wollen sie in Westminster behalten.

Der Marquess, der 2017 sein Mandat als Lord im oberen Haus niederlegte und der sowohl 1975 als auch 2016 aus tiefster Überzeugung gegen die EU gestimmt hat, möchte gerne grundsätzliche Änderungen anstoßen. »Das House of Lords könnte im Kontext eines breiteren konstitutionellen Prozesses reformiert werden.« Eine der Varianten, die seine Reformgruppe vorschlägt: die Abschaffung der oberen Kammer.

Der Brexit hat diese nationalistischen Spannungen verstärkt. Die Waliser machen zwar bis zum Austritt aus der EU den ihnen höchst möglichen Druck, aber Großbritannien werden sie nicht verlassen. Dank der niedrigen Ölpreise wird Schottland auch nicht so schnell aus dem Vereinigten Königreich austreten. Nordirland ebenso wenig, weil die Republik Irland den armen Norden gar nicht finanzieren könnte. Der heikelste Punkt für die Zukunft ist der Friede in Nordirland, der von der EU-Mitgliedschaft aller Beteiligten garantiert wurde. Nur mit äußerster Mühe wird diese heikle Balance zu halten sein.

Das ist auch die Wahrheit über den Brexit: Er unterminiert den Zusammenhalt der britischen Nationen. Die sezessionistischen Schotten, die braven Waliser, die in sich tief zerstrittenen protestantische Unionisten und katholische Iren in Nordirland und nicht zuletzt die Engländer, die es so gewohnt waren, ihre britischen Inseln zu dominieren. Die Koexistenz wird vielleicht nicht so schnell rechtlich gesprengt. Atmosphärisch und inhaltlich aber wird der Austritt aus der EU die nationalen Spannungen verstärken.

Wenn die Britannia von den Ketten der EU losgerissen allein durch die hohen Wogen der internationalen Gewässer segelt, wird sich zeigen, wie lange alle, die sich dabei ums Ruder streiten, einen gemeinsamen Kurs halten können.

KAPITEL 13
QUEEN OF DISUNITED KINGDOM

PROGRESSIVE PRINZESSIN?

In manchen Nächten, wenn es ganz still ist in den Kensington Palace Gardens, kann man eine dunkle Gestalt aus dem Palast huschen sehen. Die für den öffentlichen Verkehr gesperrte Straße sieht mit den noch aus Queen Victorias Zeiten stammenden Gaslaternen vor allem in der Nacht so aus, als wäre London immer noch Hauptstadt eines Empires und in den Betten der Paläste schlummerten sanft schöne Prinzessinnen und ihre Prinzen dem nächsten Tag entgegen.

Das ist auch so. Oder fast. Denn die dunkle Gestalt, die nach den verlässlichen Informationen der Royal Correspondents nächtens manchmal den goldenen Käfig verlässt, ist nicht etwa eine sinistre Gestalt, sie ist Prinzessin. Eine etwas neugierigere Version der bisherigen Ausgaben vielleicht. Die sechsunddreißigjährige Meghan Markle, bisher bekannt als Rachel Zane aus der amerikanischen Fernsehserie »Suits«, hat im Mai 2018 Prinz Williams jüngeren Bruder Harry geheiratet. Damit sie ihre neue Heimat besser kennenlernt, nutzt die Amerikanerin die stillen Stunden der Nacht, um ihre Ausflüge unbeobachtet machen zu können.

Nicht etwa um die Londoner Nachtclubs besser kennenzulernen. Meghan Markle besucht in ruhigen Stunden Obdachlose. Sie kommt in die Asylheime, unterhält sich mit den Leuten. Auch die Überlebenden des Grenfell Tower um die Ecke von Kensington Palace hat sie schon mehrfach aufgesucht. Meghan kommt zu diesen Besuchen ohne ihren Prinzen und ohne Kameras. Sie setzt sich zu den Leuten, die teilweise immer noch auf neue Wohnungen und Kompensation warten, unterhält sich mit ihnen, spendet Trost. »Meghans Besuche bedeuten uns so viel«, wird ein Mitglied der Grenfell-Gemeinschaft in *Hello!* zitiert: »Sie hat einen besonderen Platz in unseren Herzen.«

Wie bei allen Geschichten rund um die Royals weiß man nie, ob es sich um ein rührendes Märchen handelt oder eine knallharte PR-Aktion. Meghan Markle, das jedenfalls ist sicher, hat die größte und wohl auch beste Rolle ihres Lebens ergriffen. Als Amerikanerin, als geschiedene Frau und als feministische Bloggerin mit einer schwarzen Mutter könnte sie durchaus ein bisschen frischen Wind in die ehrwürdige britische Monarchie bringen.

»In ihren Adern fließt das Blut von Sklaven aus Georgia und von Königen aus Schottland«, sagt Andrew Morton, ihr Biograf, der zeitgerecht ein Buch geschrieben hat: »Meghan. A Hollywood Princess«. »Ihr Biograf« ist dabei etwas hochtrabend, Morton hat Meghan nie getroffen. Der englische Autor lebt aber einen Teil des Jahres dort, wo auch Meghan aufgewachsen ist, in Pasadena außerhalb von Los Angeles. Ebendort hat Morton Meghans Kindheitsfreundin Ninaki Priddy interviewt, die den Knüller geliefert hat: Meghan wollte schon als kleines Mädchen »Diana 2.0« werden.

Im Vergleich zu Diana Spencer, die mit neunzehn Jahren wie ein verschrecktes Reh in der royalen Zirkusarena zu stehen kam, ist Meghan Markle als Prinzessin genau richtig besetzt. Ihre Lebensgeschichte liest sich ein bisschen wie der Hollywood-Film »La La Land« mit gutem Ausgang. Sie wuchs in Los Angeles auf, ihr Vater war Beleuchter auf Filmsets. Ihre Eltern ließen sich scheiden, als sie zwei Jahre alt war. Nach langem Herumtingeln in Hollywoods Vorzimmern landete sie eine Rolle in der Anwaltsserie »Suits«.

Die frischgebackene Prinzessin hat ihre Karriere als Schauspielerin inzwischen beendet. Als Mitglied der königlichen Familie kann sie nicht mehr leicht bekleidet vor aller Augen ihren Filmpartner verführen. Das fände die Queen gar nicht amüsant. Kann Meghan alias Herzogin von Sussex aber die Monarchie modernisieren, wenn sie gleich zu Beginn ihr unabhängiges Leben an den Nagel hängt? In Großbritannien ist um die neue Prinzessin eine recht ernsthafte Debatte entbrannt.

Jahrelang hat die zielstrebige Schauspielerin an ihrem Profil gearbeitet. Dazu gehörte neben der Schauspielkarriere auch ihr eigener Blog *The Tig*. So genannt nach dem italienischen Wein Tignanello, dem ersten italienischen Rotwein aus der Chianti-Region, der 1971 ohne den vorgeschriebenen Weißwein-Anteil produziert wurde. Markle hat es nicht extra betont, aber sie hat den Namen eventuell ausgewählt, weil sich die Winzer beim Tignanello nicht mehr um die Vorschrift gekümmert haben, dass selbst der Rotwein weiß sein muss.

Markle hatte auf ihrem Lifestyle-Blog über alles geschrieben, was ihr relevant erschien: Essen, Trinken, Partys – am liebsten in der weltweit vertretenen Soho-House-Kette. Aber auch feministische und politische Essays, die sich mit humanitären Anliegen und Identität beschäftigten. Sie hatte bereits als Kind im Alter von elf Jahren eine Demonstration gegen den Irak-Krieg im Schulhof angeführt. Zur selben Zeit protestierte sie per Brief gegen sexistische Waschmittelwerbung bei Procter & Gamble – erfolgreich. Der Werbespruch »Frauen überall in Amerika kämpfen mit fettigen Pfannen« wurde auf »Menschen in ganz Amerika ...« abgeändert. Ob dies allein auf Meghans Protest zurückzuführen war, ist nicht bekannt, aber immerhin.

Sie hat sich sowohl im College wie später als Schauspielerin in Suppenküchen und bei Charity-Events engagiert, ihr soziales Gewissen ist unbestritten. 2015 trat Markle bei den Vereinten Nationen als UN-Frauenbotschafterin ans Rednerpult, erzählte ihre Geschichte und rief zur Gleichbehandlung von Frauen auf: »Wenn wir Frauen keinen Platz am Tisch bekommen, dann werden wir uns einen neuen Tisch suchen.«

Heute tafelt die Herzogin von Sussex mit der königlichen Familie in ihren Palästen. Was wird aus Meghan Markles sozialpolitischem Engagement? Sie kann den ihr wichtigen Themen auch als Prinzessin Ausdruck verleihen, wenn sie den richtigen Ton trifft. Dazu gehört neben Frauenrechten und sozialem Engagement auch der Kampf gegen Rassismus in der westlichen Gesellschaft. Ein Thema, das in Großbritannien mit seiner kolonialen Vergangenheit erst sehr zaghaft offen reflektiert wird.

MODERNE MONARCHIE

Das Besondere an Meghans Kindheit war ja nicht unbedingt das dramatische Umfeld von Hollywood mit der absurden Diskrepanz zwischen Blitzlicht und Arbeitslosigkeit, schicken Celebrities und zerbrochenen Familien. Meghan Markles Geschichte begann als Kind zwischen den Stühlen: Ihr Vater Tom Markle ist weiß, ihre Mutter Doria Ragland ist schwarz. In den achtziger Jahren waren gemischtrassige Paare in Kalifornien noch äußerst selten. Legal wurde die Ehe zwischen Schwarzen und Weißen in den USA erst 1967. Meghans soziales Leben war von ihrer Hautfarbe geprägt, weil sie weder automatisch zu den weißen noch zu den schwarzen Cliquen gehörte.

Für die Autorin Afua Hirsch ist die neue Herzogin deshalb eine gute Nachricht. Hirsch selbst hat einen weißen englischen Vater und eine schwarze Mutter aus Ghana. Die Autorin von »Brit(ish)« argumentiert, dass es nicht mehr darum gehen könne, die Erfahrung von Briten mit anderen Hautfarben zu ignorieren. Man sollte sie einbeziehen. Meghan könne dabei helfen: »Als Kind fand ich es schwer, meine Britischkeit mit jener der weißen, homogenen Familie an der Spitze unserer Gesellschaft zu vereinen«, schreibt Hirsch: »Das scheint sich jetzt geändert zu haben. Mit Meghan kann ich mich eher identifizieren.«

Radikalere Autorinnen finden die Debatte um die Prinzessin dagegen lächerlich: »Markle ist nicht Britanniens Obama-Moment und sollte auch nicht als solcher behandelt werden«, tweetet die noch radikalere Publizistin Reni Eddo-Lodge. »Wenn jemand von einem Prinzen als Prinzessin auserwählt wird«, schreibt sie, »dann hat das doch nichts mit Demokratie zu tun.«

Das zwar nun tatsächlich nicht, aber die Abschaffung der Monarchie steht in Großbritannien sowieso nicht auf der Tagesordnung. Nur weniger als ein Fünftel der Briten wollen die Königin abschaffen und eine Republik einführen. Das liegt einmal daran, dass Queen Elizabeth II im Alter von 91 Jahren tief verehrt wird. Die alte Dame entzückt in ihrem 65. Dienstjahr ihre Untertanen mit ihrem Pflichtgefühl und dem wohldosierten Einsatz von königlichem Humor. Beim Spaziergang durch den Park von Buckingham Palace mit dem britischen Tierfilmer Sir David Attenborough soll sie, gestört vom Rotorengeräusch eines Hubschraubers, unlängst bemerkt haben: »Klingt wie Präsident Trump.« Als sie gebeten wurde, den amerikanischen Rüpel zum Tee einzuladen, tat sie das ohne Widerrede.

Lang vorbei scheinen die Tage, als die Queen ihre Schwiegertochter Diana harsch behandelte und die anderen wildgewordenen Nachkommen mit zusammengebissenen Zähnen zur Vernunft bringen wollte. Denn wer garantiert schon den Erhalt der Monarchie und die Stabilität des Vereinigten Königreichs, wenn sich die Kinder scheiden lassen – Prinz Charles und Lady Di –, sich auf Sexpartys herumtreiben – Prinz Andrew – oder ihre Nähe zu den Royals zu Geld machen – Sarah Ferguson, Andrews Ex-Frau. In der schweren Zeit rund um die Jahrtausendwende wirkte Elizabeth II verkniffen und altmodisch. Ihre feuchtfröhlichen Nachkommen konnten höchstens noch in den Klatschspalten der Yellow Press als betrunkene Partygäste Schlagzeilen machen. Der Höhepunkt kam, als ihr Lieblingsenkel Prinz Harry 2012 sturzbetrunken beim Strip-Poker in Las Vegas gefilmt wurde.

Nur sechs Jahre später aber steht das Vereinigte Königreich vor einer völlig veränderten Situation. Der dreiunddreißigjährige Prinz Harry hat laut Senior Royal Expert Penny Junor »endlich seine Rolle gefunden«. Die Autorin hat die Windsors seit Jahrzehnten in vielen Büchern beschrieben. In »The Firm« gab sie Einblicke in die Psyche der Insassen des goldenen Käfigs. »Harry hat zeitweise mit dem Gedanken gespielt, der königlichen Familie vollständig den Rücken zu kehren«, meint sie. Inzwischen aber setzte er seinen prinzlichen Namen dafür ein, Olympische Spiele für kriegsversehrte Soldaten zu gründen. 2014 fanden die Invictus Games erstmals in London statt, 2018 geht es nach Sydney.

Sein fünfunddreißigjähriger Bruder William dreht brav die Warteschleife als Thronfolger und ist bereits zum dritten Mal Vater geworden. Seine Frau Catherine funktioniert perfekt als hübsche, pflegeleichte Vorzeigeprinzessin ohne eigene Ambitionen.

Zu viel Ehrgeiz wäre auch schlecht, denn vor William soll ja noch Prinz Charles auf den Thron. Der wird im November

2018 selbst schon siebzig Jahre alt und seine Mutter zeigt kaum Ermüdungserscheinungen. Doch Charles nimmt es gelassen, er ist Schlimmeres gewöhnt. Was hatten die Leute über ihn gelacht, als er vor dreißig Jahren anfing, Bäume zu umarmen, Bio-Gemüse anbauen ließ und Solarpaneele auf seinen Palast packen wollte. Heute gehört nachhaltige Landwirtschaft zum Mainstream. Der exzentrische Prinz Charles hat letztlich schon früh progressiver über die Zukunft seines Königreichs nachgedacht als viele der politischen Repräsentanten.

Auch bei der Scheidungssache war er Vorreiter. Seine Langzeitliebe Camilla Parker-Bowles heiratete er 2005, obwohl beide geschieden waren. Das war erst möglich geworden, weil die anglikanische Kirche 2002 ihre Scheidungsregeln offiziell umschrieb. Als »Verteidigerin des Glaubens« hatte sich die Queen selbst jahrzehntelang durch ihre Ehe mit dem Filou Philip gequält, eine Trennung hatte sie selbst nie in Erwägung gezogen.

Die Monarchie hat sich lange Zeit gelassen, Geschiedene nicht mehr wie Aussätzige zu behandeln. Früher wurden geschiedene Frauen, wenn der Ex-Partner noch lebte, bei Hof nicht *entertained*, sie wurden einfach nicht eingeladen. Edward VIII musste 1936 noch abdanken, damit er seine Geliebte Wallis Simpson heiraten konnte – sie war geschieden und Amerikanerin. Damals wusste man im Buckingham Palace nicht genau, was davon einen mehr schockieren sollte. Amerikanerin stand als Codewort für gewöhnlich – eine Bürgerliche, keine Hochgeborene.

Jetzt kommt eine solche durch die Türen des Palastes geschossen und die Queen lächelt glücklich. Sie scheint keine Einwände mehr zu haben. Bei der Hochzeit in der St. George's Chapel in Windsor saßen einander Elizabeth II und Meghans schwarze Mutter Doria auf den Chorbänken gegenüber. Die Yogalehrerin stammt von Sklaven aus Afrika ab. Die Queen kommt aus jenem Herrschergeschlecht, das den Sklavenhandel als Teil des Empires befürwortete.

Diese Zeiten sind vorbei. Vermutlich ist die Yogalehrerin Doria heute freier als die Queen des Vereinigten Königreichs. Das Leben im goldenen Käfig macht ja an sich wenig Sinn. Was soll das für ein Herrschaftsanspruch sein, der sich daraus ableitet, dass in den Adern der Windsors noch ein Nanoliter Blut von William dem Eroberer fließt? Amy Jenkins, die an der Erfolgsserie »The Crown« mitgeschrieben hat, meint im *Guardian*: »Die Royals sind gewissermaßen ja selbst in eine Art Sklaverei hineingeboren worden.«

Für den konservativeren Teil des Vereinigten Königreichs aber bringt die neue Prinzessin mit ihrer Traumhochzeit das Flair des britischen Empires zurück. Zusätzlich bietet Meghan Markle eine Ahnung davon, dass das Vereinigte Königreich nicht nur eine glorreiche Vergangenheit hat, sondern auch einen Platz in der Zukunft. Dass Meghan ihre nicht-weiße Haut mitbringt, ist dabei geradezu ein Trumpf. »Die Union zwischen Harry und Meghan lässt die Monarchie inklusiv aussehen und relevanter in einer sich ändernden Welt«, meint Autor Andrew Morton.

BEING QUEEN

Die Traditionen der königlichen Familie sind zwar sehr konservativ. Doch insgesamt haben die Regentinnen Elizabeth I, Victoria und Elizabeth II das United Kingdom mehr geprägt als die meisten britischen Könige – mit Ausnahme von Henry VIII. Das lag vielleicht auch daran, dass sie es ewig auf dem

Thron ausgehalten haben. Elizabeth I war im 16. Jahrhundert 45 Jahre lang Regentin. Sie war eine Ausnahme, eine Frau, die so tun musste, als bliebe sie für immer eine jungfräuliche Herrscherin. »Ich weiß, ich habe den Körper einer schwachen Frau«, sagte sie zu ihren Untertanen, »aber ich habe das Herz und den Magen eines Königs.« Ihre Nachfolgerinnen taten es ihr nach. Victoria blieb 62 Jahre auf dem Thron und Elizabeth II hat im Juni 2018 ihr 65. Jubiläum als Monarchin begangen.

Welche Rolle dürfen diese hochwohlgeborenen Frauen spielen? Seit die Demokratie die wahre Macht im Staat dem Parlament und der Regierung übertragen hat, bleibt der Monarchin bloß noch die Rolle einer Grüßtante. Einmal die Woche trinkt sie Tee mit der Regierungschefin oder dem Regierungschef und schenkt den wahren Machthabern ihr Ohr und ihren Rat. Es ist aber ganz wichtig, dass die politischen Meinungen das Staatsoberhaupts nie an die Öffentlichkeit dringen. Niemand weiß, was die Königin über die EU und den Austritt ihres Königreichs denkt. Oder ob sie überhaupt etwas dazu zu sagen hat. Das wird im Allgemeinen damit erklärt, dass die Queen eben über der Politik steht, was wiederum ihre Funktion als Stabilisatorin verstärke. Doch an sich ist es bedauerlich, dass es dem Head of State verwehrt ist, sich zu den wichtigsten Themen der britischen Gegenwart zu äußern.

Der Erfolg der englischen Königinnen liegt in der Natur des Amtes. Die restriktive Jobbeschreibung für die von Gott befohlenen Herrscher in konstitutionellen Königreichen eignet sich besonders für sie. Denn was die Queen tun soll, entspricht dem klassischen Frauenbild: versöhnlich lächeln, gute Stimmung verbreiten, Pflichten erfüllen, die sich nicht mit der großen Politik beschäftigen. Bei den Prinzessinnen kommt noch hinzu, dass sie hübsch sein sollen und immer lächeln – und natürlich, Aufgabe Nummer eins, dass sie »a heir and a spare« produzieren, einen Thronfolger und einen Ersatz.

Bei Catherine, Frau von William, der Herzogin von Cambridge, macht sich seit der Geburt ihres dritten Kindes absolut niemand mehr Sorgen, dass sie diesen Job nicht schaffen könnte. Dass sie einige Stunden nach der Geburt von Louis im April 2018 im St. Mary Hospital in Paddington perfekt geschminkt und geföhnt vor die Öffentlichkeit trat, das Baby im Arm, war ein Zeichen, dass sie ihre Rolle klar verstanden hat.

Interessant wird sein, wie Meghan Markle als Herzogin von Sussex ihre Traumrolle ausfüllen wird. An sich gehört Wohltätigkeit auch zu den erlaubten Frauenbeschäftigungen in konservativen Kreisen. Meghan und Harry können sich auf diesem Gebiet austoben. »Doch wenn es um die Geschichte von Geschlecht und Macht geht«, schreibt Helen Castor, Autorin von »She-Wolves: The Women Who Ruled England Before Elizabeth«, »dann sind die prominenten königlichen Frauen dieser Stunde die Antithese von echtem Wandel.«

Nach der Epoche von Queen Elizabeth II steht erst einmal das Ende des Matriarchats im Hause Windsor auf der Tagesordnung. Mit Charles kommt ein König auf den Thron, der sich schon vor seiner Krönung nur schwer mit den engen Vorgaben für seine Rolle abfinden kann. Berüchtigt sind seine handgeschriebenen Briefe, mit denen er bei Regierungsstellen auf Themen Einfluss nehmen will, die ihm am Herzen liegen. Es ist anzunehmen, dass er dies vermehrt tun wird, wenn er das Zepter in der Hand hält.

Allerdings hat die lange Regentschaft seiner Mutter das sanfte Matriarchat in der britischen Vorstellung gefestigt. Keine Regierung wird Charles politisches Gewicht zugestehen, die Zeiten sind endgültig vorbei. Sein Sohn William wirkt sowieso wie ein braver Soldat, der sich allerhöchstens für das in die Schlacht werfen wird, was von ihm erwartet wird: die Eröffnung von Krankenhäusern. Will ist zwar ein Konservativer, aber innerhalb der Debatte über Maskulinität im 21. Jahrhundert eine perfekte Besetzung als Monarch. Angepasst, pflichtbewusst und höflich – das, was man früher ein braves Mädchen genannt hätte.

Die Autorin Afua Hirsch hält die Sentimentalität gegenüber den Royals unter anderem für eine Folge der »Glocalisation« – die Kräfte von Globalisierung und technologischem Wandel führten zum verstärktem Druck, sich auf die engeren Identitäten und volkstümlichen Traditionen zu berufen: »Glocalisierung ist keine Identität. Das House of Windsor schon.« Die Royals wirken inmitten des Brexit-Chaos geradezu normal. Ein Hort der Stabilität.

Vermutlich werden die Royals mehr und mehr wie die skandinavischen oder niederländischen Königshäuser ihre Rolle als bürgerliche Monarchen definieren. So sehr die Queen und ihre Kinder und Kindeskinder in dieser schwierigen Phase des EU-Austritts jetzt als Stabilisatoren wirken, so wenig bieten die Windsors eine langfristige Perspektive für das neue Britannien.

Ob aus dem ehemaligen Empire eine globale, weltoffene Mittelmacht entsteht oder doch ein in sich gekehrtes Little England, das obliegt am Ende den gesellschaftlichen Kräften außerhalb des Buckingham Palace.

KAPITEL 14
DER KURS DER BREXITANNIA

EPILOG

Scherz beiseite. Es ist zwar eine ironische Pointe, dass die Queen und ihre Kids im Vergleich zu Boris Johnson und einigen anderen Hofnarren geradezu normal wirken und der Buckingham Palace eher als das House of Commons als Hort von Vernunft und Stabilität erscheint. Im Ernst betrachtet kann nichts darüber hinwegtäuschen, dass Großbritannien in einer tiefen Krise steckt, die sich erst nach dem offiziellen Austritt aus der Europäischen Union manifestieren wird.

Noch bevor die Verträge fertig ausverhandelt sind, schreibe ich mit einigem Risiko auf, was dies für Britannien bedeuten könnte. Es ist fraglich, ob ein Scheidungsvertrag im Herbst 2018 zustande kommt. Wenn dies zwischen Theresa May und der EU funktionieren soll, dann nur mit großen Kompromissen beider Seiten. Eines aber ist klar: Es wird kaum gelingen, auch den Vertrag über die zukünftigen Beziehungen zwischen EU und Großbritannien bis zum offiziellen Brexit-Datum, dem 29. März 2019, auszuhämmern. Geschweige denn umzusetzen. Jon Thompson, Chef der britischen Zollbehörde HM Revenue & Customs, nimmt an, dass die Vorbereitungen drei bis fünf Jahre dauern werden – egal auf welches Modell sich die britische Regierung mit ihrem Parlament einigt.

Den Hardlinern ist das nicht unrecht. Ihre Logik geht so: Sie wollen nur so lange schweigen, bis Theresa May den offiziellen Brexit orchestriert hat. Danach werden Michael Gove innerhalb des Kabinetts und Boris Johnson von außen versuchen, sie zu stürzen. Das wäre der Startschuss für die zweite Phase des EU-Austritts: Brexit 2.0. In den unter Umständen noch Jahre dauernden Verhandlungen wird man versuchen, die Zugeständnisse der jetzigen Premierministerin wieder wegzuverhandeln.

Der Austritt aus der EU geht nicht nur in der Realität, sondern auch in der dramatischen Bearbeitung in die Endlosschleife. Im August gelangte beim Edinburgh-Festival eine Komödie namens »Brexit« zur Aufführung. Ein Tory-Führer versucht, die Partei vor dem Untergang zu bewahren und einen Deal mit Brüssel auszuhandeln. Eigentlich ein Trauerspiel. Die Autoren Robert Khan und Tom Salinsky haben die Handlung sicherheitshalber im Jahr 2020 angesetzt.

Im Sommer 2018 wurde immer deutlicher, wie schlecht die britische Regierung auf die Austrittsverhandlungen vorbereitet war – ganz zu schweigen von den fehlenden Strukturen für die Phase danach. Als er die Regierungschefin im August 2016 erstmals zu Briefings traf, erzählt ein britischer EU-Experte, war er erschüttert, wie wenig sie über den EU-Binnenmarkt und das Zusammenspiel aller EU-Institutionen wusste. Inzwischen ist allen klar geworden, dass es nicht so einfach ist, die EU zu verlassen. Und wie kostspielig diese Scheidung wird. Es ist ja nichts Neues, dass Streitparteien sich erst trennen und dann über die Folgen bestürzt sind. Doch die Briten sind darauf von der Regierung nicht vorbereitet worden.

Mein Zahnarzt Paul würde trotz allem heute wieder für *Leave* stimmen – außer die EU stimmte grundlegenden Reformen zu. Sollte sie sich freiwillig zu einer freundlichen Assoziation freier Staaten zurückstufen, die einfach miteinander freien Handel treiben, dann wäre er bereit, wieder beizutreten. Seine Frau ist Französin, seine Kinder haben also einen zweiten Pass, mit dem sie gut in der EU leben könnten, sollten sie das wollen. Wozu, findet mein Dentist, sich außerdem von Brüssel auf irgendeine Art und Weise bevormunden lassen?

Was immer man sich von der Zukunft der EU wünscht – mehr oder weniger Integration – eines ist klar: Reformen kann man nur von innen betreiben. Will man weniger EU-Einwanderer, aber nicht weniger Zugang zum europäischen Binnenmarkt? Einfache Lösung: Man suche sich innerhalb der EU Partner für dieses Ansinnen. Es gibt eine Grauzone in der Immigrationspolitik, Notbremsen im Falle der Überlastung des Sozialstaates etwa. Die Briten hätten diese Entwicklung in ihrem Sinne beeinflussen können – an prekären Projekten wie dem Euro haben sie sowieso nie teilgenommen. Es ist mir in acht Jahren Debatte nicht gelungen, meinen Zahnarzt davon zu überzeugen, dass die Briten besser daran getan hätten, ihre Reformideen und nationalen Interessen am Tisch der EU-Kommission oder im Europäischen Rat zu betreiben als ihre Einwürfe über den Zaun zu schreien.

Meine mangelnde Überzeugungskraft beruht nicht allein darauf, dass ich mit offenem Mund auf dem Zahnarztstuhl liegend ganz eindeutig in der schlechteren Position bin als der Zahnarzt. Paul ist eben ein echter Engländer. Kosten des Brexits und die Idee, dass man in einer globalisierten Welt gemeinsam besser weiterkommt als allein – es ficht ihn nicht an. Dass wir als Europäer eine Verantwortung gegenüber unserem eigenen Kontinent haben, das hält er für verfehlte Romantik.

Der Brexit war insofern kein Unfall. Seit dem Maastricht-Vertrag 1992 hat sich unter den Briten eine zunehmende Entfremdung von den Zielen der EU eingestellt. So kam es zum EU-Austritt und deshalb steht die Zukunft Britanniens in den Sternen. Auch die unmittelbare. Denn die Realität kann nicht mit den Wünschen abgeglichen werden. Man kann nicht aus der EU, dem Binnenmarkt und der Zollunion einfach so austreten. Es gefährdet den Frieden in Nordirland, es kompliziert die Einheit des Vereinigten Königreichs.

Die Antwort in Politik und Medien auf das für alle Seiten quälend offensichtliche Chaos ist so logisch wie kurzsichtig: Der Fokus wird einfach verstärkt auf die Krise der EU gelegt. Nur damit kann der Brexit noch gerechtfertigt werden.

Im konservativen *Spectator* erläuterte Leitartikler Charles Moore im Juni 2018, die EU sei ein untergehendes Empire. Er verglich die antieuropäische Revolte in Italien mit der Rebellion von Spartakus gegen das Römische Reich. »Wenn ein Empire von einer kritischen Masse seiner Einwohner infrage gestellt wird, wird der fundamentale Mangel an Legitimität offensichtlich. Die EU hat jetzt wegen imperialistischer Überdehnung und imperialistischer Doktrin dieses Stadium erreicht.« Die EU sollte sich nach dem Beispiel des britischen Empires, das als zeremonielles Nachfolgemodell den Commonwealth erfunden hat, doch einfach in Common Market umbenennen. Moores Analyse lässt den Schluss zu, das Großbritannien das einzig Richtige tut: das sinkende Schiff zu verlassen.

Was Moore wohl entfallen sein muss: Das britische Empire hat die Länder, die es überfallen und ausgeraubt hat, vorher nicht gefragt, ob sie dem Empire beitreten wollen. Die Europäische Union aber ist ein freiwilliger Zusammenschluss von *consenting adults*, von zustimmenden Erwachsenen, die ihr Schicksal lieber gemeinsam in die Hand nehmen als dem Wahn anhängen, sie könnten es allein mit wachsenden Wirtschaftsmächten wie China aufnehmen.

Auch der London-Korrespondent der *Frankfurter Allgemeinen Zeitung*, Jochen Buchsteiner, liest in seinem Buch »Die

Flucht der Briten aus der europäischen Utopie« die jüngeren Ereignisse ähnlich wie Moore. Die Briten seien wie früher den Europäern in der Entwicklung voraus und hätten erkannt, dass die EU einem Irrweg gefolgt ist: »Haben die Briten das Wesen der Europäischen Union womöglich gar nicht missverstanden, sondern vielmehr durchdrungen, und zwar auf eine Weise, die der maritimen Nation gar keine Wahl ließ, als ein weiteres Mal Anker zu lichten?«

Ich zweifle daran. Wer hätte denn den intellektuellen Überbau für dieses Unterfangen erdacht? Es gibt kaum britische Intellektuelle, die sich für den Brexit ausgesprochen haben. Hilary Mantel, die große englische Historikerin und Schriftstellerin? Sie stimmte für *Remain*. Timothy Garton Ash, Oxford-Professor für Europäische Geschichte: ein Proeuropäer. Stephen Hawking, 2017 verstorbener Mathematik-Professor und Autor von »A Brief History of Time«? Er sprach sich noch vor seinem Tod für den Verbleib seines Landes in der EU aus. Der jamaikanisch-schottische Public Intellectual Akala: ein *Remainer*.

Es kann kein Zufall sein, dass sich die britischen Geistesgrößen für die EU einsetzen und nicht für eine neue Splendid Isolation.

Geht die EU aber unter, weil Britannien das Projekt schon abgeschrieben hat und ein Dominoeffekt eintritt, dann wird das schlimme Konsequenzen haben, wie Ian Kearns, Mitgründer des European Leadership Network in seinem Buch »Collapse« ausführt: »Wenn die EU zusammenbricht, dann wird auch das Vertrauen der Europäer, das sie zueinander hatten, und ihr Gefühl der Verpflichtung füreinander enden.«

Kearns führt weiter aus: »Wie wird sich die Dystopie, die aus euroskeptischen Träumen heraus geboren wurde, auf die Europäische Union auswirken? Wenig überraschend wird das ideologische Klima es nicht zulassen, dass kooperative europäische Maßnahmen ergriffen werden könnten, die uns alle betreffen. Wenn der Binnenmarkt zurückgerollt … und wenn Schengen ersetzt wird durch Grenzen, die wieder dicht sind, wird dies alle Versuche überschatten, neue Formen von Kooperation zu finden.«

Im Sommer 2018 weiß man nicht, ob man sich mehr um die Briten oder um die EU sorgen soll. Nationale Politik untergräbt das gemeinsame europäische Handeln. Statt die Probleme der Zeit – Digitalisierung, Migration, Ungleichheit in der Gesellschaft und zwischen den Gesellschaften – analytisch anzupacken, stehen in Europa zunehmend mehr Feldherren auf ihren kleinen Hügeln, die erst nach Sündenböcken suchen, um dann kurzsichtige populistische Lösungsvorschläge zu propagieren, die fundamentale Herausforderungen des 21. Jahrhunderts mitnichten lösen werden.

Der Kontinent scheint erfasst zu sein von einem neuen Geist, der Ängste und Änderungen in Gesellschaft und Geopolitik zum Anlass nimmt, um hart erkämpfte Werte zu vernachlässigen. Es waren zwei verheerende Weltkriege, die zur Entwicklung der Europäischen Union geführt haben. Die europäische Integration wurde nicht betrieben, um die Briten oder andere Nationen in Ketten zu legen, sondern um schlüssige Antworten auf multikulturelle Gesellschaften zu finden.

In den EU-Institutionen in Brüssel ist man mit den großen Themen der europäischen Zukunft beschäftigt – wie Immigration von außerhalb der EU kontrolliert werden kann; wie die demokratische und institutionelle Balance der EU-Institutionen gewährleistet werden soll; wie mit den steigenden autoritären Tendenzen in manchen Mitgliedstaaten umgegangen werden kann; und ob Europa sich als Solidaritätsgemeinschaft verstehen will oder nicht. Die Briten spielen bei all dem kaum mehr eine Rolle. »Der Brexit ist für Brüssel die Vergangenheit«, meint der britisch-französische EU-Experte Paul Taylor, »darüber macht man sich jetzt nicht mehr weiter Gedanken.«

Was wird der Brexit nun Positives für Großbritannien bringen? Die Briten könnten die Trennungseuphorie dazu nutzen, längst notwendige Reformen in der Ausbildung für Handwerker und Lehrlinge, in der Bürokratie – etwa eine generelle Meldepflicht – und politische Reformen für die einzelnen Institutionen des Vereinigten Königreichs – Stichwort: Verfassung und englisches Parlament – durchzusetzen. All das wäre allerdings auch möglich gewesen, ohne aus der EU auszutreten.

Außerdem will Großbritannien die Energie des Neustarts nutzen, um als Global Britain neue Wege in der Handelspolitik zu gehen. Das wird mit Partnern wie Donald Trump nicht leicht werden. Doch die Briten sind eine ernstzunehmende Wirtschaftsmacht und etwas sorgloser als die Kontinentaleuropäer, wenn es um hohe Standards für Mensch, Tier und Nahrungsmittel geht. Der asiatische Raum ist mit seinen riesigen Märkten für britische Produkte und Dienstleistungen nicht zu Unrecht ein Hoffnungsträger.

Politik ist, wenn es gut geht, eine konstruktive Mischung aus Vision und Machbarkeit. Und wenn es schlecht geht, eine destruktive Mischung aus Vision und Machbarkeit. Sollten die Briten ernst machen und den Austritt aus der EU vollziehen, dann wird die Brexitannia aufs freie Meer hinaussegeln. Untergehen wird die alte Fregatte nicht, doch ein Zickzackkurs ist wahrscheinlich. Little England und Global Britain werden um den Kurs streiten, den ihr Schiff nehmen soll. Ein Zickzackkurs hat es an sich, dass man langsamer, wenn überhaupt zum Ziel kommt und dabei viel Energie unnötig verbraucht. Das wird, wenn ich hier meinen *bowler hat* vor Winston Churchill ziehen darf, die Briten hoffentlich nicht Blut, aber ganz sicher Schweiß und Tränen kosten.

AUSGEWÄHLTE BIBLIOGRAFIE

KAPITEL 1

Shipman, Tim: All Out War. The Full Story of How Brexit Sank Britain's Political Class. William Collins 2016.

KAPITEL 2

Akala: Natives, Race and Class in the Ruins of Empire. Two Roads 2018.

Akala: http://illastate.posthaven.com (26.07.2018)

Ehsan, Rakib: http://blogs.lse.ac.UK/brexit/2017/02/20/the-british-asian-vote-for-brexit-contains-a-few-surprises/ (26.07.2018)

Gilroy, Paul: After Empire. Melancholia or Convivial Culture? Multiculture or Postcolonial Melancholia. Routledge 2004.

Hague, William: William Pitt the Younger. Knopf 2005.

Kipling, Rudyard: »If« and Other Poems. Michael O'Mara Books 2016.

Orwell, George: In Time's Eye. Essays on Rudyard Kipling. 1942.

Tharoor, Shashi: Inglorious Empire. What the British Did to India. Hurst & Company 2017.

KAPITEL 4

Eddo-Lodge, Reni: Why I'm No Longer Talking to White People about Race. Bloomsbury Circus 2017.

Hirsch, Afua: Brit(ish). On Race, Identity and Belonging. Jonathan Cape 2018.

Mishra, Pankaj: Das Zeitalter des Zorns. Eine Geschichte der Gegenwart. S. Fischer 2017.

KAPITEL 5

Cannadine, David: A Life and Legacy. Oxford University Press 2017.

Dale, Iain: Margaret Thatcher. In Her Own Words. Biteback 2010.

Jelinek, Gerhard: »Es gab nie einen schöneren März«. 1938. Dreißig Tage bis zum Untergang. Amalthea 2017.

Johnson, Boris: The Churchill Factor. How One Man Made History. Hodder & Stoughton 2014.

Mosley, Charlotte: The Mitfords. Letters between Six Sisters. Harper Perennial 2008.

Renton, Alex: Stiff Upper Lip. Secrets, Crimes and the Schooling of a Ruling Class. Weidenfeld & Nicolson 2018.

Urbach, Karina: Go-Betweens for Hitler. Oxford University Press 2017.

Young, Hugo: One of Us. Pan 2013.

Thatcher, Margaret: https://www.margaretthatcher.org/document/107332 (26.07.2018)

KAPITEL 6

Hobsbawm, Eric: How to Change the World. Tales of Marx and Marxism. Little, Brown 2011.

Mason, Paul: PostCapitalism. A Guide to Our Future. Allen Lane 2015.

Shelley, Percy Bysshe: The Mask of Anarchy. CreateSpace Independent Publishing Platform 2016.

KAPITEL 7

Browder, Bill: Red Notice. How I Became Putin's No. 1 Enemy. Bantam Press 2015.

Forman, Lance: Forman's Games. The Dark Underside of the London Olympics. Biteback 2016.

Glenny, Misha: McMafia. Die grenzenlose Welt des organisierten Verbrechens. Tropen 2018.

KAPITEL 8

Orwell, George: The Road to Wigan Pier. Penguin Classics 2001.

KAPITEL 9

Boleat, Mark: Brexit, the industry and financial services. The story so far. Centre for European Reform 2018.

KAPITEL 10

Chalmers, Malcolm: UK Foreign and Security Policy after Brexit. RUSI 2017.

Gowan, Richard: Separation anxiety. European influence at the UN after Brexit. ECFR 2018.

Taylor, Paul: Safer together. The United Kingdom and the future of European security and defence. Friends of Europe 2018.

KAPITEL 13

Castor, Helen: She-Wolves. The Women Who Ruled England Before Elizabeth. Faber & Faber 2011.

Junor, Penny: The Firm. The Troubled Life of the House of Windsor. Thomas Dunne Books 2005.

Morton, Andrew: Meghan. Von Hollywood in den Buckingham-Palast. Ein modernes Märchen. Heyne 2018.

KAPITEL 14

Buchsteiner, Jochen: Die Flucht der Briten aus der europäischen Utopie. Rowohlt 2018.

Kearns, Ian: Collapse. Europe After the European Union. Biteback 2018.

ERWEITERTE LESELISTE

Craig Oliver: Unleashing Demons. The Inside Story of Brexit. Hodder & Stoughton 2016.

Dixon, Thomas: Weeping Britannia. Portrait of a Nation in Tears. Oxford University Press 2015.

Ferguson, Niall: Empire. How Britain Made the Modern World. Penguin 2004.

Gott, Richard: Britain's Empire. Resistance, Repression and Revolt. Verso 2011.

Kwarteng, Kwasi: Ghosts of Empire. Britain's Legacies in the Modern World. Bloomsbury 2012.

Paxman, Jeremy: Empire. What Ruling the World Did to the British. Viking 2011.

Rachman, Gideon: Easternization. Asia's Rise and America's Decline. Other Press 2017.

DANKSAGUNG

Die meisten meiner Gesprächspartnerinnen und Gesprächspartner, die sich für dieses Buch Zeit genommen haben, sind namentlich genannt, ihnen allen – und den nicht genannten besonders – gebührt mein Dank. Besonders aufschlussreich waren für mich die Gespräche mit Fintan O'Toole, der die Britinnen und Briten aus der Distanz von Dublin besonders scharf sieht. Dank auch den echten Engländerinnen und Engländern Misha Glenny, Kirsty Lang und Gideon Rachman, die seit Jahren mein Wissen über die Briten bereichern. Sehr hilfreich für das Verständnis der britischen Beziehungen zum Rest der Welt und die Außensicht auf das Vereinigte Königreich sind stets die Gespräche mit Karin von Hippel, Lauren Young, Heidi Baravalle, Denis Staunton, Markus Haefliger, Sonia Delesalle-Stolper, Georg Hoffmann-Ostenhof, Doron Rabinovici, Wilma Gregori, Robert Misik, Jörg Schindler, Katie Lock und Jochen Buchsteiner.

Größter Dank gilt Birgit Maass und Gerald Gregori, die beide die erste Fassung gelesen und mit äußerst wertvollen Kommentaren bereichert haben.

Einige Erlebnisse, die ich in diesem Buch beschreibe, habe ich in den vergangenen Jahren auch in Artikeln für *profil*, *Cicero* und *Falter* verarbeitet. Mein Dank gilt allen Kolleginnen und Kollegen in den Redaktionen. Bei den *profil*-Redakteurinnen und -Redakteuren Angelika Hager, Martin Staudinger und Robert Treichler und bei Constantin Wißmann von *Cicero* möchte ich mich besonders bedanken. Als Korrespondentin ist es für mich von höchster Wichtigkeit, wenn Redakteurinnen und Redakteure Anregungen zu neuen Texten geben, Ideen diskutieren – und das Ergebnis dann veröffentlichen.

Ohne Dorothea Löcker und Alexander Potyka und die Lektorinnen des Picus Verlags wäre das Buch nicht entstanden. Für ihr Vertrauen, dieses flott beschlossene Projekt zu unterstützen, möchte ich mich ganz herzlich bedanken.

Dank auch meinen Eltern, die mir die Liebe zum Schreiben und zur Entdeckung der Welt vermittelt haben.

London, im Juli 2018